教育部人文社科研究一般项目
"互联网时代风险感知的媒介作用机制与风险沟通"（19YJA860030）最终成果

喻园新闻传播学者论丛

智能传播时代
环境风险的媒介作用机制

THE MEDIA MECHANISM OF ENVIRONMENTAL RISKS IN
THE ERA OF INTELLIGENT COMMUNICATION

余 红 朱 烨 邓琴玲玉 著

社会科学文献出版社
SOCIAL SCIENCES ACADEMIC PRESS (CHINA)

总　序

　　置身于全球化、媒介化的当下，我们深刻感受与体验着时时刻刻被潮水般的信息所包围、裹挟和影响的日常。这是一个新兴的信息技术快速变革和全面应用的时代，媒介技术持续地、全方位地形塑着人类社会信息传播实践的样貌。可以说，新闻传播的形态、业态和生态，在相当程度上被信息技术所决定和塑造。"物换星移几度秋"，信息技术的迭代如此之快，我们甚至已经难以想象，明天的媒体将呈现什么样的面貌，未来的人们将如何进行相互交流。

　　华中科技大学的新闻传播学科，就是在全球科技革命浪潮高涨的背景下开设的，也是在学校所拥有的以信息科学为代表的众多理工类优势学科的滋养下发展和繁荣起来的。诚然，华中科技大学新闻与信息传播学院还是一个相对年轻的学院。1983 年 3 月，在学院的前身新闻系筹建之时，学校派秘书长姚启和教授参加全国新闻教育工作座谈会。会上，姚启和教授提出，时代的发展，尤其是科学技术的日新月异，将对新闻从业者的媒介技术思维、素养和技能提出比以往任何时代都高的要求。当年 9 月，我们的新闻系成立并开始招生。成立后，即确立了"文工交叉，应用见长"的发展思路，强调培养学生的动手能力和应用能力，强调在科学研究和人才培养中，充分与学校的优势理工类专业交叉渗透。

　　1998 年 4 月，新闻系升格为学院。与其他新闻传播学院的命名有所不同，我们的院名定为"新闻与信息传播学院"，增添了"信息"二字。这是出当时华中科技大学的前身华中理工大学的在任校长，也是教育部原部长周济院士所加的。他认为，要从更为广阔的视域来审视新闻与传播活动的过程和规律，尤其要注重从信息科学和技术的角度来透视人类传播现象，考察传播过程中信息技术与人和社会的关系。日拱一卒，功不唐捐。长期以来，这种思路被充分贯彻和落实到我院的学科规划、科学研究、人才培养、社会服务等各项工作中。

因此，华中科技大学新闻与信息传播学院的最大特色，就是我们自创立以来，一直秉承文工交叉融合发展的思路，在传统的人文学科和"人文学科+社会科学"新闻传播学科发展模式之外，倡导、创新和践行了一种全新的范式。在这种学科范式下，我们以"多研究些问题"的学术追求，开拓了以信息技术为起点来观察人类新闻传播现象的视界，建构了以媒介技术为坐标的新闻传播学科建设框架，确立了以"全能型""高素质""复合型""创新型"为指向的人才培养目标，建立了跨越人文社会科学、科学技术和新闻传播学的课程体系和师资队伍，营造了适合提升学生实践技能和科技素质的教学环境。

就学科方向而论，30多年来，学院在长期的学科凝练和规划实践中，形成了相对稳定的三大支柱性学科方向：新闻传播史论、新媒体和战略传播。在新闻系于1983年创办之时，新闻传播史论即是明确的战略方向。该方向下的教学和研究工作主要包括：马克思主义新闻观与思想体系、新闻基础理论、新闻事业改革、中外新闻史、传播思想史、传播理论、新闻传播学研究方法等领域。在建制上则包括新闻学系和新闻学专业（2001年增设新闻评论方向），此后又设立了广播电视学系和广播电视学专业（另有播音与主持艺术专业）、新闻评论研究中心、马克思主义新闻观教研平台等系所平台。30多年来，在新闻传播史论方向下，学院尤为重视新闻事业和思想史的研究，特别是吴廷俊教授关于中国新闻事业史、张昆教授关于外国新闻事业史的研究，以及刘洁教授和唐海江教授关于新闻传播思想史、观念史和媒介史的研究，各成一家、卓然而立。

如果说新闻传播史论方向是本学科的立足之本，那么积极规划新媒体方向，则是本学科凸显自身特色的战略行动。20世纪90年代中期，互联网进入中国，"新媒体时代"正式开启。"不畏浮云遮望眼"，我们积极回应这一趋势，成功申报并获批国家社科基金重点项目"多媒体技术与新闻传播"（主持人系吴廷俊教授），在新闻学专业下开设网络新闻传播特色方向班，建立传播科技教研室和电子出版研究所，成立新闻与信息传播学院并聘请电子与信息工程系主任朱光喜教授为副院长。此后，学院不断推进和电子与信息工程系、计算机学院等工科院系的深度合作，并逐步向业界拓展。学院先后成立了传播学系，建设了广播电视与新媒体研究院、媒介技术与传播发展研究中心、华彩新媒体联合实验室、智能媒体与传播科学研究中心等面向未来的研究平台，以钟瑛教授、郭小平教授、余红教授和笔者为代表的学者，不断推进信息传播新技术、新媒体内容生产与文化、新媒体管理、现代传播体系建设、广播电视与数字媒体、新媒体广告与品牌传播等领域的研究和教学工作，引领我国新媒体教育教学和科学研究风气之先。

2005 年前后，依托于品牌传播研究所、广告学系、公共传播研究所等系所平台，学院逐步凝练和培育了一个新的战略性方向：战略传播。围绕这个方向，我们开始在政治传播、对外传播与公共外交、国家公共关系、国家传播战略、中国特色网络文化建设等诸领域发力，陆续获批系列国家课题，发表系列高水平论文，出版系列学术专著，对人才培养起到了积极支撑作用，促进了学院的社会服务工作，提升了本学科的影响力。可以说，战略传播方向是基于新媒体方向而成形和建设的。无论是关于政治传播、现代传播体系、对外传播与公共外交、国家传播战略方面的教学工作还是研究工作，皆立足于新媒体发展和广泛应用的现实背景和演变趋势。在具体工作中，对于战略传播方向的深入推进，则是充分融入了学校在公共管理、外国语言文学、社会学、中国语言文学、哲学等学科领域的学科资源，尤其注重与政府管理部门和业界机构的联合，最大限度整合资源，发挥协同优势。"既滋兰之九畹兮，又树蕙之百亩"。近年来，学院先后组建成立了国家传播战略研究院和中国故事创意传播研究院，张昆教授、陈先红教授等领衔的研究团队在提升本学科的社会影响力方面，起到了非常积极的作用。

"却顾所来径，苍苍横翠微。"本学科诞生于 20 世纪 80 年代初信息科技革命高涨的时代背景之下，其成长则依托于华中科技大学（1988～2000年为华中理工大学）信息科学和人文社会科学的优势学科资源，规划了新闻传播史论、新媒体和战略传播三大支柱性学科方向，发展的基本思路是学科交叉融合。30 多年来，本学科的学者们前赴后继、薪火相传，从历史的、技术的、人文的、政策与应用的角度，观察、思考、研究和解读人类的新闻与传播实践活动，丰富了中外学界关于媒介传播的理论阐释，启发了转型中的中国新闻传播业关于媒介改革的思路，留下了极为丰厚和充满洞见的思想资源。

现在，摆在读者诸君面前的"喻园新闻传播学者论丛"，即是近十多年来，我院学者群体在这三大学科版图中留下的知识贡献。这套论丛，包括二十余位教授的自选集及相关著述。其中，有吴廷俊、张昆、申凡、赵振宇、石长顺、舒咏平、钟瑛、陈先红、刘洁、何志武、孙发友、欧阳明、余红、王溥、唐海江、郭小平、袁艳、李卫东、邓秀军、牛静等诸位教授的著述，共计30余部，涉及新闻传播史、媒介思想史、新闻理论、传播理论、新闻传播教育、政治传播、新媒体传播、品牌研究、公共关系理论、风险传播、媒体伦理与法规等诸多方向。可以说，这套丛书是华中科技大学新闻传播学者最近十年来，为新闻传播学术研究所做的知识贡献的集中展示。我们希望以这套丛书为媒介，在更广的学科领域和更大知识范畴的学者、学人之间进行交流探讨，为当代中国的新闻传播学术研究提供华中科技大学学者的智慧结晶和思想。

当今是一个新闻业和传播业大变革、大转折的时代，新闻传播业正在经历人类历史上"百年未有之大变局"。首先是信息科技革命的决定性影响。对当前和未来的新闻传播业来说，技术无疑是第一推动力。大数据、云计算、区块链、物联网、人工智能等技术，持续带来翻天覆地的变革，不断颠覆、刷新和重构人们的生活与想象。其次是国际化浪潮。"讲好中国故事""传播好中国声音"，中国文化"走出去"和提升文化软实力，是国家层面的重大战略，这些理应是新闻传播学者需要面对和研究的关键课题。最后是媒体业跨界发展。在当前"万物皆媒"的时代，媒体的概念在放大，越来越体现出网络化、数据化、移动化、智能化趋势。媒体行业的边界得到了极大拓展，正在进一步与金融、服务、政务、娱乐、财经、电商等行业建立更紧密的联系。在这个泛传播、泛媒体、泛内容的时代，新闻传播研究本身也需要加速蝶变、持续迭代，以介入和影响行业实践的能力彰显学术研究的价值。

由是观之，新闻传播学的理论预设、核心知识可能需要重新思考和建构。在此背景下，华中科技大学新闻传播学科正在深化"文工交叉，应用见长"的学科建设思路，倡导"面向未来、学科融合、主流意识、国际视野"的发展理念，积极推进多学科融合。所谓"多学科融合"，是紧密依托华中科技大学强大的信息学科、医科和人文社科优势，在新的时代条件下，以面向未来、多元包容和开放创新的姿态，通过内在逻辑和行动路径的重构，全方位、深度有机融合多学科的思维、理论和技术，促进学科建设和科学研究的效能提升和知识创新。

为学，如水上撑船，不可须臾放缓。展望未来，我们力图在传统的新闻传播史论、新媒体和战略传播三大支柱性学科方向架构的学术版图中，在积极回应信息科技革命、全球化发展和媒体行业跨界融合的过程中，进一步凝练、丰富、充实、拓展既有的学科优势与学术方向。具体来说，有如下三方面的思考。

其一，在新闻传播史论和新媒体两大方向之间，以更为宏大和开阔的思路，跨越学科壁垒，贯通科技与人文，在新闻传播的基础理论、历史和方法研究中融入政治学、社会学、语言学、公共管理学、经济学等学科的思维方式和理论资源，在更广阔的学科视域中观照人类新闻传播活动，丰富学科内涵。特别是在"媒介与文明"的理论想象和阐释空间中，赋予这两大学术方向更大的活力和可能性，以推进基础研究的理论创新。

其二，在新媒体方向之下，及时敏锐地关注 5G、人工智能、云计算、区块链等新兴技术日新月异的发展演变，以学校支持的重大学科平台建设计划"智能媒体与传播科学研究中心"为基础，聚焦当今和未来的信息传播新技术对人类传播实践和媒体行业的冲击、影响和塑造。在此过程中，一方面，充分发挥学校的计算机科学与技术、电子信息与通信、人工智能与自动化、光学与电子信息、网络空间安全等优势学科的力量，大力推进学科深度融合发展，拓展本学科的研究领域，充实科研力量，提高学术产能；另一方面，持续关注和追踪技术进步，积极保持与业界的对话和互动，通过学术研究的系列成果不断影响业界的思维与实践。

其三，在新媒体与战略传播两大方向之间，对接健康中国、生态保护、科技创新等重大战略，以健康传播、环境传播和科技传播等系列关联领域为纽带，充分借助学校在基础医学、临床医学、公共卫生、医药卫生管理、生命科学与技术、环境科学与工程、能源与动力工程等学科领域的优势，在多学科知识的有机融合中突破既有的学科边界，发掘培育新的学术增长点，产出标志性的学术成果，彰显成果的社会影响力和政策影响力。

1983~2019 年，本学科已走过 36 年艰辛探索和开拓奋进的峥嵘岁月，为人类的知识创造和中国新闻事业的改革发展贡献了难能可贵的思想与智慧。在人类的历史长河中，36 年的时间只是短短一瞬，但对于以学术为志业的学者们而言，则已然是毕生心智与心血的凝聚。对此，学院谨以这套丛书的出版为契机，向前辈学人们致以最崇高的敬意！同时，也以此来激励年轻的后辈学者与学生，要不忘初心，继续发扬先辈们优良的学术传统，在当今和未来的时代奋力书写更为辉煌的历史篇章！

"潮平两岸阔，风正一帆悬。"在技术进步、全球化发展和行业变革的当前，人类的新闻传播实践正处于革命性的转折点上，对于从事新闻传播学术研究的我们而言，这是令人激动的时代机遇。华中科技大学新闻传播学科将秉持"面向未来、学科融合、主流意识、国际视野"的思路，勇立科技革命和传播变革潮头，积极推进多学科融合，以融合思维促进学术研究和知识创新，彰显特色，矢志一流，为建设中国特色、世界一流的新闻传播学科，为我国新闻传播事业的改革发展，为人类社会的知识创造，为传承和创新中华文化做出应有的贡献！

张明新

华中科技大学新闻与信息传播学院教授、博士生导师、院长

2019 年 12 月于武昌喻园

目　录
CONTENTS

引论　我们所处的社会

"风险社会不是一种可以选择或拒绝的选择，它产生于不考虑其后果的自发性现代化的势不可挡的运动中。"① 科技化、信息化、城市化和全球化浪潮不断深入，社会变迁相伴而来。中国用几十年的时间走完了发达国家几百年走过的发展历程。社会在快速发展中也产生了一些潜在的风险。全球化浪潮下，高度联结的现代社会让处于其中的每个国家都难以独善其身。作为发展中国家，中国相对发达国家来说风险抵御能力低，同时还要不可避免地面临发达国家利用经济和技术优势转移的风险。

环境风险是我国社会比较突出的风险议题。根据《2022 年中国生态环境状况公报》，2022 年，全国 339 个地级及以上城市中，126 个城市环境空气质量不达标，占 37.2%，其中有 86 个城市细颗粒物（PM2.5）超标；酸雨区面积为 48.4 万平方千米，占陆域国土面积的 5.0%，比 2021 年上升1.2 个百分点。② 2021 年水土流失动态监测结果显示，全国水土流失面积为 267.42 万平方千米。第六次全国荒漠化和沙化调查结果显示，全国荒漠化土地面积为 257.37 万平方千米，沙化土地面积为 168.78 万平方千米。③ 环境问题不仅影响我们的生活质量，更是威胁到了我们的生存，公众对于

---

① 沃特·阿赫特贝格，周战超. 民主、正义与风险社会：生态民主政治的形态与意义［J］. 马克思主义与现实，2003，（03）：46-52.
② 生态环境部网站. 2022 年中国生态环境状况公报［EB/OL］.［2023-5-30］. https://www.gov.cn/lianbo/bumen/202305/content_6883708. htm.
③ 新华社. 我国荒漠化和沙化土地面积持续减少［EB/OL］.［2022-12-31］. https://www.gov.cn/xinwen/2022-12/31/content_ 5734355. htm.

环境风险的关注也越来越多，近几年围绕环境风险产生的讨论较多。

作为全书的引论，本章将基于风险社会理论体系对我们所处的社会进行详细描述，并对风险、环境风险等概念进行厘清与阐释，为后面章节的论述奠定基础。

第一节　风险认识论之辩与新发展

1986 年，乌尔里希·贝克在《风险社会》一书中提出"风险社会"（risk society）概念，并建立了风险社会理论。贝克认为，我们正生活在一个充满危机和风险的社会，这标志着人类已经进入了风险社会时代，风险代替危险成为时代的重要特征。

一　风险概念的起源

风险这个词最早源自意大利古语的 riscare，起初用于航海领域，意为冒险、危险。随着市场经济的不断发展，该词汇逐渐被用到商业和贸易领域，开始与人们的决策与行为息息相关，[①] 在此语境下，风险指发生危险和损失的可能性。此后，风险相关研究逐渐扩展至管理学、心理学、社会学等多个学科领域。各学科针对风险的阐释具有鲜明的学科特征，主要可以概括为以下视角。

心理学视角。风险在个人认知维度被讨论，其本质上具有不确定性，出现的概率是随机的。心理学的测量方法在探索影响风险感知严重程度的心理因素中被广泛应用，大量相关研究都已经证明对风险后果的恐惧程度、对风险的熟悉程度、风险原因、是否公正等因素均直接影响公众对于风险的感知。然而心理学视角因为强调风险是个人主观产物，强烈依赖直觉思维，所以也具有忽略团体观念下的风险意涵这一固有弊端。

经济学视角。经济学中的风险预判基于主观满意序列，是对成本和收益的分析与博弈。该视角解决了社会资源的分配问题，为政策抉择提供一定支撑。然而，经济学视角对功利主义和契约论的依赖遭受学界诟病，尤

① Piet Strydom. Risk, environment and society [M]. Buckingham：Open University Press，2002.

其在污染风险的分配方面，贫困地区处于被动地位而不得不接受支配，牺牲安全与健康来交换金钱，而富裕地区则处于主导位置，以金钱实现风险转移，这严重违背社会伦理道德。

社会学视角。社会学和文化学者更倾向于回避直接定义风险，而是通过归纳风险特征的方式去阐释风险。例如，贝克认为，风险是具有威胁的现代化力量以及现代化造成的怀疑全球化所引发的结果，是预测和控制人类行为未来后果的现代方式。[①] 韦恩（Wynne）认为："风险只不过是文化和社会结构过滤器塑造出来的主观感受而已。"[②] 吉登斯的定义则更为深刻，他认为："风险是一个致力于变化的社会的推动力，这样的一个社会想要决定自己的未来而不会任由它走向宗教、传统或者自然界的反复无常。"[③] 总体而言，社会学的风险概念可以从以下三个维度进行理解。首先是风险的主体，既可以是个人，也可以是团体。其次是风险的来源，客观主义者认为风险是真实存在的、可观测的，构建主义者则认为风险是组织建构的产物，它与团体利益或社会利益相勾连，并且是社会中介解释的结果。最后是风险的影响因素。社会学视角下的风险把社会经历和文化背景作为影响因素，认为风险通过社会解释与团体利益相关联，但是也有学者认为该理解降低了现实社会的复杂度。

技术视角。学者倾向于通过界定风险范围的方式给出定义，其核心出发点在于风险可以是一种客观状态下的结果。"从技术上讲，风险通常是指由某个特定的行为或过程所引起的负面结果的概率。"[④] 在此视角下，风险是可以通过统计学手段进行衡量和预测的。这种预测基于两个前提条件：首先，风险的可预测性需要有足够的统计学样本支持；其次，风险的因果关系在长期内保持稳定。风险预测可以用于多种具体问题的解决，例如预测某个年龄段的人群在未来十年中患某种疾病的可能性；病毒学和流

① 乌尔里希·贝克.风险社会 [M].何博闻，译.南京：译林出版社，2003.
② Wynne B. Risk and social learning: reification to engagement [A]. in S. Krimsky and D. Golding, eds. Social theories of risk [M]. Westport CT: Praeger, 1992.
③ 安东尼·吉登斯.失控的世界 [M].周红云，译.南昌：江西人民出版社，2001：20.
④ 斯图尔特·艾伦.媒介、风险与科学 [M].陈开和，译.北京：北京大学出版社，2014：6.

行病学中，学者们通过试验结果构建模型对风险进行评估，通常用于评估特定物质可能造成的损害。在技术语境下的风险及相关研究主要用于规避或降低可能发生或不希望发生的未来风险。

二 风险的认识论之辩

风险的认识论之辩最早可以追溯到社会学研究中关于表征原则与建构主义的争论。传统社会学研究中，以再现客观存在为核心内容的表征观一直占据主导地位。表征观坚持客观主义的基本思想，认为知识生产的本质在于还原社会实在，因此社会学研究需要排除主观主义以及其他社会力量的干扰，以期达到对于社会存在的准确把握。但科学知识社会学（SSK）的兴起挑战了原本的表征观，它坚持社会建构论，认为知识本身并非现实社会的再现，而是社会建构的产物。其中，权力、利益等各要素都会被纳入社会建构的考量中。

基于以上认识论的争辩，风险的界定也出现了实在论和建构论的差异。实在论认为风险是一种不依赖于认识的客观实在，因此风险可以被量化计算、评估甚至是预测，例如上文提到的技术视角下的风险预测。大量的科学家基于以上假设进行了风险推算，例如健康风险预测、金融风险估算等。

建构论则认为风险是社会、文化等多因素参与的共同结果，是经由各种社会过程而形成的产物。贝克的风险社会理论就是风险建构主义思想下的重要理论，他认为风险是预测和控制人类社会的未来结果，是一种未来（制度化）的企图，一种认识的图谱。[①] 对于建构主义而言，他们更关注风险背后权力、情绪等因素对于风险产生的影响。在建构论内部，风险研究还划分了强建构论和弱建构论。贝克、吉登斯等社会学家都是弱建构论的代表，他们强调风险具有明显的"人化"特征，风险来自科学技术的发展以及社会现代性的推进，并且风险的大规模扩散和蔓延更是离不开人的出现。斯科特·拉什的风险文化理论以及卢曼的自我再生系统理论则是强建构论的代表。与弱建构论相比，他们更为纯粹，甚至认为风险并非社会秩

---

① 乌尔里希·贝克. 风险社会 ［M］. 何博闻，译. 南京：译林出版社，2003.

序带来的，而是一种心理认知的结果，是一种文化现象，因此不同社会背景和文化语境都将产生对风险的不同的阐释和理解。玛丽·道格拉斯等在《风险与文化》中坚持认为，进入现代社会后，风险实质上并没有增多或是变得更为严重，仅仅是被人们所察觉和感知到的风险变得更多和严重了。① 从风险的建构主义学说出发，风险文化、风险制度、风险感知的相关研究逐渐在各学科被关注。

可见，探讨风险相关的问题不可忽视风险的现实性，风险已经对自然环境、社会发展都造成了很大的影响；同时，亦不可将风险简化为现实存在，而忽略社会各种力量对于风险的形塑。

三 风险的特征

风险的特征即风险维度。其开辟者斯洛维奇（Slovic）基于大量风险的特征分析，提出风险事件或活动的"人格轮廓"（personality），他认为人们对不同风险特征的感知产生了不同的公众风险感知，不同风险具有其特有的性质模式。风险维度和风险感知两个概念将宏观的政策研究与微观的个体感知与行为联系起来，具有重要的理论意义。在 1978 年的研究中，斯洛维奇总结了 9 个较有解释力的风险维度，分别是：①风险的自主选择性；②风险后果的时效性；③科学家对风险的认知；④受风险影响的个体对风险的认知；⑤风险的可控性；⑥风险的新旧；⑦风险的严重性；⑧风险的恐怖程度；⑨风险的致命程度。② 在随后的研究中，斯洛维奇在 9 个维度基础上将风险的特征数量扩大至 18 个，并基于因子分析把风险总结为两类，分别是恐惧型风险（dread risk）和未知型风险（unknown risk），这就是斯洛维奇经典风险二维模型。③

此外，莱半（Leppin）和阿罗（Aro）指出风险的恐惧性主要指风险的难以控制性、灾难性；风险的未知性则主要指风险的新颖性、不可观察

① Douglas M, Wildavsky A. Risk and culture: an essay on the selection of technological and environmental dangers [M]. University of California Press, 1983.
② Fischhoff B, Slovic P, Lichtenstein S, et al. How safe is safe enough? a psychometric study of attitudes towards technological risks and benefits [J]. Policy sciences, 1978, 9（2）: 127-152.
③ Slovic P. Perception of risk [J]. Science, 1987（236）: 280-285.

性和不可验证性等特征。①

四 风险社会理论的探索

安东尼·吉登斯和乌尔里希·贝克等学者代表了一种反思现代化的学派，他们构建了著名的风险社会理论。该理论认为，现代化的发展带来了风险的增加。现代化的先进体系一方面提升了人类对威胁的识别和规避能力，但同时也引入了更多且更严重的威胁，例如科技和体制上的威胁。这些学者还指出，解决这些威胁并不意味着停止发展或抛弃先进体系，而是需要修改和完善这些体系，以降低威胁的程度。

德国社会学家乌尔里希·贝克认为，现代社会已经进入风险社会：科学技术的发展既带来了巨大便利，同时也带来了全球范围内的潜在风险。这种发展所带来的负面影响形成了风险社会的固有矛盾，这是目前社会体系无法解决的问题，因此必须进行体系变革。② 贝克还指出，一旦矛盾和问题出现，责任问题就会引发讨论。每个人都追求自身利益，因此往往会逃避责任，导致本应承担责任的人也享有逃避责任的权利，最终出现团体失职的问题。③ 因此，贝克基于对体系的反思，从风险的分布原因（风险的出现）、有组织地逃避义务（风险的原因）以及个人责任（风险的责任对象）三个方面展开风险社会的相关理论研究，提出要通过组织机构和团体活动来消除制度原因造成的危险。

英国社会学家安东尼·吉登斯在他的著作《现代性的后果》和《失控的世界》中认为，我们正身处于风险社会中，具体表现在生态破坏、极度贫困、战争爆发和政治集权化等风险的泛滥。④ 吉登斯倾向于认为，风险是"现代制度长期成熟的结果"。⑤ 此外，安东尼·吉登斯还对威胁进行了

① Leppin A, Aro A R. Risk perceptions relational to scars and avian influenza: theoretical foundations of current empirical research [J]. International society of behavioral medicine, 2009, 16: 7-29.

② 乌尔里希·贝克，等. 自反性现代化 [M]. 赵文书，译. 北京：商务印书馆，2001：10.

③ 乌尔里希·贝克，约翰内斯·威尔姆斯. 自由与资本主义——与著名社会学家乌尔里希·贝克对话 [M]. 路国林，译. 杭州：浙江人民出版社，2001：143.

④ 安东尼·吉登斯. 现代性的后果 [M]. 田禾，译. 南京：译林出版社，2000：46-49.

⑤ 安东尼·吉登斯. 失控的世界 [M]. 周红云，译. 南昌：江西人民出版社，2001：33-35.

分类，认为威胁可以分为人造威胁和自然威胁，他认为社会是否进入风险时代取决于人造威胁是否取代了自然威胁。总体而言，相比于乌尔里希·贝克，安东尼·吉登斯对风险时代对人类社会的影响进行了更具体和详细的研究，并提出了一些实践上更强有力的决策方案。

当然，还存在其他理论，如劳（Lau）等人提出的现实主义的"新风险"理论以及拉什提出的"风险文化"理论等。风险社会理论将风险的产生与现代性相关联，其理论特殊性可以总结为以下两个方面。

（一）现代化的风险：人造风险的涌现

启蒙运动解放了众人蒙昧的思想，提倡用理性和科学推动社会变革与进步，为西方现代化社会的诞生奠定了基础。人的理性与内在价值取代了过往的宗教与神权，伴随着工业化的快速发展，科学技术展示出惊人的力量，理性逐渐走向工具理性与价值理性的分野，工具理性的快速膨胀严重压缩了价值理性的空间。其中，工具理性与科学具有密不可分的关系，强调主体对客体的规律性认知与掌控；价值理性呼唤用人文关怀体悟世界，表现出人对于价值问题的理性思考。① 科学技术与工具理性所渗透的价值观念，强调主体对客体的认知与控制，崇尚功利与效用，因为技术对于日常生活的颠覆性改变，这种价值观念也受到了社会的广泛认可。这种价值观念在提升社会效率、促进经济飞速发展的同时，也推动了风险社会的形成。马尔库塞批判工具理性时代，提出人异化为只追求科技而忽略人性的"单向度的人"；人对自然的盲目征服与索取，造成了一系列难以挽回的环境问题，如资源枯竭、气候变暖、物种多样性衰减等；国家、社会、人之间的矛盾日益凸显，各种危机频频发生。

吉登斯根据风险形成的原因，将风险划分为"外部风险"与"人造风险"两种，并将这种分类与历史进程关联。在传统社会中，人们主要面对的是自然带来的外部风险，例如地震、飓风等；进入现代化社会以来，人类面对的是更为严重的人造风险，比如核风险、化学风险、生物风险等，这些主要源于人类利用科技对自然和社会的干预。外部风险尚可以计算、

---

① 张永青，李允华. 浅析工具理性和价值理性的分野与整合 [J]. 东南大学学报（哲学社会科学版），2008，10（S2）：39-41.

预测，而人造风险则高度复杂、不可预测并且危害巨大。这种新的风险既不被时间、空间限制，也不具备简单的因果关联，不能判定过失与职责，不能被补偿，广泛影响着每个社会成员。[①]

风险的"人造性"不仅强调人类的决策和实践是风险产生的主要原因，更是认为风险是现代性和社会进程发展带来的结果。贝克认为，人为的现代风险可以分为技术风险和制度风险。技术风险源于科学发展，随着人类对于客观规律认知的加深，其控制和改造自然的欲望不断增强，日益扩大的实践范围深刻影响了自然。人类面临的风险来源也从外部自然风险转移为人造风险。由于人类从自然疯狂掠夺各种珍贵的资源，又将难以消解的废弃物还给自然，纯自然界不存在了，甚至连原本来源于自然的外部风险也打上了人造风险的烙印。比如过度排放的二氧化碳造成全球变暖、在偏远的南极也出现了塑料微粒污染物等。此外，对工具理性的乐观确信使人们痴迷于支配外部世界的力量。然而物极必反，人类最引以为傲的科技并非完全造福人类，也可能催生人的异化甚至变为对准彼此的武器。比如，核武器的出现不仅对生态产生不可逆的严重破坏，还导致了更加紧张的国际局势。自切尔诺贝利核泄漏事故发生后，"风险社会"相关的公共议题也逐渐受到广泛关注。

为了应对不断涌现的人造风险，全球各国各地区也开始构建各种社会保障制度、预防体系等。然而，这些为了把握风险不确定性的措施也可能潜藏着新的制度风险。西方风险社会理论学者曾提出现代风险"知识与权力共谋"的观点：政策与制度的提出、决策、实施依赖于专家与管理部门的想法。[②] 在政治、经济、知识等利益的纠缠下，任何政策都需要兼顾权利关系和各方利益，甚至选择性地忽略与隐瞒潜在风险。中国的改革开放与现代化在取得成就的同时，同样面临着问题与挑战。在社会转型期间，贫富差距、就业矛盾、观念价值冲突等风险与矛盾有待关注与解决。

①　曾宪才. 风险、个体化与亚政治：贝克风险社会理论视域下的社会状态与风险应对 [J].
社会政策研究，2021，(03)：108-121.

②　张广利，王伯承. 西方风险社会理论十个基本命题解析及启示 [J]. 华东理工大学学报
(社会科学版)，2016，31 (03)：48-59.

（二）跨越地域边界：全球风险的形成

社会建构观念下的风险概念具有时间维度和空间维度的差异化特征。社会建构论者认为，在时间维度上，风险指向尚未发生的事情；风险一旦发生，不仅会对现实造成破坏，其不可逆转性会带来长久的持续影响。因此，人们基于对未来潜在危险的判断，不断调整着当下的选择，试图在不确定中控制风险。在空间维度上，产生风险的条件与人类的风险认知一同跨越了地理与文化的边界。风险覆盖的范围如此广泛，无论是自然生态还是社会建构物都被裹入风险社会之中。

随着交通运输工具与各种传播媒介的发展，全球化趋势增强，不同国家在经济、政治、文化、环境等诸多领域拥有着愈发紧密的联系。在此过程中，社会的复杂性和不确定性急剧增加。全球化的联结在共享发展的丰硕成果时，一并引发了风险的"蝴蝶效应"。有学者认为复杂性才是全球风险社会形成的根本原因。[1] 如复杂的网络中任何一处微小的改变就能波及难以预计的范围，这也使得风险不再能够被解释为简单的线性因果关系。全球化的过程极大地扩展了网络的复杂性，风险也由此具备了系统性的特征，不再处于单一个体、社会或国家所能掌控的范围内。

全球化与风险社会的关系体现于四个方面。[2] 首先，风险来源增加。随着资本、人、物、信息等要素在世界范围内加速流动，新涌现的风险随之波及至更大的范围与群体。大到国家、小到个体的相互依存程度不断加深，风险在扩散过程中相互交织，可能产生新的风险类型。其次，风险影响扩大。随着国家、社会、个体的关系网络不断叠加，最初只是在小范围人群中存在的风险可以扩展至很大的范围。风险的不确定性遇上信息的不完整性，可能引发新的恐慌，无形中加大了风险的破坏力。再次，全球风险文化形成。时空距离因为通信手段的进步不断缩短，即使身处异地的人也能在媒介环境中感知相同的事件，对远距离的风险产

---

① 范如国.“全球风险社会”治理：复杂性范式与中国参与 [J]. 中国社会科学，2017，（02）：65-83+206.

② 杨雪冬. 全球化、风险社会与复合治理 [J]. 马克思主义与现实，2004，（04）：61-77.

生临场感。个体不仅被与自己息息相关的风险包围，还借由媒介感受着与自己关联性不强的风险，造成风险感知的不断累积。全球性风险跨越空间距离的特征背后，蕴含着人类命运休戚与共的观念。最后，全球化需要探索更合适的风险治理机制。风险的产生、交织与传播都串联着难以计数的国家、社会与个体，造成"牵一发而动全身"的效果，风险的承担者是全人类。全球化对风险治理手段提出了更严苛的要求，不能只顾单个治理主体的短期利益，应该从更全局的角度出发，与其他治理主体共同商议、谋求共识。风险社会是本书重要的理论视野，环境风险则是本书的研究对象，因此接下来会基于风险社会理论对环境风险概念进行界定和阐释。

第二节　关键概念：环境风险及其特征

从传统社会转向现代化社会、从农业文明转向工业文明，人类在利用环境获益的同时，也不得不面对环境给人类生产、生活带来的一系列风险。在《风险社会》中贝克对"风险"作出如下描述：伴随着先进生产力的出现，首先产生的是"完全超越人类感知能力的放射性气体和食物中的毒素与污染物，以及相伴引发的对植物、动物和人短期或长期影响的结果"。[①] 这强调了人为因素对环境风险的重要影响。

博姆（Böhm）、普菲斯特（Pfister）等人指出了环境风险的多层意涵，包括对自然环境造成破坏的风险，如人类的开山造林等活动；还包括来自自然环境的风险，即自然环境的变化给人类造成的伤害，如臭氧层的破坏造成人类皮肤癌患病率的上升。这种多层意涵的背后是环境风险中风险因人而生，最终致险于人的隐藏因果链。基于此，博姆率先将环境风险细化为以下4类（见表0-1）。

---

① 乌尔里希·贝克. 风险社会 [M]. 何博闻，译. 南京：译林出版社，2003：18-19.

表 0-1 Böhm 提出的环境风险分类

环境风险类型	描述
人类—环境风险（ME-Risks）	人类对环境造成破坏，人类自身不承担后果，如太空垃圾
环境—人类风险（EM-Risks）	自然环境变化对人类造成伤害，如洪灾
人类—环境—人类风险（MEM-Risks）	人为引起的环境变化反过来对人类造成影响，如人类活动对臭氧层的破坏
环境—环境风险（EE-Risks）	环境变化对环境自身造成破坏，如偏远地区的森林火灾

资料来源：Böhm G., Pfister H. R. Action tendencies and characteristics of environmental risks ［J］. Acta Psychologica, 2000, 104（3）：317-337。

考虑到现代社会人化因素的演变与升级，凯勒（Keller）等人进一步泛化并扩充了环境风险具体内涵，认为环境风险是指存于环境中的且有可能对人类造成一定威胁的风险，包括：①科技风险，如核能、生物工程、纳米技术等；②有毒物质造成的风险，如二噁英污染、石棉污染等；③自然灾害造成的风险，如地震、洪水、飓风等。[①] 我国学者多将环境风险分为自然灾害风险与人为新技术风险，或划分为"自然灾害环境风险"、"有害物质环境风险"和"新科技风险"三类。具体来看，我国学者谢晓非等将环境风险划分为"生态环境"、"疾病灾害"以及"生活环境"风险。[②] 史明萍把环境风险按其主要表现形式分为战争（包括核武器、生化武器）的风险、化学合成品的风险、生物制造的风险等。[③] 魏科技等提出环境风险可根据控制机制的失效方式分为突发型环境风险和缓发型环境风险；而根据释放的风险因子则又可以分为有毒有害物质类、易燃易爆物质类、油类、重金属类等。[④] 王伟勤则提出，环境风险有广义与狭义之分：广义环境风

① Keller C, Bostrom A, Kuttschreuter M, et al. Bringing appraisal theory to environmental risk perception: a review of conceptual approaches of the past 40 years and suggestions for future research ［J］. Journal of risk research, 2012, 15（3）：237-256.

② 谢晓非，李洁，于清源. 怎样会让我们感觉更危险——风险沟通渠道分析 ［J］. 心理学报，2008，（04）：456-465.

③ 史明萍. 风险社会背景下的环境风险——以气候变化为侧重 ［C］//中国法学会环境资源法学研究会（China Law Society Association of Environment and Resources Law），桂林电子科技大学. 生态安全与环境风险防范法治建设——2011 年全国环境资源法学研讨会（年会）论文集（第一册）. 华中科技大学法学院，2011：6.

④ 魏科技，宋永会，彭剑峰，等. 环境风险源及其分类方法研究 ［J］. 安全与环境学报，2010，10（01）：85-89.

险是指社会发展过程中各种复杂不确定性因素；狭义则单方面强调由技术发展引发的核危机、生物工程等不确定性威胁的集合。①

作为风险的重要组成部分，环境风险也沿袭了现代风险的普遍性特征。同时，由于风险鲜明的"人化"烙印，对环境风险的研究不能脱离个体、族群、媒介环境、现代科技等因素。具体而言，当前环境风险主要呈现以下四大特征。

第一，环境风险的全球弥漫。伴随着全球化的发展，当下的环境问题早已突破国家疆域的限制，成为"牵一发动全身"的世界难题。

第二，环境风险的社会建构与放大。人们对风险的反应不仅取决于当下现实风险的破坏性影响，更来源于对未来风险的负面预期与想象。社会化媒体所构建的复杂媒介环境中，风险想象乃至人为捏造的风险传言所带来的影响甚至要远高于实质环境风险带来的危害。社会化媒体的去中心性、多模态、实时上载、算法聚合的特点，使所有主体都主动或被动卷入共振与共情的风险情境。面对真假难辨的海量风险信息，部分主体对风险的元素进行取舍，并有意识"标记"了部分与其生命、健康、经济安全相关的问题，并放大了其影响，然后通过污名化或对抗性解读使环境风险"再放大"。

第三，环境风险的认识困境。在本地化视角下，环境风险的延迟性与非线性过程使政府、媒体、公众等无法一次性完成对风险的认识、评估与追责，极易引发舆论的阶段性演变；在全球化视角下，环境风险尤其是气候风险，如全球变暖等议题，已经超出了现有科学论证的能力，因此很难预估其全球性的影响力和后果，进而削弱其风险预警的效果。

第四，环境风险的结构冲突。比如，环境破坏行为带来自然环境恶化的同时又具有工业发展、人们经济水平提高的正面影响，上游的正面行为如修建水坝也可能引发下游的生态危机。因此，环境风险的冲突往往也包含环境公共利益的道德考量与经济发展的潜在冲突。环境风险往往由复杂的自然与人为因素引发，因此个体很难阻止或控制潜在的风险危害。

综上，环境风险的本质是一种未知和不确定性状态，这种未知和不确定

---

① 王伟勤. 社会风险类型及其治理方式分析［J］. 云南行政学院学报，2013，（3）：58-61.

性使风险的发生具有随机性，同时人们对风险后果的解释和估计也存在不明确性。对当代中国而言，我国面临着社会转型与现代性本身所带来的"双重风险社会"的挑战。① 面对这一现实的独特性，我国政府高度重视环境保护与生态文明建设。党的十八大报告首次将生态文明建设纳入"五位一体"总体布局中。2022 年 10 月，党的二十大报告也明确指出："中国式现代化是人与自然和谐共生的现代化。"②《国家环境与健康行动计划（2007—2015）》《"健康中国 2030"规划纲要》等文件也陆续出台，为应对环境风险提供政策支持。

在此背景下，本书将环境风险划分为两种类型："常态型"环境风险和"冲突型"环境风险。"常态型"环境风险是指隐性的、发展过程较为漫长的、风险事件和危机处于酝酿累积期的、社会情绪主要表现为一种较为遥远和模糊的焦虑的风险表现形式。"冲突型"环境风险则是包括地震、海啸、核泄漏等突发风险事件等，风险显化，发展快速，容易转化为社会危机，社会情绪更多呈现恐惧、愤怒的特征。

媒介作为联结环境与社会、自然与人类的中介和风险沟通主体，在风险生发、风险感知和风险沟通与协作治理方面发挥了不可替代的作用。特别在新技术风险方面，脱离大众传播与社交媒体传播的渠道，政府等官方机构就无法防范风险或对公众作出提前预警，公众缺乏对可能触发风险的对象如转基因食品等的潜在性和不确定性进行互动讨论的渠道。因此，有必要在认识风险发生过程的基础上，进一步厘清媒介建构环境风险的脉络与路径，探究环境风险的媒介作用机制。

---

① 张晨，何华玲."双重风险社会"中公共治理的困境与重塑［J］.长白学刊，2010，（02）：78-81.

② 习近平著作选读：第 1 卷［M］.北京：人民出版社，2023：19.

第一章 新闻传播学视角下的环境风险

现代化风险更多产生并作用于社会，因此对风险的考察须放置于社会、经济、文化的大背景下。[①] 如今媒介已经渗透到社会生活的方方面面，风险的媒介化日渐凸显。因此，从媒介化的视角审视环境风险，展现风险、媒介与社会之间的复杂互构关系，是理解环境风险的必然路径。

第一节 媒介、社会与环境风险

一 媒介化社会

从古时的烽火狼烟、鸿雁传书，到当下的互联网络、虚拟现实和元宇宙，媒介填补了人类生活的每个角落，甚至形塑我们对现实世界的感知。各种形式的媒介层出不穷，传播学界对于媒介的认知也有几番改变。

媒介的概念随着社会环境的变化在不断延伸和拓展。在传统印刷媒体和广电媒体流行的大众传播时代，无论是美国经验主义传播学还是欧洲法兰克福学派都将媒介等同于大众传播媒体。在战争的背景下，政治宣传等现实命题催生了媒介功能主义的视角，经验学派基于实证研究开展了关于大众媒体传播效果的一系列探索。欧洲的法兰克福学派则认为作为中介工具的大众媒体被操纵和利用，成为意识形态和国家机器，帮助国家建立了

---

① Calman K C, Bennett P G, Corns D G. Risks to health: some key issues in management, regulation and communication [J]. Health, risk & society, 1999, 1 (01): 107-116.

意识形态的统治，这种传播符号背后的权力、政治、经济压迫、垄断与统治构成了法兰克福学派的批判对象。媒介环境学派的出现更是扩大了媒介的概念内涵和外延，其中麦克卢汉的观念具有代表性。麦克卢汉认为媒介是"人的延伸"，是所有能延伸人对外部世界的感知与经验的技术。人本身依赖身体和神经系统存在于世界，技术增强了人类经验外部世界的能力。媒介作为"一切人借以经验世界的技术与非技术的中介手段"①，不仅能够传递信息，更重要的是影响个体和社会看待并处理世界的方式。网络化社会让人们的日常生活被媒介完全浸润，曾经基于"媒介""文本""受众"等概念展开的传播过程，对于现实的描摹越发单薄。② 作为媒介的各种先进技术不仅全方位融入大众的日常生活，还嵌入了社会制度的运行过程当中。媒介超越了传播过程里的中介角色，不再与社会、文化相分离。媒介不再是静态的，或被仅仅当作一种工具，媒介正在介入社会结构之中并发挥影响，甚至可以依据自身的逻辑去改变与重塑社会结构。媒介的身影无处不在，各种社会领域都难以忽视媒介的影响，媒介应当被视作一种独立的、有强大影响力的社会机构，我们正在走入媒介化社会中。

各种媒介的物质性将会作用于社会现实并产生情境化的影响。学者安德烈亚斯·赫普（Andreas Heep）提出"塑型力"概念，认为媒介建构社会现实的力量主要来自两个方面：一方面来自媒介通过塑造惯习化的互动方式而形成的制度化，另一方面来自媒介的物质化，最终实现对社会的铸模成形。此外，赫普立足于媒介的形塑力，提出"传播型构"（figurations）这一概念。他指出当前的"媒介化"并非与某一特定种类的媒介相关，而是指"社会与文化的各个领域都在同时通过各种媒介进行传播型构"。③ 这一过程具体包括四个部分：作为结构基础的行动者丛、对个体行动起导向作用的主题框架、指代具体传播实践模式的传播形式，以及包含了每个传

---

① 钱佳湧. "行动的场域"："媒介"意义的非现代阐释［J］. 新闻与传播研究，2018，25（03）：26-40+126.

② 王琛元. 欧洲传播研究的"媒介化"转向：概念、路径与启示［J］. 新闻与传播研究，2018，25（05）：5-26+126.

③ Hepp A. The communicative figurations of mediatized worlds：mediatization research in times of the "mediation of everything"［J］. European journal of communication，2013，28（6）：615-629.

播型构中所有媒介的媒介集合（media ensemble）。媒介不仅嵌入了我们的日常生活，更动态建构现实，这也构成了媒介化社会的基本特征。

由现代性引发的风险已然成了现代社会重要特征，媒介在建构社会现实的同时也在深刻影响着风险的走向和发展，我们处于风险社会中，我们也处于媒介化社会中。媒介化社会当中，风险社会中有关风险的知识都是媒介性（mediated）的。媒介技术的发展让风险的议题、风险的传播、风险的沟通等也更加复杂多元。因此，从媒介化的视角审视环境风险，凸显环境风险治理当中的媒介价值和媒介治理手段，是解释和应对风险的必要视角。

二 信息生产、消息把关与权力

制度主义视角下的媒介观认为，媒介作为一种独立的社会机构，其本身的运作受规则制约，但媒介又能通过对所掌握的资源与权力的管理与分配，使其他机构不得不遵循媒介所制定的规则。① 这意味着，媒介机构与政治系统、经济系统等其他系统或社会机构之间有着较强的关联。这种关联主要体现于两个方面。一方面，"制度性权力"的渗透对媒介的内容发布、分发运作都会产生关键性影响，形成公众舆论的传播机构是社会权力的综合体，传播媒介的内容生产是社会权力竞争的结果与表现。另一方面，媒介同时也在塑造着社会权力和关系，无论是作为内容的新闻报道还是作为结果的新闻舆论都会对社会政治、经济、大众文化等各方面产生影响。媒介与权力之间的关系构成了法兰克福学派最为核心的研究议题，霍克海默和阿道尔诺认为媒介受到了国家的权力控制，文化工业背后是资本主义的绝对权力，具体体现在文化产业中，大众文化不再具有差异性，所有的大众文化都趋向于一致，僵化的架构与机械的复制成了现代文化工业的特征。受到这一媒介文化影响的社会变成了一个新型的极权社会，它压制了社会中的反对意见和少数意见，压抑了个体的批判和反思意识，最终社会变成了单向度的社会，生活在其中的人成了单向度的人。媒介与风险

① Hjarvard S. From bricks to bytes: the mediatization of a global toy industry [J]. European culture and the media, 2004, (1): 43-63.

的关联首先体现于大众传播媒介充当了风险报道者这一角色，而媒介和权力的关系说明我们需要从媒介背后的政治、经济、文化等复杂联系中去考察媒介对于风险信息内容的生产与传播。

"把关人"的存在控制着新闻生产的消息来源，也体现着媒介背后的权力关系。"把关人"理论最早可以追溯到莱温的研究，他发现食物被端上饭桌需要由一个或者几个"把关人"提供渠道并进行决策，因此物品进入渠道需要通过一个"把关人"进行把控。① 怀特最早将"把关人"理论运用到新闻传播研究当中。他发现并非所有的信息都可以成为新闻，从事实到消息要经过新闻组织包括新闻内部不同个体不断地筛选、整理和再生产。在传统媒体时代，"把关人"的角色由编辑、新闻记者等媒体工作者担任，而媒介技术的发展使得"人人都有麦克风"，任何个体在网络上随手发布的一条消息都有可能成为"新闻"，收获无数的关注。很多研究者担忧社交媒体时代，原本由职业"把关人"承担的新闻"把关人"这一角色的重要性逐渐降低，甚至这一角色也将消失，由此造成网络内容的"众声喧哗"和"泥沙俱下"现象。但不可否认的是，即使社交媒体平台具有技术优势和平台流量，但主流新闻媒体依然掌握着大量的媒体资源、可靠和全面的消息来源网络，也得到更多的受众的信赖。换言之，专业的编辑和记者仍然是主流媒体的新闻"把关人"。另一方面，网络媒体中新闻"把关人"的角色由更多主体承担，把关过程也变得更加复杂，一些非人工参与者，例如搜索引擎、平台媒体等都在共同作用于新闻把关过程，他们看似不受人的控制，但算法黑箱往往是平台方、程序员等诸多权力共同作用的结果。

除了新闻"把关人"之外，新闻源对新闻生产的影响同样受到关注，新闻记者依赖新闻源获取消息，传统媒体也习惯于通过优质新闻源获取到一手消息和独家新闻；在新闻写作过程中，新闻记者需要通过对于消息源话语的转述以达到新闻的可靠性，这种惯用的模式也已经成了一种新闻框架，在新闻报道中广泛存在。消息源可以通过对新闻机构的反制作用以达到自己集团的利益，新闻媒体也有可能沦为利益集团的传声筒。从新闻

---

① 莱温. 拓扑心理学 [M]. 杭州：浙江教育出版社，1997：10-11.

"把关人"到新闻报道、从消息来源到新闻事实的过程构成了新闻生产背后的权力争夺。

当然，用户面对媒介的传播行为并非完全处于被动地位，平台媒体的出现更是将原本的"受众"转变为"用户"，让每个人都有了发声的渠道。在风险事件发生或风险议题争议情境下，当媒体组织沿用过往的传播惯例，利用积极的故事框架、事后的责任归因框架等对风险事件进行媒介建构时，往往也面临着与多样化的意见气候的竞争，这极大影响了新闻媒介在风险沟通中作用的有效发挥。尤其网络舆论的错位与冲突，更容易使负面、非理性情绪在网络空间蔓延，最终带来网络次生危机。因此如何通过媒体生产弥合网络意见空间的矛盾，使人们达成共识，是需要探讨的重要内容。

三　信息分发、平台互动与技术

大众传播时代，媒体机构通过对稀缺或排他性的信息资源的控制，建构起其特有"信息权力"。伴随着新技术革命，尤其是大型互联网平台的兴起，以"新闻媒体"为中心的权力结构逐渐被消解：算法作为新兴技术因子强势嵌入人类系统，使得"媒介与社会"的关系也随着发生新的变化。据统计，全球社交媒体的活跃用户已达48.8亿人，占世界总人口的60.6%。中国网民规模超10.5亿人，互联网普及率达74.4%。[①] 对此，芬尼曼提出"数字媒体物质性"概念，用以说明平台社会的出现，其具体指在数据、通信基础设施驱动的信息社会中，数字平台逻辑、算法赋权是如何导致传统"议程设置""把关""内容生产"等渠道权力转移的。[②] 技术视角下，范·迪克认为数字平台具有数据化、商品化以及自动选择的特征，平台社会的出现对于传统媒体时代的运作模式产生了较大的冲击。[③]

---

① 新华社.报告显示全球社交网络用户近50亿.[EB/OL].[2023-7-23].https://news.cctv.com/2023/07/23/ARTIm5oJzCTT0G9fToBQQSSX230723.shtml.

② Finnemann, Olen. Mediatization theory and digtial media [J]. Communications, 2011 (1)：67-89.

③ Jose van Dijck, Thomas Poell, Martijn de Waal. The platform society：public values in a connected world [M]. Oxford：Oxford University, 2018.

首先，专业媒体内容生产的权威性与分发渠道的稳定性遭遇了前所未有的打击。对前者而言，目击者新闻正在挑战专业媒体议程设置的传统地位并重塑新闻价值。2014 年，沃德（Claire Wardle）等首次提出目击者媒体（eyewittness media）的概念，描述了作为非专业媒体的公众通过现场拍摄图片、视频从事新闻生产的现象。① 王敏等人认为，目击者媒体的核心价值在于提供了"未经处理的真实"。② 借助智能手机拍摄与平台实时上载的功能，目击者的一线素材满足了社交媒体时代用户对信息"及时性"与"在场感"的要求，使新闻生产去"媒体中介"成为可能，这甚至产生一种"越主观，越真实"的认知标准。同时，为了弥补突发事件中的信息真空，目击者视频越来越成为专业媒体重要的新闻素材与来源。部分媒体为了抢占"时新性"的先机，降低了对新闻素材真实性的核查标准，导致"后真相"事件的频发，进一步消解了自身的权威性。

专业媒体借助数字平台进行内容分发不可避免地使其失去对渠道的控制，即一旦新闻内容上载平台，媒体记者将无法把控信息传播范围、路径与传播效果。不仅如此，理论上，去中心化的环境特征使得用户生产内容（UGC）、自媒体内容、主流媒体内容以及商业媒体内容处于平等位置。在"人人都有麦克风"的时代，由于缺少专业媒体新闻生产流程的"把关"，大量血腥、暴力、猎奇的信息，虚假信息以及有害信息和谣言也甚嚣尘上，使得互联网平台成为突发环境风险事件舆情的策源地，如网络上广为传播的"内蒙古风电偷走了北京大风，导致了雾霾""手机基站越多，辐射越大"等谣言。研究表明，假新闻比事实传播得更快、更受欢迎。③ 当专业媒体"把关权"旁落，数字平台作为信息流的"超级把关人"却企图推卸责任，认为平台只起到连接器（connectors）的作用，而无须对内容审核负责。即便近年来，在各国政府的强制要求下，Google、Meta、腾讯、

① Wardle C, Dubberley S, Brown P. Amateur footage：a global study of user-generated content in TV and online news output［EB/OL］. http://towcenter. org/research/amateur-footage-a-global-study-of-user-generated-content/. 2014-12-3.

② 王敏，扶小兰. 目击者视频：融合路径与伦理挑战［J］. 新闻与传播评论，2019，（6）：10.

③ Vosoughi S, Roy D, Aral S. The spread of true and false news online［J］. Science, 2018, 359（6380）：1146-1151.

字节跳动等大型互联网平台已经加大了对假新闻、虚假信息、有害信息的打击力度，如增加内容审核与人工审核的技术支持与资金投入，但虚假信息已经成为全球范围内的治理难题。

其次，数据化与商品化使注意力成为信息流通的"权力货币"①。数据化指用户的一切交互行为如观看、评论、转发、搜索等数字足迹都以数据的形式被平台捕获，并转化为平台中枢行为学习、偏好预测的数据养料。在此基础上，平台将用户的注意力、行动、关系数据等以商品化的形式实现变现。当以流量为基准的算法排序决定内容分发的可见性以及商品化的价值时，夸张、低俗的泛娱乐内容就成为商业变现的捷径，极大限制了传统媒介机构"把关人"和"议程设置"功能的发挥。尤其在风险事件报道中，自媒体、用户、专业人士等多元主体的内容生产与媒体机构的新闻框架平等竞争。这虽然有利于用户对媒介机构的公共监督与媒介批评，但遗憾的是也滋生了网络民粹主义、恐吓暴力等次生风险。互联网平台自身的运作逻辑不仅制约了传统媒体舆论引导、议程设置功能的发挥，同时也加剧了传受双方的不对等关系。从互联网平台的顶层设计来看，这种以"商品化"为中心的运作潜藏着由"自上而下"的权力集中到"自下而上"的消费者赋权的权力转移倾向。"经济利益至上"的商业逻辑也使平台经营者所鼓吹的中立性"公共价值"摇摇欲坠。② 更重要的是，隐晦的算法逻辑正在通过重塑信息权力的方式进一步影响着公众的价值与社会文化。

最后，与"可见性"形成呼吁的是算法的不可见"遮蔽"——基于不透明算法的自动选择建构了新风险的隐忧。一方面，平台实际掌握信息控制权，并以限流、删帖的方式实现内容调节，但调节的过程并不透明；当越来越多的用户通过平台算法所建构的拟态环境来认知世界时，某些"商业利益""政治利益"所协商的遮蔽行为则易误导用户对"风险"的客观认知。比如日本核污水排放事件发生后，西方社交媒体平台出于其政治利益的考量，对核污水相关内容进行限流甚至删除；部分企业机构在遭遇风

① 余红，余梦珑. 算法嵌入传播：平台媒体的权力转移与风险规避［J］. 中州学刊，2022，（09）：162-168.

② Jose van Dijck, Thomas Poell, Martijn de Waal. The platform society: public values in a connected world［M］. Oxford：Oxford University, 2018：4.

险事件后，甚至将平台限流作为"危机公关"的新方法，极大损害了平台公正性。另一方面，算法价值的嵌入易引发算法偏见，如基于用户数据的偏好预测以及个性化推送放大了用户的认知偏好并形成信息茧房。

从另一层面来看，平台变革了人类社会的联结方式。平台系统的开放性一方面使内容生产的准入门槛逐级降低，使平台成为民意的解压阀与宣泄场所，容易引发一系列的潜在风险。对此，贝内特（Bennett）和塞格贝里（Segerberg）提出了"联结行动"概念来指代这一现象，他们认为数字媒体尤其是社交媒体平台，会产生一系列数字集体动员与抗议活动。① 另一方面，平台系统的开发造就了新闻生态系统中的多元行动者，为复杂风险事件中公共商议与协作的达成提供了新的契机。比如在对"新冠病毒疫苗"的议题构建中，基于不同的角色特征，专业媒体、机构媒体、自媒体、科学家、平台媒体、公众等多元主体在疫情发生、疫苗研发、疫苗上市、疫苗接种的不同风险发展阶段具有不同的角色和功能。由于各行动主体之间存在知识差距、立场差异，在风险传播中，只有当多元行动者正确认识到彼此的"角色距离"，并做好关系调适，多元框架才可以对复杂公共议题提供丰富的观点选择与补充，实现多层次多元行动者的合作共生。

四　信息消费、技术赋权与用户

技术在日常生活中的嵌入改变了人们信息接收、参与的模式，重塑了传统人类社会中的生活方式，创造出了新的社会景观。传统媒体时代下，"受众"既是对于信息消费者的命名，更是传播者给他们的标签，面对具有强大组织能力和目的性的大众媒体，孤立的、零散的受众只能接收信息，信息选择能力的缺失、话语反馈渠道的缺乏让他们成了信息传播过程中的被动者。"魔弹论"就代表了传统媒体时代下"以传者为本位"的传播理念，大众传播像一颗子弹一般穿过受众，影响着受众的认知内容、模式。即使后面出现了以"使用与满足"理论为代表的有限效果理论，受众

---

① Bennett W L, Segerberg A. The logic of connective action: digital media and the personalization of contentious politics [J]. Information, communication & society, 2012, 15 (5): 739-768.

在以报刊、电视、广播等为代表的大众传播时代下，其主体性也仍然是有限的。互联网技术的发展则改变了这一格局，互联网为个体提供了传播工具、传播渠道，个人操控社会传播资源的能力正在被全方位地提高，技术让我们进入了"人人皆记者"的泛众化时代，社会话语权正在被重新分配，互联网中的每个个体以及由这些个体组成的群体已经成了重构社会传播生态的重要力量。我们现在所看到的舆论生态中，越来越多的公共事件的事件源是自媒体，自媒体在议程设置的能力上也不断加强，互联网为原本的传播弱势群体提供了更多的集体表达空间，舆论生态的变革也为环境风险的媒介作用研究提供了更多的想象空间和研究价值。

首先，技术赋予个体的主体性体现于信息消费与选择中，从传播受众变成传播中心的个体可以构建起自己的信息网络，选择自己想要接收的信息内容。在传统媒体时代中，媒体机构是议程设置的绝对主导者，受众虽然有少量的信息选择权，但这是建立在媒体提供的固定内容的基础上的。技术赋权让原本传统不对等的、单向性的、局域式的媒介生态被打破。①依托大流量出现的开放式平台为个体、专业新闻机构、商业机构等多元主体提供了平等交流、信息流通的可能性，海量信息涌到了原本的受众面前，个体可以根据自身的需求去发现、选择与组合信息，从而形成自己的信息偏好和认知框架。以个体兴趣为标准的算法推荐机制让"我的日报"概念有了落地的可能，同时身边强社交网络的信息转发推荐也成为个体接收信息的重要模式，以前被忽略的个体信息需求正在被激活。其次，个体在新传播模式中的主体性还体现于内容生产中，互联网的普及让以前被专业机构或网站垄断的集中式内容生产逐渐变成了 Web 3.0 时代中的参与式内容生产。一方面，个体正在成为重要的信源，人人都有手机等终端设备和信息发布的渠道平台，人人都可以成为"记者"，个体随手拍下的照片、视频都可能成为公共事件的素材；另一方面，用户正在运用点赞、评论、转发等操作进行内容的二次生产，传统编辑"把关人"作用正在不断被弱

---

① 喻国明，张超，李珊，等．"个人被激活"的时代：互联网逻辑下传播生态的重构——关于"互联网是一种高维媒介"观点的延伸探讨 [J]．现代传播（中国传媒大学学报），2015，37（05）：1-4.

化，用户的议程设置能力正在不断加强，人人都可以参与社会表达让新媒体时代的内容生产具有了多元化、去中心化的特征。与此同时，由每个单一个体组成的群体也逐渐成为重塑互联网舆论生态的重要力量，个体力量的联结让专业新闻生产者对于内容生产的控制力减弱。

技术赋权带来的用户地位变化意味着大众媒体时代一对多的传播方式被改变，网民对于公共事件的关注和深度参与将会决定公共事件的舆论生态，在很大程度上影响公共事件的走向，网络空间更是为公共事件的进一步发展甚至问题的解决提供了可协商的空间。这一运行模式在环境风险的舆论生态中同样适用，风险事件的特殊性和互联网信息网络的无处不在决定了互联网的舆论生态将会影响个体对自己的风险感知的建构，这种个人化的风险感知又会反作用于个体的风险行为，并通过网络技术被联结从而形成群体化的舆论生态，进而产生风险的放大/缩小效应。因此，在网络媒体时代背景下探讨风险感知相关问题是十分必要的。

在媒介化社会中，媒介对于社会生活的深度嵌入决定了媒介通过信息生产、信息分发、信息消费等流程影响着风险感知、风险发展和风险的最后走向。基于此，本书后文将环境风险的讨论放置于新闻传播学的视角下，探讨在网络媒体时代的背景下媒介对于环境风险的作用机制。

第二节　深度媒介化视域下的环境风险传播

媒介化指的是媒介影响社会构型的长期过程。[①] 安德烈亚斯·赫普等认为，目前人类已经开始迈入深度媒介化的时代。宏观层面，与媒介化相比，安德烈亚斯·赫普强调深度媒介化中的媒介不仅是社会结构的组成部分，而且开始逐渐成为社会的基本形态，并重构了以往的各类传播关系。[②] 中观层面，深度媒介化暗含着媒介逻辑的延伸与发展，尤其在算法、平台等智能技术主体的赋权下，新兴媒介逻辑越来越深层次嵌入风险事件的在

---

① 周翔，李镓. 网络社会中的"媒介化"问题：理论、实践与展望［J］. 国际新闻界，2017，39（04）：137-154.

② Hepp A, Hjarvard S, Lundby K. Mediatization: theorizing the interplay between media, culture and society［J］. Media, culture & society, 2015, 37（2）：314-324.

线呈现以及社交互动的运作过程。微观层面，深度媒介化极大影响了多元行动者在内容生产、组织与展示层面的"表征语法"。具体来看，当下行动者对风险事件的表征与行动往往展现出对时效性、戏剧性、短平快、冲突、情感性等媒介逻辑的追逐。这也为深度媒介化背景下的环境风险传播带来了一系列的问题与挑战。一方面，位于生产端的专业媒体机构正面临新旧媒介变迁下的阵痛：大众媒体时代信息生产与分发的渠道优势逐步趋于消解。另一方面，处于传播端的公众不可避免地卷入环境风险传播的全过程。

一　风险生产端的媒介：角色定位、框架呈现及其变化

媒介建构理论下，媒介构建的"拟态环境"并非对现实风险的"镜子"式再现，而是媒体机构以及媒体从业人员选择、加工以及再结构化之后的产物。由此，国内外有关环境风险生产端的探讨主要集中在三个方面。一是媒体在环境风险事件中的角色定位是什么？二是媒体如何呈现环境风险？三是社交媒体时代媒体的环境风险传播存在哪些变化与新问题？

过去，作为"社会公器"的专业新闻媒体机构一直扮演着风险预警者、报道者、沟通者等核心角色。黄浩荣提出了大众媒体在风险事件中的6种作用，分别是风险的再现机制、风险的定义机制、风险的监督机制、风险的资讯、知识导管、风险社会的沟通机制。[1] 这些机制的发挥不仅对"现代风险议题"的呈现具有重要的推动作用，而且在专业"把关人"机制下有助于推动社会形成"现代风险的反思"[2]。在大众传播时代，即便不同类型媒体存在不同的受众群体与管理理念，多元媒介内容的组合也能为受众呈现一幅立体真实的风险图景。学者发现在某地输油管道爆炸风险事件中，本地媒体与异地媒体呈现不一样的风险景观：本地媒体选用典型的救灾框架，通过边缘化环境污染与处理视角，着力凸显救灾的悲壮性，异

---

① 黄浩荣.风险社会下的大众媒体：公共新闻学作为重构策略 [J].国家发展研究，2003，3 (1)：99-147。

② 梁萍.大众传媒对"现代风险"的建构——以《南方周末》"绿版"为例 [D].暨南大学，2012.

地媒体则选择了救灾和问责两大框架。① 同时，尹瑛通过对 6 家纸媒有关太湖水污染事件报道的分析，发现不同类型纸媒虽然在报道主题和报道立场上存在显著差异，但风险归因方面却呈现出相似的景观。②

　　在内容呈现方面，汉尼根指出，传播媒介要成功建构环境问题，要有6 大前提条件：①科学权威的支持和证实；②"科普传播者"的环境主张；③媒体的关注；④引人注意的醒目符号和形象词汇；⑤看得见的经济刺激和经济收益；⑥建构环境问题合法性和连续性的相关行动者。③ 在此基础上，大众传播媒介从话语、框架、消息来源等层面具体达成对环境风险的构建。话语层面，以《纽约时报》的全球气候变化涉华报道为例，学者发现《纽约时报》对涉华气候变化风险报道在数量上呈现出一种上升的趋势，通过在报道时有意地强化或弱化、话语置换、议题转移等方式，西方主流媒体建构了中国环境的负面形象。④ 框架层面，通过抽取中美（新华社和美联社）全球变暖的相关报道，研究者发现，两者在全球变暖问题上的框架建构虽具有较大差异，即美联社倾向于使用冲突框架，新华社倾向于使用责任框架，但随着风险的事态发展，两国媒体均将风险的科学探讨，逐级升级或转换为对环境、经济、政治、道德等议题的关注。

　　进一步说，媒体报道的框架通过影响个体的风险感知与情绪，达到框架生产的目的。柯布（Cobb）发现，在关于纳米技术的新闻报道中，多重收益报道框架更能降低用户的负面风险感知，用户会相信纳米技术的收益会大于其带来的风险。⑤ 金（Kim）等人对企业危机新闻和情绪之间的关系进行了研究。不同的新闻框架会激发个体产生不同的情绪，不同的情绪会影响个体对信息的处理，最终影响个体对企业危机的看法。诱发愤怒情

① 范松楠．环境灾难议题的媒介呈现——以"11·22 青岛输油管道爆炸事件"为例 [J]．当代传播，2014，（02）：39-41.
② 尹瑛．风险的呈现及其隐匿——从"太湖水污染"报道看环境风险的媒体建构 [J]．国际新闻界，2010，（11）：50-55.
③ 转引自姜晓萍，陈昌岑．环境社会学 [M]．成都：四川人民出版社，2000：28-30.
④ 郭小平．西方媒体对中国的环境形象建构——以《纽约时报》"气候变化"风险报道（2000-2009）为例 [J]．新闻与传播研究，2010，18（04）：18-30+109.
⑤ Cobb M D. Framing effects on public opinion about nanotechnology [J]. Science communication，2005，27（2）：221-239.

绪的危机新闻相较于诱发悲伤情绪的危机新闻，会使个体对企业产生更多负面态度，个体对新闻的阅读也更加粗略。①

随着社交媒体时代的到来，多元化的传播主体使得大众传播媒体为争夺在风险建构中的主导地位，与风险相关方进行竞争。一方面，传统媒体不得不面对平台层面的受众流失的局面；另一方面，专业新闻媒体机构有必要思考如何更好地承担新时期风险传播职责的问题。这种矛盾尤其体现在新科技类环境风险事件中。由于大部分用户缺少对新科技及其产品的直接经验，媒体对这些科学技术的报道对观众有着关键的启发作用，② 如"转基因食品"的信息的传播往往涉及专家、政府、媒体、食品供应商、消费等多样信息来源，由于其特殊性，定义和标准不明确，多元主体对风险的认定和感知差异明显，这又必然派生出转基因食品危害、转基因技术风险、转基因食品辨别等复杂议题。胡翼青等指出，如果在新旧媒体转型的过程中，专业媒体机构依然坚持沿用过去的内容套路与工作模式，或直接迎合平台时代的公众志趣，那么主流媒体机构很难在媒介化进程中实现"破局"。③ 在注意力竞争的背景下，环境风险中的媒体信息生产不可避免地面临与多元行动主体的合作、竞争和协商的问题。

二 风险传播端的公众：风险感知、技术赋权与在线行动

如前文分析，"Web 2.0 使网络不再停留在传递信息的媒体这样一个角色上，而是使它在成为一种新型社会的方向上走得更远。这个社会不再是一种'拟态社会'，而是成为与现实生活相互交融的一部分。"④ 梅罗维茨

---

① Kim H J, Cameron G T. Emotions matter in crisis: the role of anger and sadness in the publics' response to crisis news framing and corporate crisis response [J]. Communication Research, 2011, 38 (6): 826-855.

② Acoubrie J. Public perceptions about nanotechnology: risks, benefits and trust [J]. Journal of nanoparticle research, 2004, 6 (4): 395-405.

③ 胡翼青，李璟."第四堵墙"：媒介化视角下的传统媒体媒介融合进程 [J]. 新闻界，2020, (04): 57-64.

④ 彭兰. WEB2.0 在中国的发展及其社会意义 [J]. 国际新闻界，2007, (10): 44-48.

认为电子媒介产生了新的"情境"（situation）①。一方面，网络论坛、即时通信、新闻跟帖、微博微信为用户感知情境搭建了平台，多元的媒介内容与接触极大影响公众的风险感知；另一方面，社交媒体的发展导致后台信息被社会共享，内容与分发方式不再完全被传统媒体所设定。由此，技术赋权后的网络公众积极参与进对环境风险事件的建构过程中，不仅积极与其他行动者进行互动与对话，而且反向影响了专业媒体机构的内容生产与呈现。这也使得新时期的风险传播不仅要关注生产端的媒体，也要重视网络公众行动方式与情感表达在风险沟通中的作用。

　　基于心理学视角的风险传播认为，风险感知指个体对存在于外界的各种客观风险的感受和认识，并强调个体由直观判断和主观感受获得的经验对认知的影响。②环境风险认知则是人们对人类活动导致的自然环境和社会人文环境的变化及其带来的各种影响的相关心理感受和认识。③例如，研究表明，新闻的呈现方式影响风险感知。霍茨（Houts）等人的研究发现，图像化的信息能够帮助人们记忆和回想相关的医疗信息。④⑤谢晓非等对风险沟通的渠道和形式进行了研究，结果表明形象性信息的呈现增加了个体对风险的感知，但不同感觉通道的信息输入对个体风险感知没有显著影响。此外，有研究比较了在电视和网页两种沟通渠道中个体风险感知的差异，结果显示电视相较于网页会引起人们更高的风险感知。⑥从接受者的特征来看，风险感知受到性别、收入、年龄、学历、宗教信仰等人口统计因素的影响。钱洁凡等人发现，年龄、学历、月收入以及职业的差异会导致受众关注不同类型的风险，如随着学历的升高，公众对煤气等风险关注

①　约书亚·梅罗维茨.消失的地域：电子媒介对社会行为的影响［M］.肖志军，译，北京：清华大学出版社，2002.

②　孟博，刘茂，李清水，等.风险感知理论模型及影响因子分析［J］.中国安全科学学报，2010，20（10）：59-66.

③　段红霞.跨文化社会价值观和环境风险认知的研究［J］.社会科学，2009，（6）：78-85.

④　Houts P S, Bachrach R, Witmer J T, et al. Using pictographs to enhance recall of spoken medical instructions［J］. Patient education and counseling, 1998, 35（2）：83-88.

⑤　Houts P S, Witmer J T, Egeth H E, et al. Using pictographs to enhance recall of spoken medical instructions II［J］. Patient education and counseling, 2001, 43（3）：231-242.

⑥　谢晓非，李洁于，清源.怎样会让我们感觉更危险——风险沟通渠道分析［J］.心理学报，2008，40（4）：456-465.

度提高，对沉溺网络游戏、干旱、环境污染等风险关注度下降。[①] 赖（Lai C）、陶（Tao J）在研究中发现，女性、年长的以及教育程度较低的参与者比男性、年轻的、教育程度较高的参与者感知到更多的环境风险。[②]

在一些环境冲突性事件中，学者多采用大众抵抗理论、批判话语分析理论、公共领域理论与危机传播理论对网络公众的集群进行研究。如曾繁旭通过关注环保 NGO 组织在核风险利用、保护生物多样方面的行动，探讨了民间团体如何通过媒体议题的建构影响政策议程，佐证了大众媒体在冲突型环境风险议题中的重要行动者角色。[③] 与此同时，互联网本身的空间属性为公众的集体行动提供了实践互动的场所。[④] 一方面，平台将分散的、异质化的大众集中于数字平台去中心化的环境中，自发的内容生产与传播参与成为用户风险构建行动的主要方式，通过虚拟情境的互动，用户得以塑造"我们"的想象，进而结成一致的情感共同体。另一方面，在注意力经济中，代表不同利益的网络行动者们通过对热点事件的话语与框架的选择性呈现，调动用户的负面情绪认知与消极社会事件联想，迅速引发愤怒等负面情绪的聚集、宣泄与爆发，这些成为集体抗争行为的导火索。其中，情绪框架成为用户行动的主要方式。借助 Rost 情感分析工具，刘雯等人发现，在 2012 年雅安地震事件中，微博网民的整体情绪趋向消极，且在灾后救援进展情况、公益组织募捐活动、新闻媒体报道情况、舆论衍生话题以及政府公信力等议题上情绪波动最大。[⑤]

第三节　本书研究的问题与思路逻辑

当下"深度媒介化"的进程已经深刻影响环境风险事件的传播，并带

① 钱洁凡，孟耀斌，史培军. 北京城市居民风险认知状况调查 [J]. 中国减灾，2009，（12）：26-27.
② Lai C, Tao J. Perception of environmental hazards in Hong Kong Chinese [J]. Risk analysis, 2003, 23 (4)：669-684.
③ 曾繁旭. 环保 NGO 的议题建构与公共表达——以自然之友建构"保护藏羚羊"议题为个案 [J]. 国际新闻界，2007，（10）：14-18.
④ 卞清. 民间话语与政府话语的互动与博弈 [D]. 复旦大学，2013.
⑤ 刘雯，高峰，洪凌子. 基于情感分析的灾害网络舆情研究——以雅安地震为例 [J]. 图书情报工作，2013，57 (20)：104-110.

来信息传播秩序与关系的重塑与变革。其中，作为信息生产端与传播端的媒体与网络公众是智能传播背景下环境风险传播研究的核心，二者之间的相互作用机制亟待细致深入分析。本书从风险信息生产、风险信息传播两个重要过程展开分析，实证探究环境风险感知的媒介作用机制，这对于提升我国风险沟通效力和效果大有裨益。

对位于信息生产端的媒体而言，媒介是风险的报道者，是人与社会之间的中介物。过去，媒介对风险议程的设置决定了什么样的消息可以进入人们的视野中。如今，伴随着平台社会的到来，信息的来源渠道被无限拓展。当下，无论是某个省份发生的食品安全事故、某个国家的化学制品泄漏，还是全球变暖造成的冰川融化等，都变得与我们只有咫尺之遥。信息过载带来的在线焦虑不仅影响着传播端的网民，同时也为媒体机构的信息采集与真实性识别带来了全新挑战。不仅如此，作为技术物的社交媒体平台不仅为媒体、公众、专家等行动者的风险话语再现和竞争提供舞台，同时其本身又作为技术行动者之一，利用算法规则等方式隐性参与风险社会的权力塑造与争夺，影响风险沟通的走向。本书立足于平台媒体环境，探讨主流媒体如何摆脱自身的角色困境、如何处理与其他行动者的关系。提升专业媒体机构在风险传播中的影响力与号召力是本书要解决的第一大难题。

对位于信息传播端的公众而言，社交媒体的发展打破了过去由媒体主导的"传者—受众"的单线传播方式，推动了网民在环境风险中的内容生产与临时性集群。面对风险传播中突然涌现的非理性表达、情感行动、网络暴力等高风险性舆情，研究者必然要首先厘清公众在风险行动中的内在动力机制及其行动逻辑。首先，通过对公众风险框架与话语的研究，本书力图深入了解、掌握其风险行动中的核心信息需求、情感需求，同时在与其他行动者的互动中总结归纳当下风险传播中的关键问题。其次，借助对公众风险感知、风险类型与媒介使用的模型分析，本书进一步探究了公众风险信息处理和决策的内在机制。最后，除了一般框架外，网络媒体平台中主体的多样性与复杂性使得情绪和情感框架成了社会化媒体建构风险的主要策略。① 这

---

① 余红，王庆. 社会怨恨与媒介建构［J］. 华中科技大学学报（社会科学版），2015，29（03）：125-130.

也使得个人化的风险情绪在情绪框架的勾连、唤醒、集结、引导下，转化为了一种共享的社会风险情绪，因此，有必要探究多元行动者的情感框架与个体情感表达之间的转化机制。

尽管深度媒介化的发展为新时代的风险传播与治理带来了一系列的新问题与新挑战，但其带来的信息传播关系的革新也为社会新型共识的构型提供了关键契机。当下，利用智能媒介，媒体、公众、专家等多元行动者积极参与风险传播与内容生产，不断与风险的各个层面进行共振，结成了一个复杂而富有活力的行动网络。在此背景下，本书思考的最终落脚点在于如何通过对智能技术的妥善运用以及对社会的媒介化治理，盘活风险行动网络的泛化联结与互动。通过平台网络的构型，在多元行动者之间搭建起积极的风险互动与沟通平台，并最终实现多元传播角色的竞合以及风险共识的达成。

基于以上的研究内容分析，本书提出以下具体研究的问题。

1. 风险信息生产

研究问题一：风险传播行动者如何影响风险的建构？不同类别行动者在风险传播中有怎样的角色定位，呈现出怎样的互动关系网络？行动者间产生不同互动的动因，以及行动者互动带来的风险建构的影响是什么？

研究问题二：风险信息进入媒介环境中后如何被建构？媒体如何利用媒介话语产出风险文本？不同类型的媒体在新闻建构中有什么样的差别？

2. 风险信息传播

研究问题三：公众风险感知如何受到媒介风险文本影响？风险情绪是否显著影响风险感知？

研究问题四：公众的风险感知会形成怎样的意见气候与媒介表征？具体而言，不同风险传播主体之间意见互动、观点竞争和共识达成的过程和机制是什么样的？

最后，在此基础上进一步提出研究问题五：智能传播时代，如何善用数字化和智能化媒体实现风险的技术善治？本书的研究框架如图 1-1 所示。

接下来本书就会选取代表性的环境风险案例，围绕上述五个问题进行实证研究，以展示环境风险中的媒介作用机制。

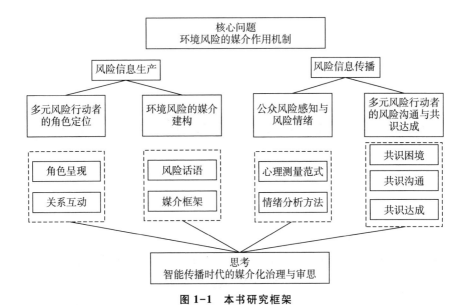

图 1-1 本书研究框架

第二章　多元风险行动者的角色定位

社交媒体平台的出现，让大众传播时代"媒介—受众"的单向互动关系转变成了每个个体所代表的节点与节点之间的连接，连接关系的变化也在激发着风险传播的新想象。在微博、抖音等社交媒体场域中，越来越多的行动者加入风险传播的话语实践。除了我们传统认知中的媒体、政府、专家，过去被定义为"信息接收端"的公众、曾经作为"渠道工具"的平台媒体也成为风险传播的重要行动者。多元行动者在风险传播实践中基于不同的立场和利益扮演着复杂角色，共同作用于风险传播中的信息流动与意义建构。本章将从多元行动者的角色呈现和关系互动着手，探索环境风险传播过程中不同行动者的行动逻辑。

第一节　多元行动者的角色呈现

人们对于风险信息的感知，一方面通过亲身感官体验，另一方面需要借由他人经验或媒介信息来获得。2009 年兴起的新浪微博、2013 年出现并迅猛发展的微信公众号和资讯客户端、2018 年爆火的短视频平台，这四类平台媒体长期吸引着公众大量的注意力，它们正在广泛而又深度嵌入人们的日常生活。在商业数字平台夹击之下，传统的机构媒体、专业媒体也有过自建平台的尝试，但其单向传播为主的信息发布模式、已有数字平台的垄断使得他们很难争夺稀缺的公众注意力资源，因此大量新闻媒体和政府机构为了引流都在流行的数字平台媒体上建立了自己的官方账号。由此，信息市场格局基本确定，数字平台媒体成了信息传播的主渠道，也是公众对于风险信息和知识的重要来源。

由于社交媒体的平台属性，社交媒体平台信息的发布与曝光权已经不再掌握在单一组织或者媒介机构手中，而是由各种人类和非人类行动者共同决定。[①] 例如，风险信息的发布权可以掌握在每个普通人的手上，风险经历者可以将自己的经历直接发布于社交媒体平台；专家也可以在平台上与非专业受众直接交流，由原本的采访对象、知识提供者转变为风险传播中的核心角色，其观点也可以更为详细地呈现给公众。由多元行动者共同决定的信息发布模式影响了人们在网络环境中接触风险信息的模式。因此我们需要通过重新考察不同行动者在风险信息建构中的作用，来揭示社交媒体时代风险信息的建构机理与路径。

媒体在风险传播中的角色是多样的。他们不仅是风险信息的传播者，还可以充当舆论引导者、公民教育者、议程组织者等多重角色，关于媒体在风险传播中的作用已在上一章进行了集中阐释。媒体内部也有差异，其中官方媒体和市场化媒体在其新闻生产中更重视新闻规范和公众利益，他们需要从公众角度出发，与公众建立共鸣以赢得公众的信任和支持，风险建构中他们承担着舆论引导、凝聚社会共识的责任。

相较于专业媒体，自媒体缺乏了标准化、制度化的采、写、编、审核流程，不同利益之间的对话博弈更容易让很多自媒体沦为资本的工具，阴谋式的猜想、自行加工的谣言与真实的风险信息不断交织，自媒体在对抗、缓冲风险的同时，也可能成为社会风险的"放大器"。

政府在风险传播中，首先是最初始的信源，发布的内容具有权威性，被公众信赖；政府还是风险事件中应对突发事件的主要组织者和实施者，并为风险应对提供政策支持和解决措施；政府还应当是舆论引导者，对于风险中的舆论失范问题进行监管。

专家作为风险信息的信源之一，其在社交媒体平台充当风险信息的阐释者和公共知识传递者的角色。

---

① Bucher, Taina. Want to be on the top? algorithmic power and the threat of invisibility on Facebook. New media & society, 2012, 14 (7): 1164-1180.

公众在风险传播中的角色经历着从被动接受者到积极参与者的身份转化，技术赋权使公众的每一次发布、点赞、转发行为都有可能让风险的建构朝着相反的方向发展。

数字平台媒体是风险传播中的"非人类参与者"，其原本作为渠道存在，但随着算法黑箱的出现，算法超出了工具与渠道的作用，可能以不同于传播者预期的方式呈现风险信息。算法黑箱所嵌入线索的准确性、重要性也会影响着风险传播中的信息流动，因此平台算法也正在逐渐成为风险传播的"内容塑造者"。

基于以上对于风险传播中各行动者的角色分析，本章选取了"新冠疫苗"议题为研究对象，把专业媒体、机构媒体、自媒体、专家、平台媒体、公众等作为行动者，考察它们在风险事件中扮演的角色。具体操作主要是在前四类行动者中每类各选取 10 个代表，平台媒体样本选择新浪微博自主平台账号粉丝数超 1 亿人的"头条新闻"，公众样本采集的是与上述 41 个行动者产生关联的用户。在这些研究对象的文本中挖掘了从 2020 年 1 月 20 日到 2021 年 3 月 14 日（包括疫情发生、疫苗研发、疫苗上市、疫苗接种四个重要阶段）的共 5142 条数据。为方便后续信息筛选和突出同一议题下不同行动者的角色对比，筛选出其中 1141 条与疫苗科学传播相关的文本进行后续编码分析。

通过对文献的梳理和数据的预处理，将新冠疫苗议题的角色类型划分为报道者角色、解释者角色、裁判者角色与引导者角色 4 种。具体而言，报道者角色主要对科学信息进行客观中立的传播；解释者角色主要对某一具体议题进行阐释；裁判者角色对议题中的具体内容发表看法，通常具有一定的情感倾向；引导者角色则对具有明确倾向的思想或行为进行倡导。

对 1141 条与疫苗科学传播相关的文本进行分析，结果表明，不同行动者的角色呈现以下的特征：①从内容数量上看，专业媒体开展风险科学传播内容最多，平台媒体最少；②从角色类别上看，专业媒体主要是报道者，自媒体则主要是裁判者，这也说明自媒体内容情感倾向更强，而机构媒体、科学家和平台媒体主要角色是解释者；③从角色呈现的均衡程度来看，通过计算五类行动者在四种角色呈现上的变异系数［变异系数 C・V =

（标准偏差 SD/平均值 Mean）×100%〕可以发现，自媒体的变异系数更高，它们在裁判者角色与引导者角色中更为突出，专业媒体的变异系数则最低，说明它们在新冠疫苗的内容呈现上更为全面（见图 2-1）。

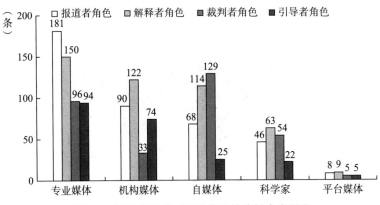

图 2-1　不同行动者对新冠疫苗的传播内容呈现

同时，研究还发现，同一行动者并非扮演单一角色，而是具有多种角色特征，因此会出现多种"角色丛"（见图 2-2）。在同一文本中，"解释者与引导者""裁判者与引导者""解释者与裁判者"都有较高的组合比例，具体查看文本可以发现，上述"角色丛"大多出现于行动者在进行科普解释后进行观点评议时。"报道者与解释者"、"报道者与裁判者"的组合占比也较为突出，这些角色通常是在内容报道的基础上进行引导或裁判。从角色间组合关系来看，行动者在科学传播中对框架叙事要素的选择与组合，在一定程度上反映出其与对应角色的功能组合上的关联。报道、解释、裁判、引导之间的内容相关性，以及行动者在角色扮演过程中具有的功能依附与互补性的特征，说明了不同行动者在风险传播时需要通过内容配合以实现风险的有效传播与治理。

第二节　多元行动者的关系互动

平台社会背景下，政府、媒体、用户等多元主体的风险传播实践实质上是由信息传播节点及其行动网络来表征的。具体地，通过利用超链接技术下的评论、转发、回复、引用等功能，政府、科学家等传播节点既实现

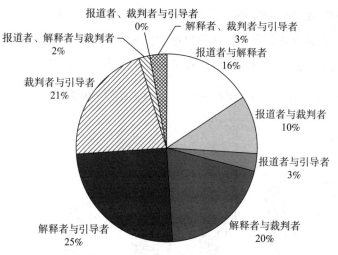

图 2-2 角色组合占比

了社交媒体平台的框架搭建、内容生产，又实现了行动者内部以及不同行动者之间的关系互动与网络建构。尤其在复杂的环境风险事件中，为了争夺环境风险事件不同发展阶段的最高定义权，不同类型行动者之间必然会呈现复杂的权力角逐与关系拉锯，并最终外显为积极互动、对立冲突、竞争共生等阶段性关系特征。从以往的研究来看，人们普遍认为风险传播行动中专家与媒体、公众与专家之间总是存在观点、价值方面的隔阂与藩篱。① 大量关系研究也倾向于将某一种固化的角色定位作为不同行动者之间关系互动的前提，从而忽略了平台媒体时代行动者之间的普遍联系与动态关系。基于此，本小节进一步探讨"新冠疫苗"风险传播过程中，多元行动者是如何进行关系互动的，以及多元行动者关系网络特征及其互动驱动力。研究在1141条与疫苗科学传播相关的文本的基础上进行社会网络分析。

一 基于行动者类型的关系网络与社交互动

为了概览"新冠疫苗"行动者网络的全貌，研究首先将不同类型行动者之间的节点数据以及共现矩阵导入 GEPHI 软件，通过运行 FR 布局算法，生成行动者间的网络关系图谱。如图 2-3 所示，"新冠疫苗"行动者

---

① Fischhoff B, Scheufele D A. The science of science communication [J]. Proceedings of the National Academy of Sciences of the United States of America, 2013, 110 (3): 14033-14039.

网络由 121 个节点、285 条边构成。其中，节点指示参与信息互动的行动者主体，节点间的连线指示了行动者之间的转发、提及、引用等互动关系。连线越粗，节点间的互动频次越高。总体上看，在"新冠疫苗"的风险传播活动中，央视新闻等专业媒体与中国政府网等机构媒体及个别科学家的互动较为紧密，处于行动者互动网络的中心；自媒体及其他大量科学家相对居于互动网络的外围。

图 2-3 行动者关系

结合账号互动关系网络与账号主体和内容特征分析，发现多元行动者的关系互动主要有：①基于共同性的常态性关系互动；②基于行动阈限的偶发性关系互动；③基于角色共振下的动态平衡。

其中，基于共同性的常态性关系互动包含：同一行动单位内部的系统沟通与合作（如央视网与央视频、梨视频与梨视频文化）；同类行动者之间的日常关系互动（如疫苗圈与包包聊疫苗、专业媒体新华社与央视网）；基于地理邻接的关系互动（如北京发布、北京市疾病预防控制中心）；基于专业领域共性的跨行动者类型的关系互动（如基于对疫苗技术发展的讨论的政府机构媒体与科学自媒体的互动，如张文宏医生与央视新闻）。

基于行动阈限的偶发性关系互动包含：基于在线问答的关系联结与互动联结（如"科学未来人"等自媒体对提问者的具体问题进行解答，由此产生与用户的互动联结，"麻醉医生凌楚眠"与"协和医生Do先生"自主型的专业知识交流与互动）；基于机构合作的强互动联结（如在有关"新冠病毒疫苗"的系列报道中，《人民日报》联动"天目新闻"发布系列报道，实现了中央与地方媒体互动联结）；基于社交分享的弱互动联结（如政府机构媒体"共青团中央"转发引用了搞笑自媒体"毕导THU"的新冠病毒疫苗科普视频）。

多元行动者的风险传播实践仍受制于基本的角色定位与社会系统的结构性规范。一方面，基于共同性的常态性关系互动构成了风险传播的日常书写，另一方面，多元行动者的能动性促进了突破行动者角色阈限的偶发性关系互动，并最终形成了基于角色共振下的动态平衡。

二 基于角色类型的关系网络与社交互动

目前，大多数研究从行动者类型出发对风险的行动网络进行分析。在本书的新冠病毒疫苗议题中，不同行动者的角色类型可大致划分为报道者角色、解释者角色、裁判者角色与引导者角色4种，且同一行动者可能呈现不同角色类型的行动特征，因此，有必要对不同行动者在扮演同一角色类型时的关系网络进行分类探讨，如图2-4所示。

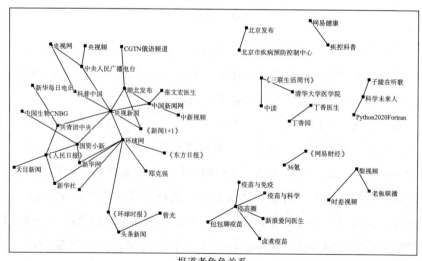

报道者角色关系

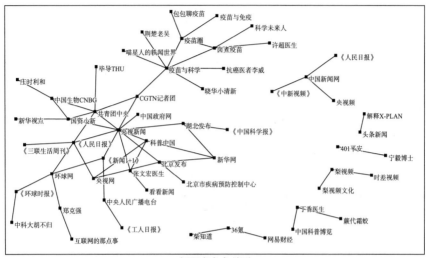

解释者角色关系

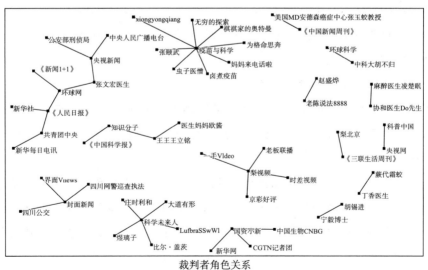

裁判者角色关系

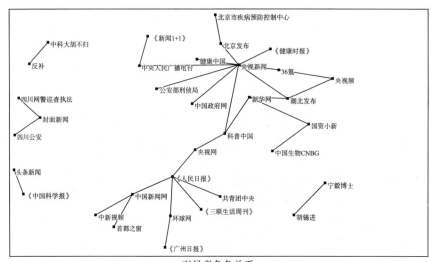

引导者角色关系

图 2-4 四种角色网络关系

在不同角色身份下，科普自媒体、科学家、平台媒体等行动者的关系网络存在较大区隔。从网络形态来看，报道者、解释者与引导者的角色关系网络存在明显的较大的聚集网络特征，如报道者角色关系网络中专业媒体与机构媒体互动频繁；解释者角色关系网络中，除了机构媒体外，专业媒体与科普自媒体和科学家也存在互动联系；而裁判者角色关系网络则更呈现离散的块状连接。

1. 角色关系中心度与角色距离

角色关系中心度指关系网络中某行动者与其他行动者相连的节点个数，因此角色关系中心度越高，与其他行动者互动越频繁，越处于角色实践中的关键位置。

如表 2-1 所示，在不同角色关系网络中，行动者的角色关系中心度越高，表明特定行动者在该角色实践中越处于网络中心位置，其角色行动与角色预期的距离越小。如《人民日报》作为主流的专业媒体机构，其角色期待在于报道相关信息、传播疫苗技术的相关知识并引导舆论有序表达，因此其在报道者角色（7.407）、解释者角色（8.475）与引导者角色（11.429）的角色行动中均处于较为中心的位置，角色距离较小；但由于缺少对相应科学内容的评判资质与知识和专业媒体新闻报道的中立性原则限制，《人民日报》在裁判者角色（4.839）网络中则处于较为边缘的位置，角色距离较大。

表 2-1　角色关系中心度

	报道者角色		解释者角色		裁判者角色		引导者角色	
1	环球网	16.667	央视新闻	15.254	疫苗与科学	12.903	央视新闻	22.857
2	央视新闻	14.815	疫苗与科学	11.864	国资小新	8.065	《人民日报》	11.429
3	国资小新	11.111	共青团中央	10.169	科学未来人	8.065	湖北发布	8.571
4	疫苗圈	9.259	国资小新	10.169	封面新闻	6.452	科普中国	8.571
5	湖北发布	7.407	《人民日报》	8.475	梨视频	6.452	新华网	8.571
6	《人民日报》	7.407	北京发布	6.780	环球网	4.839	中国新闻网	8.571
7	中国新闻网	7.407	环球网	6.780	《人民日报》	4.839	36氪	5.714
8	共青团中央	5.556	科普中国	6.780	央视新闻	4.839	北京发布	5.714
9	中央人民广播电台	5.556	卤煮疫苗	6.780	共青团中央	3.226	封面新闻	5.714
10	新闻1+1	3.704	疫苗圈	6.780	王王王立铭	3.226	国资小新	5.714

2. 矩阵密度与关系距离

矩阵密度反映了角色关系网络中不同行动者关系的紧密程度。如表2-2所示，矩阵密度越高，该角色关系网络下，不同类型行动者之间的信息引用、合作频率越高。

表 2-2　角色关系密度

矩阵	密度
报道者角色关系矩阵	0.0356
解释者角色关系矩阵	0.0493
裁判者角色关系矩阵	0.0241
引导者角色关系矩阵	0.0323

从不同行动者在不同关系网络中的角色距离来看，当行动者预想承担的角色任务与其"角色期待"差距越大时，越希望与其他行动者展开合作、交流，以补足角色距离的不足。因此，在围绕"新冠疫苗"的4种角色关系中，解释者角色网络的矩阵密度（0.0493）最高则不难理解。由于

部分类型行动者如专业媒体、机构媒体关于科学专业知识解读能力有限，它们必然寻求与科学家等行动者进行内容互动。而作为裁判者角色时，行动者在发表评价时具有一定的独立性与主观性，因此与其他行动者之间的互动较少，矩阵密度较低（0.0241）。

三 多元行动者的互动阐释

可以说，在平台社会下，由多元主体互动交流引发的内容生产与信息流动构成了环境风险拟态呈现的重要特征。与传统媒体时代由专业媒体机构主导的"新闻策展"不同，社交媒体用户可以不按照新闻框架的既定结构进行顺从解码，而是从社交性出发，积极参与平台的新闻策展。这也对各个行动者的风险传播提出了更高的要求。

囿于知识差距、立场差异和系统边界的固有局限，"角色+"的复合行动成为提升内容影响力的内驱力，主要包括"同一行动者的不同角色组合"和"不同行动者的不同角色组合"两种形式。具体地，内部的角色共振指的是行动者同时实现两种及以上的角色扮演。这种复合型角色扮演优势在于能够突破既有的角色框限，丰富其内容框架，同时也伴随着一系列的行动风险：比如多重角色容易引发角色边界不清晰、角色内冲突、角色行为失范等问题。如在复杂的环境风险议题中，专业媒体机构等行动者若贸然扮演解释者、裁判者的角色，很可能导致新闻报道中"科学知识"的失实。在此基础上，基于弥合"角色距离"的"行动者+行动者"互动为构建新时期基于竞争合作的角色共振提供了外驱力。行动者的既有角色实践无法满足其内容需求时，行动者与行动者之间基于角色共振的关系互动就产生了，此即外部角色共振。当角色的在线实践有组合的"内容需求"时，行动者之间的互动联结不仅发挥彼此角色所长，还在关系网络的"桥接"下扩大了内容的传播范围，实现接收端的传播"破圈"。需要注意的是，这种行动者间的"破圈"活动并不总是符合风险传播学者所设想的理想蓝图，而是基于利益、缺失、寻求帮助的实际需求。

第三章　环境风险的媒介建构：风险话语与媒介框架

风险信息传播与风险社会相伴而生。在智能传播背景下，作为技术物的数字平台为环境风险议题提供了符号展演与多行动者互动实践的舞台，达到了风险信息传递、风险议题界定、风险感知、群体情绪传染等具体的风险构建效果。

为剖析环境风险及其引发的负面舆情的成因，需要厘清从"风险话语"到"媒介框架"、从"风险表征"到"风险行动"的演化过程。首先，话语是风险叙事的符号基础，也是媒介风险建构的基本单位。通过对媒介风险文本的话语分析，我们将深入探索以下几个问题：环境风险建构过程中，哪些信息更具有劝服性与可记忆性？进一步来讲，风险传播中存在哪些常用的话语模式与话语类型？它们分别塑造了什么样的风险表征？其次，框架是媒介话语的核心架构，也是风险行动与风险沟通的组织外显。在梳理框架研究及其作用机制的理论基础上，本章拟通过对环境风险中通用框架的考察，探究同一传播角色内部，以及不同传播角色间框架建构的差异，以及风险议题是如何随着不同类型行动者的框架的互动、争夺、议和而发生迁移和转向，最终实现风险议题的平衡的。我们认为，受众框架与媒介框架之间的差距形成的"框架沟"是引发环境风险负面舆情的重要线索。本章研究表明，"框架沟"在各类环境风险事件中普遍存在，却易被忽视，这为后文环境风险沟通与共识达成的研究提供了核心发力点。

第一节　多元的环境风险话语

语言学家迈克尔·哈里迪（Michael Halliday）认为话语即"比句子更长，并牢固根植于上下文或特定语境的语言单位，包括学术话语、法律话语、媒介话语等等"。[①] 其中，关于媒介话语的研究最早可追溯至20世纪80年代荷兰学者梵·迪克（Van Dijk）对"新闻话语"的研究。具体来看，在社交媒体时代，话语的生产不仅仅是个体或机构的风险传播实践，同时也是由社会文化、结构所共同建构的产物。由此也衍生出了基于话语文本的描述性话语分析以及基于话语结构的批判性话语分析两大研究向度。本节借鉴了话语分析与内容分析的方法，对环境风险事件中多元行动者的风险话语进行了研究。

不确定性是风险话语建构的核心。风险传播主体总是习惯于通过强调不确定性、问题聚焦、风险抚慰等方式来再现风险，风险不同传播主体呈现话语竞争、合作、互文等不同的互动形态，这种互动形态的波动也成为当下复杂环境风险舆情的重要成因之一。因此，本节不仅关注不同类型媒体再现环境风险的话语差异，同时也结合话语生产的微观与中观视角，将作为语言的话语文本与作为行动的话语实践纳入宏观的社会层面进行考察，深度阐释环境风险表征与风险行动背后的社会结构性动因以及个体的环境与生存性焦虑之动因。

一　作为语言的话语：不确定性的风险建构与话语修辞

"在现代社会中，人类用与其技术发展相同的速度创造出无法测算的不确定性。"[②] 不确定性是风险最为突出和本质的特征，同时也深刻影响着公众对于风险威胁的个体与集体感知。

（一）环境风险话语中的不确定性建构

作为风险的预警者，媒体常常会"弱视"不确定性，导致风险的错误

[①]　In Martin B，Ringham F. Dictionary of semiotics ［M］. Bloomsbury Publishing，2000：52.

[②]　乌尔里希·贝克，王武龙. "9·11"事件后的全球风险社会 ［J］. 马克思主义与现实，2004，（02）：70-83.

导向；抑或是过度呈现风险的不确定性，造成社会恐慌的弥漫。作为风险的重要传播者，媒介在风险报道中所遭受的责难很大程度上与风险信息处理的不恰当相关。因此，在深刻理解特定风险不确定性后果的前提下，及时传递风险信息，恰当再现风险事件，多方呈现风险话语，是主流媒体力争打通公众、专家和政府之间的信息壁垒，实现全面精准风险报道的关键要义。

2003 年"非典"之前，我国媒体缺乏相关风险报道经验。"非典"事件之后，主流媒体机构深刻意识到，回避或者弱化风险会带来一系列的负面影响；早期信息真空导致大量谣言通过人际传播的方式扩散，造成社会恐慌，引发对风险管理者的信任危机。基于此，如何恰当处理风险的不确定性成为各大媒体机构在进行风险报道时需要思考并亟待解决的核心难题。在我国，业界与学界对该问题的认知有一个不断深化提升的过程。具体来看，首先要将"风险的不确定性"细化为具象性的风险话语。

在管理或保险精算领域，"不确定性"一般情况下被简化成为对风险的概率判断，然而简化的概率估算很难涵盖话语模式下"风险不确定性"的丰富内涵。巴布罗（Babrow）提出的问题整合理论具体界定了不同类型的不确定性话语建构过程与机制。巴布罗认为，"不确定性"不仅是个体心理状态的概率感知，也是被社会话语建构的概念。例如，与健康环境风险相关的不确定性概念包括疾病（复杂性与概率）、信息（信息质量与结构）、关系与文化等。[①] 然而巴布罗的研究主要基于人际交流中医患访谈材料的不确定性，尚未涉及公共沟通中的不确定性建构过程。因此，本书在问题整合理论的基础上，把风险不确定性细化为概率信息、冲突信息、模糊信息以及缺乏信息的话语表征，并归纳出以下五种主要的话语模式（见表 3-1）。

表 3-1　五种话语模式再现形式及其内涵

再现形式	内涵
量化概率话语	不确定性通过一个结果发生的量化概率话语而再现

---

① Babrow A S. Uncertainty, value, communication, and problematic integration [J]. Journal of communication, 2001, 51 (3): 553-573.

再现形式	内涵
模糊性话语	"不清楚"或"不完全明确"的话语,使用"可能"或"或者"来描述风险导致的负面影响,降低风险的确定性
冲突性话语	呈现关于风险界定、防范和处理等方面的正反方观点,通过对多种观点整合的方式报道风险
缺乏信息话语	通过信息报道的信息量说明风险的不确定性
复杂性话语	新闻报道中直接提到的健康信息是复杂的,或者涉及复杂难懂的科学术语与细节

需要注意的是,量化概率话语和模糊性话语均属于概率话语。前者是概率的数字语言模式,后者是概率的文字语言模式。模糊性是对前者的不确定评估,因此不确定程度更高。

接下来,本部分将通过内容分析法,以禽流感健康风险事件为例,具体分析媒介化话语中风险不确定性的建构过程与方式。具体研究问题为:围绕 H7N9 型禽流感的报道中是否存在风险的不确定话语?五种类型的不确定性话语是如何分布的?它们是否存在差异?

2013 年 3 月,我国在上海与安徽两地发现一种新亚型流感病毒——H7N9 型禽流感,随后,该病毒的产生、发展与传播成为全国媒体与社会各界关注的重点话题。直至 2013 年 4 月,有关该病毒是否存在人传人的特性也仍未证实。2014 年度禽流感被评为"媒体关注的十大公共卫生热点"。甚至在事件发生的 10 年后,"青岛一医院发生 H7N9 疫情"[①]"吃南汇西瓜感染禽流感"[②] 等迭代谣言仍在社交媒体平台引发了轩然大波。

本研究将《人民日报》《南方都市报》作为官方报纸和都市报的代表,利用惠科新闻数据库,检索出 2013 年 3 月 31 日至 2017 年 2 月 28 日两家报纸中以"H7N9"和"禽流感"为关键词的新闻报道,最后得到报道共计 350 篇,其中《人民日报》有 137 篇,《南方都市报》有 213 篇,对其内容进行编码,具体编码方式如表 3-2 所示。

---

① 上游新闻.网传 23 人感染 H7N9 死亡,青岛一医院抢救医生被隔离,院方回应:谣言 [EB/OL]. [2023-4-25]. https://www.cqcb.com/shishijingwei/2023-04-25/5244989.html.

② 光明网.吃 8424 西瓜感染禽流感?已经"迭代"10 次的老谣言又来了 [EB/OL]. [2022-5-2]. https://m.gmw.cn/baijia/2022-05/02/1302927111.html.

表 3-2 内容具体编码方式

编码类目	具体指代	举例
量化概率话语	是否指涉特定的概率和概率范围的表述来操作化量化概率话语	这次疫情的重症患者占 80% 以上，病死率偏高（接近 20%）
模糊性话语	是否提出解释事件的困难或使用"可能""或者"等模糊表述	预计最近一段时间，我国有可能持续出现 H7N9 型禽流感散发病例
冲突性话语	是否提出"不同意"某个观点或者摆出两个不一样的观点	在有关 H7N9 型禽流感的报道中，前面部分论述了达菲治疗的有效性，后面部分谈及对达菲治疗的质疑
缺乏信息话语	是否提出缺乏相关信息话语	由于该新型人感染禽流感病毒的现有研究相对较少，目前对其认识仍十分有限
复杂性话语	是否直接提到健康信息复杂或者涉及复杂难懂的科学术语与细节	卫健委：尚无 H7N9 型禽流感持续人际传播证据

内容分析结果（见表 3-3）显示，350 篇报道中，45.7%（n = 160）的有关 H7N9 的新闻报道中包含了可能传递或创造有关风险不确定性的信息。在《南方都市报》的报道中，包含不确定性话语的报道占其报道总量的 48.4%，在《人民日报》中，这一比例是 41.6%。其中模糊性话语是媒体最为常用的不确定性呈现方式，《人民日报》中模糊性话语报道所占比例为 28.5%，《南方都市报》则占据 22.1%。

表 3-3 是否存在不确定性话语的统计结果

单位：篇，%

	《人民日报》		《南方都市报》		合计	
	数量	占比	数量	占比	数量	占比
否	80	58.4	110	51.6	190	54.3
是	57	41.6	103	48.4	160	45.7
合计	137	100	213	100	350	100
	$X^2 = 1.531$　df = 1　p = 0.216					

从话语一致性方面来看，如表 3-4 所示，在有关 H7N9 的报道中，《人民日报》和《南方都市报》均表现出对缺乏信息话语的偏好。缺乏信息话语在《人民日报》和《南方都市报》的比例分别为 17.5% 和 18.3%。从话语指涉的具体内容分析，本媒体机构体现的"缺乏信息话语"即缺乏

科学信息。"活禽市场最危险人传人证据不足"中的"证据不足"既借助专家话语对该事件的风险性进行评估，也暗示了在环境风险中新闻机构对科学信息、专家话语的偏好与侧重。同时，《人民日报》和《南方都市报》在量化概率话语建构方面的差异不显著（$X^2 = 1.428$，$p = 0.232$），其报道出现的比例分别为 5.8% 和 9.4%。

除此之外，《人民日报》和《南方都市报》在针对 H7N9 型禽流感的风险建构中也展现出较明显的话语偏好与不同。首先，两报在冲突性话语呈现方面存在较大差距（$X^2 = 13.335$，$p = 0.000$），《南方都市报》和《人民日报》的报道比例分别为 22.1% 和 7.3%。具体来看，《南方都市报》既呈现了科学领域内的冲突，还会通过冲突性观点的呈现再现社会对病毒相关知识存在的争议。例如，有篇新闻报道中直接指出"有专家称 H7N9 '病死率很高'，对此，XXX 有异议"。此外，《南方都市报》还通过《还不能肯定是家禽直接传人》《把 H7N9 流感称为"禽流感"是不科学的》等跟进式报道逐渐完成了对 H7N9 型病毒感染原因的冲突性话语建构。《人民日报》则更偏向于弱化冲突的问题呈现，强调冲突的后续解决。如同样在面对 H7N9 型禽流感感染原因的争议时，《人民日报》在报道中通过"避免接触和食用病（死）禽畜"这样的具体行动的呼吁，实现对争议问题的间接性回应。

除此之外，如表 3-4 所示，两家媒体总体上通过复杂性话语来呈现 H7N9 风险不确定性的报道比例偏低（10.6%）。在《南方都市报》的 H7N9 禽流感报道中，只有 6.6% 的报道存在复杂性话语，这一比例明显低于《人民日报》（16.8%）。

表 3-4 两种媒体有关不确定性话语的内容统计

	《人民日报》		《南方都市报》		合计		X^2（df=1 n=350）	
	占比（%）	数量（篇）	占比（%）	数量（篇）	占比（%）	数量（篇）	占比（%）	数量（篇）
量化概率话语	5.8	8	9.4	20	8.0	28	1.428	p = 0.232
模糊性话语	28.5	39	22.1	47	24.6	86	1.843	p = 0.175
冲突性话语	7.3	10	22.1	47	16.3	57	13.335	p = 0.000
缺乏信息话语	17.5	24	18.3	39	18.0	63	0.035	p = 0.851
复杂性话语	16.8	23	6.6	14	10.6	37	9.203	p = 0.002

由前文梳理可知，媒介话语也是社会建构的产物。因此，不同媒体有关风险不确定性话语建构的背后往往蕴含着不同传播主体有关科学理性与社会理性、社会价值与宣传价值的区分。简言之，《人民日报》与《南方都市报》作为我国不同类型的纸媒机构，在受众群体、办报理念、地域文化等结构性因素方面天然存在诸多不同。这也导致在 H7N9 型禽流感风险的特定语境下，作为地方性媒体的代表，《南方都市报》在话语生产中更多采取冲突性、故事化的话语，减少复杂性话语的表达，以此来服务本地受众。而作为我国主流媒体的代表，《人民日报》面对着更为广泛的受众群体与更为严格的科学性要求，因而必须在有限的版面中用最权威、简洁、科学性的方式与话语突出核心内容。由此，不同媒体间的差异，也突出说明了话语再现模式是象征社会文化环境的一个"症候"。

（二）环境风险话语中的威胁与效能再现

环境风险报道不仅要将风险的不确定性传递给公众，更重要的是向公众传达该不确定性可能造成的威胁并尽力降低有危害的后果的产生，适时提供可采用的科学方法，提升公众风险应对的整体效能。

在环境风险语境下，不确定性引发的威胁是指存在于环境中的一种危险或损害，无论人们是否知晓。它是一种客观存在的外部刺激变量，同时也可以成为记者常常使用的传播策略，借以增加公众的个体风险意识。效能则是"作为一种环境或信息的存在"，[①] 通过传递效能信息，可以促使个人和社会都能更好地对风险作出反应。具体地，效能话语告知人们如何通过行动减少风险，并为公众分析这些话语的有效性，从而提高公众应对风险的能力，它也是风险传播系统的重要组成部分。

一般来说，人们主要从严重性和易感性两个方面去感知风险的威胁。这也为威胁再现情境下的媒介话语分析提供了分析指标。其中，严重性话语指的是对风险导致的破坏性结果的描述，易感性话语则指的是话语中出现的风险对于特定群体产生影响的可能性话语。严重性话语与易感性话语

---

① Witte K. Putting the fear back into fear appeals: the extended parallel process model [J]. Communications monographs, 1992, 59 (4): 329-349.

总是成对出现，这是因为易感性话语的出现往往伴随着对风险成因的简单阐释，而特定风险产生的原因自然表明它对于某一群体是易感的。

此外，效能话语也是本小节关注的重点问题。具体而言，效能话语主要包括个人效能话语、社会效能话语和反应效能话语三种，其中反应效能话语可以再划分为个人反应效能话语和社会反应效能话语。个人效能话语一般被认为是与个人相关的风险带来的负面结果。例如病毒会带来个人发烧或者咳嗽等症状，通过个人效能话语，个体可以简单评估自己是否需要进一步的医疗支持。社会效能话语则是将这种效能感放置于更高的社会层面进行讨论。与个人效能话语相较，社会效能话语让公众了解到具有决策能力和专业知识的人将会对风险作出决策，从而塑造相关风险应对主体的积极形象，提升公众的社会信任，同时也起到了有效缓解公众在面对风险时的不安全感。反应效能话语指的是对相关行动者风险反应的有效性的评估话语，它涉及风险的具体解决办法，因而能有效减少个体对于风险威胁的感知。

同样本部分依旧使用内容分析法来分析 H7N9 型禽流感案例中的威胁与效能再现话语，分析媒介如何建构风险。具体编码的类目如表 3-5。

表 3-5　内容分析具体编码类目

编码类目	具体指代	举例
严重性话语	报道中出现描述流行病的维度（暴发、遏制）、疾病的损害性（感染、死亡、住院治疗）和关于变异的担忧	炎热潮湿天，疫情发生风险加大
易感性话语	是否指涉易感群体或感染源	提到老人、小孩或养禽业人员容易感染 H7N9 型禽流感病毒
个人效能话语	是否指涉个人层面的临床症状和保护措施	避免和野鸟接触、勤洗手
社会效能话语	是否有政府或公共机构（社会机构或官员）在减少负面结果时应该采纳（或已经采纳）行动的话语	政府对出现感染 H7N9 型禽流感病毒的活禽市场进行消毒
反应效能话语	是否有个人或公共机构对抗措施有效的话语，或者新研究对治疗禽流感有效的话语	组织对抗 H7N9 型禽流感病毒的有效方式是使用达菲

另外为了有条理地和完整地呈现媒体在威胁和效能话语的再现结构，本部分还考察话语元素之间的组合。

严重性话语和易感性话语的组合共分为三类：a. 只有严重性话语；

b. 只有易感性话语；c. 既有严重性话语又有易感性话语。

个人效能话语和社会效能话语的组合分为三类：a. 只有个人效能话语；b. 只有社会效能话语；c. 既有个人效能话语又有社会效能话语。

个人（或社会）效能话语和反应效能话语的组合分为三类：a. 只有个人（或社会）效能话语；b. 只有反应效能话语；c. 既有个人（或社会）效能话语又有社会效能话语。

威胁和效能的组合分为四类：a. 没有任何种类的威胁和效能话语；b. 兼具威胁和效能话语，既有严重性话语和易感性话语中的任意一种，又有个人效能话语、社会效能话语和反应效能话语中的任意一种；c. 只有威胁话语，只有严重性话语、易感性话语中的任何一种，而没有任何个人效能话语、社会效能话语和反应效能话语的内容；d. 只有效能话语，有个人效能话语、社会效能话语和反应效能话语中的任何一种，但没有严重性话语和易感性话语的内容。

1. 关于威胁的话语要素

表 3-6 显示了《人民日报》和《南方都市报》中关于威胁和效能的话语要素分布情况。总体上来看，严重性话语是媒介再现风险威胁的首选话语。使用严重性话语的报道在《人民日报》中占 58.4%，在《南方都市报》中占 80.3%。使用易感性话语的报道在《人民日报》中占 53.3%，在《南方都市报》中占 71.8%。无论是严重性话语还是易感性话语报道，在两报有较为显著的差异。《南方都市报》会通过一些预测性信息进行风险传播，例如在 2013 年 4 月 18 日的报道《炎热潮湿天，疫情发生风险加大》中，报纸通过对较多病例的出现和炎热潮湿天气之间的类相关性推测，预测广东发生H7N9 病毒感染病例的风险更大。《人民日报》则更倾向于展现已经存在和被确认的威胁，这也是《人民日报》在风险报道中选择更为谨慎话语的体现。

表 3-6 威胁和效能的话语要素

	《人民日报》		《南方都市报》		合计		X^2（df=1，n=350）	
	占比（%）	数量（篇）	占比（%）	数量（篇）	占比（%）	数量（篇）	占比（%）	数量
严重性	58.4	80	80.3	171	71.7	251	19.690	p=0.000

续表

	《人民日报》		《南方都市报》		合计		X^2 （df=1，n=350）	
	占比 （%）	数量 （篇）	占比 （%）	数量 （篇）	占比 （%）	数量 （篇）	占比 （%）	数量 （篇）
易感性	53.3	73	71.8	153	64.6	226	12.536	p=0.000
个人效能	18.2	25	32.4	69	26.9	94	8.493	p=0.004
个人层次反应效能	8.0	11	15.5	33	12.6	44	4.226	p=0.040
社会效能	79.6	109	79.3	169	79.4	278	0.002	p=0.960
社会层次反应效能	38.0	52	50.7	108	45.7	160	5.460	p=0.019

2. 威胁的话语要素组合

如表3-7所示，在提及威胁信息的299篇报道中，有59.5%的报道兼具严重性和易感性话语（n=178）。这意味着超过一半的报道具有预警效力的潜能。两报在再现威胁的话语元素组合中有着显著差异（$X^2=8.852$，p=0.012）。在提供威胁信息的《南方都市报》报道中，有65.3%的报道通过严重性话语和易感性话语共同使用的方式来再现禽流感风险，在《人民日报》中，这一比例为48.5%，这说明《南方都市报》更多地使用严重性话语和易感性话语并存的话语模式。相比《南方都市报》，《人民日报》的报道更多情况下只使用严重性或者易感性的话语要素。事实上，仅呈现严重性话语而缺少易感性话语，会让公众产生风险离自己尚远的错觉，难以提高公众积极应对的动机；只有易感性话语没有严重性话语，缺乏对于风险损害性的提及，也难以引起公众的注意。只有严重性和易感性话语并存的情况，才能有效激发公众对风险威胁的有效感知。[①] 尽管总体上，《南方都市报》在兼具严重性和易感性的平衡话语上稍优于《人民日报》，但总体比例仍不高，这说明不论是党报还是市场化媒体都要更注重在风险报道中的平衡，激发更多的预警潜能。

3. 效能的话语要素

整体而言，社会效能话语是效能话语中的主导性模式。从数量上看，个人效能话语和社会效能话语的报道分别占总体报道的26.9%和79.4%。

---

① Witte K. Fear control and danger control: a test of the extended parallel process model （EPPM）[J]. Communications monographs, 1994, 61 (2): 113-134.

但两报在个人效能话语报道的占比中存在显著差异。具体来说，《人民日报》的报道中更少出现个人效能话语（18.2%），而《南方都市报》作为立足本地的纸媒，更强调指导个人作出风险应对，鼓励将风险应对作为个人的行动义务。两报在社会效能话语上没有明显差异，并且社会效能话语在两报的风险报道中占比都接近80%，这也说明了新闻媒体在我国的"社会公器"的功能定位，媒体更倾向于将效能感作为政府职能调控和风险应对的主要工作任务。

表3-7　威胁的话语要素组合

单位：%，篇

	《人民日报》		《南方都市报》		合计	
	占比	数量	占比	数量	占比	数量
只有严重性	28.2	29	21.9	43	24.1	72
只有易感性	23.3	24	12.8	25	16.4	49
兼具严重性和易感性	48.5	50	65.3	128	59.5	178
合计	100	103	100	196	100	299

$X^2 = 8.852$，$df = 2$，$p = 0.012$，百分比为列百分比

与社会/个人效能话语相比，反应效能话语强调话语背后的"排除的规则"（rule of exclusion），即反应效能话语决定的是何者是该被认知的"真理"。[①] 本章研究中，反应效能话语可分为个人反应效能话语和社会反应效能话语两种。总体上看，无论是《人民日报》还是《南方都市报》，在反应效能话语的再现中，都呈现出了社会反应效能话语占比远高于个人反应效能话语占比的特征。但两报在具体反应效能话语的呈现方面仍存在显著差异。通过进一步的文本分析可以发现，《人民日报》利用反应效能话语实现对"有用的应对"的意义建构，突出政府以及相关主体积极应对健康风险的态度和措施，如专家是应对健康信息的积极行动者，民众需要采纳的个人应对措施是积极有效的。《南方都市报》除了定位于"有效的应对"外，还在少量文本中，通过批评、质疑等话语形式提出对相关风险

———————

① 廖炳惠. 关键词200：文学与批评研究的通用词汇编［M］. 南京：江苏教育出版社，2006：77.

主体与主管部门的"无用的应对"的疑问，凸显了媒体的公共监督功能。

4. 效能的话语要素组合

如表 3-8 所示，在个人效能话语和社会效能话语的组合中，两报存在显著差异（$X^2 = 10.264$，$p = 0.006$）。两报都更倾向于使用只有社会效能话语的模式，《人民日报》（4.3%）和《南方都市报》（5.0%）都较少使用只有个人效能话语的模式。而《南方都市报》在"兼具社会和个人效能"话语的模式使用占比（34.1%）上明显高于《人民日报》（17.4%）。社会效能话语和个人效能话语的平衡使用可以将政府与公共机构的社会应对结合起来，将公共机构的政策调控与个体的自我规训结合起来，使媒体得以在公私域当中进行转换。

在社会（或个人）效能话语和反应效能话语的组合中，两报同样存在显著差异（$X^2 = 9.210$，$p = 0.010$）。《南方都市报》（63.3%）比《人民日报》（45.6%）更多使用兼具社会（或个人）效能和反应效能的风险报道模式，而社会（或个人）效能话语和反应效能话语的共同使用可以将控制威胁话语和控制有效性结合起来，发挥控制威胁和避免恐慌的双重作用。

表 3-8　效能的话语要素组合

单位：%，篇

	《人民日报》		《南方都市报》		合计	
	占比	数量	占比	数量	占比	数量
个人效能话语和社会效能话语的组合						
只有社会效能	78.3	90	60.9	109	67.7	199
只有个人效能	4.3	5	5.0	9	4.8	14
兼具社会和个人效能	17.4	20	34.1	61	27.6	81
合计	100.0	115	100.0	179	100.0	294

$X^2 = 10.264$，df = 2，$p = 0.006$，百分比为列百分比

	《人民日报》		《南方都市报》		合计	
	占比	数量	占比	数量	占比	数量
社会（或个人）效能话语和反应效能话语的组合						
只有社会（或个人）效能	53.5	61	35.6	64	42.5	125
只有反应效能	0.9	1	1.1	2	1.0	3
兼具社会（或个人）效能和反应效能	45.6	52	63.3	114	56.5	166
合计	100.0	114	100.0	180	100.0	294

$X^2 = 9.210$，df = 2，$p = 0.010$，百分比为列百分比

5. 威胁与效能的话语元素组合

总体上来看，大部分有关禽流感的新闻报道中既有威胁话语，又有效能话语（n = 246，70.9%），其中《南方都市报》（76.5%）的使用比例高于《人民日报》（60.6%）。根据维特等人提出的恐惧诉求理论，效能话语的建构效果影响着个体是否采取传播者推荐的应对措施以及对危机应对的信念。同时，只有个体同时感知到高威胁与高效能时，风险信息与风险应对的媒介话语才能取得最理想的建构与劝服效果。① 相反，个体威胁感知高而效能感低则会触发风险信息的控制过程，即个体因威胁感知而回避甚至抵制效能性话语建构。② 因此，只有威胁与效能话语的共同使用才可以让个体产生紧迫感，同时又能产生进行应对的安全感，从而刺激公众采用积极的风险应对措施。《人民日报》只有效能话语的报道的比例是《南方都市报》的近 3 倍，这也体现了《人民日报》作为全国性报纸在风险应对中强大的号召能力，它利用"抗灾动员"的报道范式，强调了危机中社会救助和自我救助的重要作用。

表 3-9　威胁与效能的话语要素组合

单位：%，篇

	《人民日报》		《南方都市报》		合计	
	占比	数量	占比	数量	占比	数量
只有威胁	16.1	22	15.5	33	15.7	55
只有效能	23.4	32	8.0	17	14.0	49
兼具威胁和效能	60.6	83	76.5	163	70.9	246
合计	100.0	137	100.0	213	100.0	350

$X^2 = 17.112$，df = 2，p = 0.000，百分比为列百分比

6. 总结：问题聚焦 vs 抚慰聚焦

最后，本节认为，健康风险给社会带来了情景式的压力，媒体面对风险威胁与效能的话语再现一般嵌入以下两种话语处理方式，即问题聚焦处

---

① Witte K. Fear as motivator, fear as inhibitor：Using the extended parallel process model to explain fear appeal successes and failures ［M］. Handbook of communication and emotion. Academic Press，1996：423-450.

② Stephenson M T，Witte K. Fear，threat，and perceptions of efficacy from frightening skin cancer messages ［J］. Public health reviews，1998，26：147-174.

理和抚慰聚焦处理。前者强调采取具体效能行动以达到调整压力情境的目的，后者强调对压力情境进行评估并凸显对受压者的共情。

问题聚焦处理是媒介具象化风险并唤醒人们风险应对行动的一种话语方式，在 H7N9 型禽流感事件中的风险再现中，《南方都市报》聚焦体现了该种话语模式。一方面，媒介通过话语修辞及话语要素的组合再现风险并发起预警，让人感知到风险事件的严重性及威胁性。如《南方都市报》的报道中更多使用了兼具严重性和易感性、兼具效能和威胁的话语模式，让公众产生紧迫和恐惧的同时，又为公众提供保护性措施，让他们处于一种"安全状态"。通过提供应对风险行动的话语要素与话语修辞，减少人们面对未知风险的焦虑与不安，增强适应性，以此提升风险传播与沟通的有效性。另一方面媒介又秉持预防性原则，搭建风险感知的"安全地带"。《南方都市报》的风险报道中不仅包含了风险本身的再现，还包括了部分监督性报道，这些报道旨在说明风险政策的有效性，并督促政府采纳风险政策，有效发挥了媒介在应对风险时可发挥的预防作用。

相较于问题聚焦处理再现风险，抚慰聚焦处理更多是采取弱化风险威胁的方式，产生正向宣传的力量，通过正面评估情境的策略影响受压者的情感，从而治疗受压者。在风险的竞技场中，主流媒体承担着壮大主流思想舆论、弘扬主旋律的重要职责。因此主流媒体需要利用自身的权威性及时发布信息，积极推进正面宣传，成为社会情绪的解压阀。《人民日报》在 H7N9 型禽流感的报道中就体现了这一报道模式，《人民日报》的报道重视社会效能的使用，而较少使用其他的话语。这种抚慰聚焦处理模式通过呈现风险的可控性来疏导社会情绪，避免风险事件引发后续的次生危机，从而凝聚起更多应对风险的团结力量。

（三）环境风险话语中的修辞使用

修辞是话语的重要组成部分，它会影响到话语和观点的建构效果，同时，风险议题中的话语修辞更是会影响人们对风险的认知。维特曾指出，诸多描述性的、形象的和激烈的话语都被用于不同层次的风险话语中。[1] 在对

---

[1] Witte K. Message and conceptual confounds in fear appeals: the role of threat, fear, and efficacy [J]. Southern journal of communication, 1993, 58 (2): 147-155.

风险的严重性和易感性的量化统计的基础上，本节从话语分析的角度出发，继续对《人民日报》和《南方都市报》在 H7N9 型禽流感风险方面的报道进行文本分析，进一步剖析具象话语修辞与抽象感知触发的深层次关联。

1. 数字修辞

数字可以通过量化的方式简洁明了地告诉公众风险相关的维度。在涉及风险的严重性议题时，新闻报道需要准确的数字证明其客观真实性，对于疾病病例数、死亡率等相关数字的使用已经成为其风险话语建构中常用的手段。

例如，《人民日报》对全国已有的确诊病例数量进行了报道（见图 3-1），并指出其中的治愈人数、死亡人数和治疗人数，通过客观真实的数据发布严重性相关的事实可以让公众感受到目前风险的情况，"国家卫生和计划生育委员会"的官方来源信息更是增加了文本的可靠性，"治愈""救治"等相关积极的话语使用也实现了媒介对人们的隐性抚慰，这种数字报道的方式也已经成为媒体在进行公共卫生风险报道中常用的话语修辞之一。

> 国家卫生和计划生育委员会4月19日发布人感染 H7N9禽流感疫情。4月18日17时至4月19日17时，全国报告新增人感染 H7N9禽流感确诊病例4例，其中，江苏省1例，浙江3例。截至目前，全国共报告91例确诊病例，其中7人已治愈，死亡17人，其余67人正在各定点医疗单位接受救治。（《江苏浙江新增四例禽流感病例》，《人民日报》2013年4月20日）

图 3-1　《人民日报》对已有确诊病例数量进行报道

2. 风险对比

时空层面的风险对比也是媒体在进行威胁话语建构中常用的修辞手段。一方面，通过类比，公众可以通过调动共同记忆的方式迅速了解到风险的各维度性质。另一方面，不同风险的比较也可以说明风险的危险程度。《南方都市报》经常使用风险对比的修辞方式来指明 H7N9 型禽流感的威胁，例如，其报道时常将禽流感与"非典"建立联结：《H7N9 会否重演 SARS 大暴发？》（《南方都市报》，2014 年 4 月 4 日）但需要注意的是，不恰当的风险类比可能会调动公众心中的恐惧情绪，从而产生社会恐慌，如何合适地利用公众的风险想象力，从而提高传播效率是需要媒介进一步把握的。

3. 战争隐喻

亚里士多德将隐喻定义为："客体名称向另一个它以自然使用的客体的转移。"[①] 学界对于隐喻的看法经历了从"装饰观"到"认知观"的转变，隐喻不仅仅是一种修辞模式，更是一种概念和思维方式，其背后是一个概念领域向另一个概念领域的投射。通过对两报话语文本的分析可以发现，在公共卫生风险事件中媒体常常会使用到战争隐喻。

战争类比一方面说明了风险的严重性，另一方面也说明了一种团结一心、共同战斗的应对风险状态：如《人民日报》与《南方都市报》均使用"应战"一词（见图 3-2），实现对 H7N9 型禽流感类战争紧急状态的隐喻，强调特殊时期及时信息公开、凝聚政府信任的重要性、紧急性，完成了对公众联合应对风险的情感感召。

> 现在，从政府部门到社会公众都深知，在疫病突如其来的非常时期，牢牢维系民族凝聚力，让人们科学对待、沉着应战的首要一条，就是权威信息发布的公开透明。（《谣言止于公开，互信缘于透明》，《人民日报》2013年4月8日）
>
> 中国禽流感专家陈化兰因"帮助中国平息 H7N9 禽流感疫情"名列其中，《自然》将她称为"战斗在前线的'流感侦探'"。（《中国禽流感专家陈化兰入选〈自然〉杂志年度十大科学人物》，《人民日报》2013年12月20日）
>
> 从某种程度上说，H7N9 的防疫战，实际上就是一场政府信任的保卫战。（《H7N9 防疫战：社会信任大预检》，《南方都市报》2013年4月14日）

图 3-2 《人民日报》与《南方都市报》话语文本战争隐喻

总的来说，本节主要从微观层面出发，通过不确定性话语建构、威胁和效能话语建构以及话语修辞的分析，探究以纸媒为载体的新闻媒介如何通过话语再现环境风险。然而，自互联网出现以来，Web1.0 与 Web 2.0 时代的网民业已成为风险媒介化的重要参与者。英国学者费尔克拉夫认为，对话语的研究应包含对基于词汇、语义以及语篇组织的文本，基于文本生产、消费的话语实践以及深入社会结构的对话语秩序、意识形态等的考察。[②] 因此，从中观层面上来看，不仅应关注作为文本语言的风险话语，

---

① 转引自张巨岩，巩昕頔，宋婧. 公共外交与修辞中的隐喻：美国"9·11"后公共外交修辞中的系列隐喻 [J]. 国际新闻界，2010，32（08）：42-49.

② 费尔克拉夫. 话语与社会变迁 [M]. 殷晓蓉，译. 北京：华夏出版社，2003：59.

更需要深入探究嵌入网络的话语互动与风险实践。

二　作为实践的话语：媒介风险话语 vs 公众风险话语

实践的话语也即话语创造意义，成为符号互动的载体，并最终影响多元主体风险行动的结构与关系。在人人拥有麦克风的时代，环境风险话语的建构难免涉及媒体机构、政府相关机构、科学家、平台、公众、自媒体、涉事主体等行动者话语生产与符号互动的动态网络化进程。其中，对环境风险媒介化影响颇深的是基于专业生产的媒介风险话语以及基于个体利益行动的公众风险话语。环境风险的话语实践中，媒介风险话语与公众风险话语的良性互动既是公共舆论的活力源泉，同时也是风险媒介化过程的外显。因此，本部分重点探究环境风险中媒介话语与公众话语是如何在话语竞争过程中互动博弈，并最终实现话语的差异弥合的。

（一）环境风险中的话语竞争与互文性

贝克在《风险社会》中曾指出："每一个利益团体都试图通过风险的界定来保护自己，并通过这种方式去规避可能影响到他们利益的风险。"[①]换言之，在风险发展的不同阶段，不同利益团体都会基于自身立场、利益进行话语建构，例如风险的威胁大小，风险如何归因、预防、解决和分配等。在注意力经济的背景下，为了进一步扩大自身影响力，各利益群体纷纷借助风险话语进行在线展演与行动者招募，多元复杂的意见表达也极易成为话语竞争的导火索，并最终导致一系列的网络舆情事件。

作为后现代冲突的新形式，风险中的话语竞争涉及不同的社会行动者在风险定义、意义等方面的对立与争鸣。尤其随着风险涉事与传播主体的增加、次生风险与再生风险的出现，当下环境风险的话语互动愈发呈现出全球性和复杂性的特征。在此背景下，为了获取风险建构中的优势地位，不同话语主体会使用不同的劝服策略，力图说服他人相信并接受自己的主张，这就导致环境风险中的话语竞争，或产生对于风险的"反宣称"。例如，20世纪90年代，受到环保主义的影响，全球变暖作为一种社会问题的话语被广泛传播；但到了90年代后期，由于保守主义的再兴起，有关全球

---

① 乌尔里希·贝克. 风险社会［M］. 何博闻，译. 南京：译林出版社，2003：31.

变暖"去问题化"的反宣传话语甚嚣尘上。① 具体而言，反宣称实际上是指个人或团体针对不同意见或媒介话语而进行的一系列反向话语建构。

话语的互文性则指出了话语与话语之间相互吸收、转化的普遍关系。福柯在对知识考古学的相关论述中提出，话语共存是不同变化与结构的陈述与联系。② 话语之间是共生共存的，一个话语的形成是在吸收或者消费其他话语的基础上实现的。互文性是话语的消费和生产的互动过程，即话语的建构是在消费文本基础上进行的二次话语生产。互文性为我们展现了话语的形成互动过程，风险竞争中的每个竞争主体的话语都将在相互交叉和相互影响的过程中被多次塑造。

需要注意的是，虽然互文性为我们理解环境风险中话语竞争与表征互动的过程提供了理论视角，但话语表征的背后实际上存在更为深层次的社会结构、社会角色和身份认同。

（二）智能媒体时代的新闻报道与公众舆论

不同主体的话语竞争领域如同巴赫金所说的"异质多声的社会语言"。③ 在平台社会发展的背景下，各类传播主体就风险议题发表看法，实现对环境风险的共同建构。同时，在智能媒体时代的背景下，平台的算法与可见性规则也使得多元主体的话语建构存在一定的竞争性压力，进而在多元互动中呈现出复杂的舆论话语景观。

1. 环境风险中的新闻报道

媒体在风险传播中充当了"连接科学、政治和大众消费文化"④ 的角色，大众媒体的新闻报道话语也成了不同话语领域交织的场所。其中，新闻媒体的话语生产与传播是科学话语、专家与公众风险感知之间的桥梁。一方面，新闻媒体利用其绝对的渠道优势，更方便与专家等主体建立合作

---

① Mccright A M, Dunlap R E. Challenging global warming as a social problem: an analysis of the conservative movement's counter-claims [J]. Social problems, 2000, 47 (4): 409-522.

② 米歇尔·福柯. 知识考古学 [M]. 谢强，马月，译. 北京：生活·读书·新知三联书店，2007：31.

③ Bakhtin M. The dialogic imagination [C]. eds. and trans. Caryl Emerson & Michael Holquist. Texas: University of Texas Press, 1981.

④ 孙玮. 风险社会中新闻媒介的社会角色——以福建南平校园暴力犯罪案的媒介表现为例 [J]. 当代传播，2011，（01）：44-47.

关系，为公众提供较为专业、科学的风险指导，也被认为是一种"准专家机制"。另一方面，在具体传播过程中，新闻媒体也承担着健康知识与风险科普的职能，主动将晦涩难懂的科学语言以更为生动和故事化的方式传达给公众。即便如此，专家话语和媒介话语之间往往还存在细微区别。该话语区别一旦被社交媒介放大，就可能导致用户对新闻媒介或科学传播主体产生信任危机。此外，新闻传媒还需要在风险传播中维护公众利益，以秉持真实性和客观性传递传媒的公共价值。总之，不同主体、不同话语领域的交织互动，构成了风险话语的复杂性特征。

2. 环境风险中的在线行动

用户在线行动的兴起离不开互联网对个体的赋权。在传统媒体时代，媒体掌握传播渠道，公众内容需要经过媒体渠道的筛选才能进入公共领域，然而社交媒体平台的出现为每个个体都提供了话语平台，人人都是"记者"，社会化媒体已经成为个人话语的重要载体和传播渠道。当风险中的个体感知到威胁，他自然会通过新媒体平台寻求话语支持和帮助。

从用户在线行动的特征来看，首先，个体的话语建构呈现开放性，同时多元的表达也导致网络舆论的多样化、复杂化。其次，个体的话语行动往往是基于经验形成的风险认知。这也使得风险话语的建构总是以贴合个体日常经验的方式展开，缺乏了客观性和真实性的约束，并偏爱"简化"和"极端"的话语修辞与表达。在认知偏见下，算法逻辑进一步加深了个体的风险偏见，他们更偏爱接收自己喜欢的信息，而回避相反的信息内容。最后，用户的话语行动与强烈的情感动员交相呼应。其中，愤怒、焦虑、恐惧等高唤醒度负面情绪因其更强的感染力也更容易被传播，这导致网络环境下真假消息、客观报道和情绪化表达交织，这构成了社交媒体时代用户话语表达的重要特征，也使得环境风险报道面临着"飞沫化"的困境。

（三）威胁/效能的话语竞争与互文性实践

为更好探究媒介话语与用户话语之间的互动、竞争，本节拟借助费尔克拉夫的批评分析框架，将H7N9型禽流感事件的风险话语分成文本、话语实践和社会实践三个层面，分析不同主体与话语文本间的互文性。费尔克拉夫认为互文性在话语实践中占据了中心地位，互文性包含明确的互文性和互为话语性两个维度。① 其中，明确的互文性指的是特定的文本被直接吸收到另一个文本之中，包括话语的描述、否定等。互为话语性的表现则更为隐晦，涉及话语习俗和话语规范方面的相互关联借鉴。基于此，本部分将进行话语竞争的相关性考察，探究环境风险下媒介文本和用户生产之间是如何通过互文性进行相互竞争又相互弥合的、是如何最终整合为社会舆论的整体景观的。

在样本选择上，本章选择《人民日报》的新闻报道和《人民日报》的微博正文作为媒介话语的抽样来源，主要考察环境风险相关的单篇报道；同时，将对应微博下的网民评论作为用户话语与网民舆论的抽样来源。通过对媒介话语与用户话语的互动考察，本节得以窥见两者间的竞争性与互文性。样本选取时间为 2013 年 3 月 31 日到 4 月 28 日，此时 H7N9 型禽流感病毒传播处于紧急健康风险阶段，最能体现风险争议性。同时 29 天也是较长的时间周期，能够较为全面且稳定地观察网民舆论和新闻报道的话语互动状况。

具体地，借助惠科数据库，本章以 H7N9 和禽流感为关键词，获得《人民日报》73 篇报道，删除不相关的报道后，最终获得 30 篇报道。同时，通过直接检索《人民日报》微博，获得相关报道 25 篇。本章以上述 55 篇报道作为媒介话语的样本。同时，本章对这 25 篇微博报道后面的 50 条网民评论进行选取，最后共获得 1250 篇微博评论，作为网民舆论的样本。

1. 新闻报道：与专家话语互文下的"高威胁"反宣称

自国家卫计委宣布 H7N9 型禽流感病毒感染比例以来，公众将 H7N9 型禽流感病毒与黄浦江死猪事件相关联，引起了事件初期的高度紧张。面对这种状态，《人民日报》及其微博都进行了"高威胁"的反宣称，其具体操作是与科学话语之间进行互文，来实现科学话语的广泛普及。例如在 2013 年 4 月 3 日微博发布的《5 问 H7N9 禽流感》一文中，媒体利用长微博的方式形成了网络超文本，以专家科学问答的方式解释"未发现人感染 H7N9 与上海黄浦江上游漂浮死猪事件有关"。与之类似的报道广泛存在于

---

① 费尔克拉夫. 话语与社会变迁 [M]. 殷晓蓉，译. 北京：华夏出版社，2003：59.

《人民日报》的相关文本中，例如《一张图了解并预防禽流感》（2013年4月2日）、《禽流感来袭》（2013年4月4日）等。

话语描述同样是明确的互文性中的一种类型，源文本通过引号引用、报道标示的方式引入文本中，实现话语意义的建构（见图3-3）。《人民日报》会频繁使用直接引语和间接引语的方式，例如，《钟南山：别盲目吃板蓝根，H7N9尚无大规模流行表现》（《人民日报》微博，2013年4月6日），《专家：黄浦江漂浮死猪水样未发现H7N9病毒》（《人民日报》微博，2013年4月7日），《卫计委：H7N9没有人类基因片段无明显人传人依据》（《人民日报》，2013年4月8日）等，实现与科学话语的互文。

世界卫生组织发言人格雷戈里·哈特尔3日在日内瓦说，H7N9禽流感病毒的宿主和传播途径可能成为当前调查的两大重点。另外，根据目前掌握的情况，疫情蔓延的风险较低。

哈特尔说，截至目前，该组织尚未发现有证据表明该疫情出现人际传播，感染源尚无定论，但是已经发现该病毒出现变异，变得易于感染人体。他说："如果不存在人际传播，该疫情蔓延的风险就比较低。世界卫生组织目前尚无成立应急委员会的计划。

图3-3 新闻报道专家精英话语互文

同时，《人民日报》在互文话语建构上也配合使用了相应的话语策略。第一，保持科学术语使用的统一性，在《人民日报》及其微博的相关报道中都统一了关于风险的定义和相关知识，并且通过高频次的出现加深公众对风险相关知识的了解。第二，使用通俗性的表达方式。对于读者而言，科学话语和专业词汇往往是晦涩难懂的，为了增加风险信息的普及效果，《人民日报》会利用通俗的语言对专业名词进行解释，并使用一些漫画、图片等可视化手段来更生动地展示。例如《人民日报》微博在2013年4月4日发布《一张图读懂H7N9，让知识消除恐慌》，通过图解知识的方式实现专业知识的可视化。此外，《人民日报》对于百度百科等部分商业机构的内容，使用"转起"这样的话语实现对用户的行为感召，充分调动了在线的互动。最后，与《人民日报》的纸媒相区别，《人民日报》的微博在针对效能和威胁话语进行意义争夺时，还会使用一些网络语言和非语言符号（如emoji）等方式进行语义表达，以拉近与公众之间的心理距离。

2. 网民舆论：与媒体话语互文下的"低效能"宣称

有些网民舆论使用了否定的预设去转移争议点，对低社会效能进行宣称。否定预设是话语预设的一种，其具有互文性特征，但与其他的互文文本不同的是，否定预设的核心目的在于以消极回避的方式表达对源文本话语的否决。在 H7N9 型禽流感文本中，网民经常使用"不是"、"反对"或"拒绝"等否定句式对新闻文本进行互文。例如在针对新闻传媒解读板蓝根对于预防 H7N9 型禽流感病毒的效果时，有网民"@连少"这样说：这话靠谱吗？

此外，网民舆论还会通过反讽的方式表达对媒介话语建构的温和抵抗。反讽话语的特点在于话语语言形式的"表面"与话语背后的"里面"内容的背离。风险事件中网民的反讽舆论是对于以专家话语为重要内容的媒介话语的否定，例如用"砖家"指代科学传播主体的内容。另外，网民还会通过反讽话语将这次的风险事件与之前的媒介记忆相结合，来讽刺社会对于问题解决的低效能。例如这样的表述："感冒了喝板蓝根，禽流感来了喝板蓝根，H7N9 来了还是喝板蓝根。还是原来的配方，还是熟悉的味道。"

（四） 基于话语共建的秩序重构与舆情消解

在选取样本的最后时间段，媒介话语与网民话语之间的竞争关系逐渐消失。一方面，随着事件的发展，有关禽流感事件的不确定性逐渐降低，"不存在人传人，也与之前黄浦江死猪事件无直接关联"，这也说明媒介话语的建构优势效果不断凸显。另一方面，公众的注意力是有限的，4 月底发生的其他突发事件，如雅安地震等转移了媒体和网民的注意力。另外，官方媒体在后来的话语生产中，通过使用精英和科学话语，解除了大家对于风险的恐慌，降低了风险的敏感性，公众形成了认同与共识，高威胁和低效能话语也逐渐减少，最终这场竞争话语走向多元主体的议题共建与融合。

1. 新闻报道：预设互文性下的"不确定性"宣称

H7N9 型禽流感作为突发公共卫生事件，它的出现充满了不确定性。对于新闻媒体而言，因其拥有沟通专家和民众的渠道，被赋予了消除不确定性的职责，但在一些特定的情境中，它也会通过宣称不确定性实现话语主体的目的。在《人民日报》对于环境风险的话语建构中，它就积极主动地宣称了 H7N9 型禽流感病毒的不确定性，较多地使用到了"可能""不确定性""也许"等话语元素。例如，在 4 月 3 日的微博中提到禽流感病毒的产生原因时，指出"H7N9 病毒由候鸟带入可能性较大"；4 月 9 日的新闻报道中提到现有疫情防控工作："由于对此疾病病原学特点和流行特征的认识有限，疫情防控工作中仍然存在一些不确定因素。"关于科学不确定性，建构主义认为，不确定性并非源于对知识的缺乏或者对社会现实的了解的不足，而是一种积极的建构和管理。H7N9 型禽流感事件中对于不确定性的积极建构也表明了中国媒体对于风险报道的转变，不再是忽略或者逃避，而是更为直接地将不确定性展现在公众面前。不确定性如同其他所有的知识一样，被嵌到不同的社会利益之中。而这种不确定性话语并不能被公众全盘接受，反而成为网民激烈争论的互文文本。

2. 网民舆论：对不确定性话语的反宣称

新闻报道是网民消除不确定性的重要来源，当公众难以在新闻报道中满足其寻求确定性的需求时，他们就会借助新闻体的互文作出对于不确定性的反宣称。曾有一位网民发布了一则"消息"。在这则"消息"中，网民使用新闻体传播和 H7N9 型禽流感相关的风险信息，其中有明确的事件地点、主体、消息来源、疫情发生地、感染源、症状等，看似具有可信性，但却在最后被证明是谣言。在不确定性的反宣称中，很多文本借用了新闻报道的客观性外衣包装谣言，建构了介于真实与虚拟之间的风险信息。谣言因其本身具有的夸大成分在民间快速被传播，威胁了官方媒体和机构的公信力，制造了恐慌。针对此类"伪新闻体"，新闻报道也进行了一系列的辟谣活动。

3. 新闻报道：话语描述下的谣言宣称

利用新闻语体这种互文方式，网民舆论中的民间谣言层出不穷。因为谣言较大的社会危害、较多的数量，谣言本身也成为一种次生风险，进到新闻媒体的报道范围中。例如，面对"上海交大捣毁鸟巢以防止禽流感病毒"谣言，上海交通大学官方于 4 月 9 日就及时进行了辟谣，随后《人民日报》及其微博通过实地调研于 4 月 10 日报道了此次事件（见图 3-4）。

近日，一张"上海交通大学环卫工人捣鸟巢"的图片在微博上广为流传：校园道路上，一台起重机向空中伸出长长的吊臂，吊臂顶端的车兜上站着3名手持工具的环卫工人，他们正向路边的树木伸出工具（图）。随后有网友猜测这是校方为了杜绝 H7N9 进入校园而采取的举措……4月8日晚，上海交通大学在官方微博发文回应，表示这是"学校每年例行搬迁少数道路两边、影响师生出行的鸟巢，其他区域鸟巢并未移动"……一些交大学生还陆续在网上发帖，希望能粉碎谣言、揭示真相。（《上海交大：捣鸟巢防禽流感"不实"》，《人民日报》2013年4月10日）

图 3-4 《人民日报》及其微博实地调研报道

在这一事件和文本中，《人民日报》及其微博、官方机构（上海交通大学）、上海交通大学的学生网民和谣言话语之间就形成了互文关系，体现了从"自下而上"到"自上而下"的传播流向。最初网络谣言引起了官方媒体的调查报道，随后官方媒体较为强势的辟谣行为又再次影响了公众话语，各相关主体最终达成了就这一事件的共识。

针对传染源的不确定性这一议题，新闻媒体不仅与谣言文本进行互文，还通过话语描述与其他机构、其他主流媒体进行互文，以获取到媒体文本的竞争优势地位，进行辟谣（见图 3-5、图 3-6）。

据央视网，日前陕西西安一男子利用微博等编造散布虚假禽流感信息，被西安市公安局长安分局依法予以刑事拘留。此前媒体报道，安徽阜阳、浙江慈溪、贵州贵阳、安徽黄山、江苏昆山、福建宁德等地已有 10 人因利用微博、短信、网帖等散布 H7N9 疫情谣言被拘。（《陕西、贵州等多地十余人因散布 H7N9 疫情谣言被拘》，《人民日报》微博 2013 年 4 月 10 日）

图 3-5 《人民日报》微博报道

记者 2 日从国家互联网信息办了解到：国家互联网信息办正在全国范围内集中部署打击利用互联网造谣和故意传播谣言行为，近日已查处贵州李某等多名利用互联网制造和故意传播谣言人员，关闭了一批造谣传谣的微博客账号，公安机关对相关人员处以了治安拘留等处罚。（《国家互联网信息办部署打击网络谣言》，《人民日报》2013 年 5 月 3 日）

图 3-6 《人民日报》报道

4. 网民舆论：不确定性话语的再宣称

很多情况下，当媒体通过话语描述对谣言进行反宣称互文时，也间接地传播了谣言信息，这种真假消息在舆论环境中的共同交织为网民带来了新的不确定性，网民往往会通过对于谣言文本的再宣称以展示新的不确定性话语（见图3-7）。

@糊涂小熊猫：他们具体造的什么谣，动机是什么，会有怎么样的下场？或者说具体被调查机构如何对待……很好奇啊。

@小小里拉：如何证明是谣言？如果不是谣言呢？

@抬戈再来：网络不是法外之地。在网上散布谣言被拘是咎由自取，但政府应当说明是依据什么法律什么条款拘人的，以便广大网民引以为戒。

图3-7 网民评论

原本对于风险本身的不确定转向了对于谣言这一社会行为的不确定性，其背后还是对于风险准确信息的寻求，但是由于风险本身的复杂性和易变性，官方难以提供准确的答案，这也为后续新谣言的产生与出现提供了更多的"可乘之机"。

网民通过语用预设进行新的不确定性质疑，语用预设所传递的是暗含的、说话人和接收者必须拥有共同知识背景才可以理解的信息。很多情况下，这些言论的发出都是调用了储存在公众脑海中的共同记忆。

由此可见，在本节的案例中，媒介与网民的话语竞争实质上体现了不同主体边界设置的过程。1983年，美国社会学家托马斯·基恩首次提出科学知识的边界设置理论。基恩认为，科学权威性的确认伴随着科学家对科学话语特征的强调以及对外群体非科学、伪科学的驳斥过程。[①] 划界活动就是回答这些问题：什么能说？什么不能说？谁有权说什么？什么可以被称为主流话语？

通过研究结果可知，在围绕H7N9型禽流感环境风险的话语竞争中，新闻报道和网民舆论的话语划界活动，其本质是一种话语秩序扩张的过程。新闻媒体通过话语描述的方式对国内外的精英话语进行转化，实现风险的高威胁反宣称，其本质说明了在"谁有权说"这一问题上，新闻报道通过话语建构了"准专家机制"的话语秩序。具体来看，新媒体平台上，新闻报道采用语体互文和话语描述的方式引用了部分文本，同时也借助知

---

① 转引自 Ramírez-i-Ollé, Meritxell. Rhetorical strategies for scientific authority: a boundary-work analysis of 'climategate' [J]. Science as culture, 2015, 24（4）：384-411。

识科普的模式突出报道内容的权威性，如来自具有权威性的或者被专家话语证实的民间知识，因此这种话语秩序的扩张是一种在"准专家机制"基础上的优先扩张。在"什么能说""什么不能说"的问题上，环境风险中的媒介话语仍沿用了专家科普范式。与此同时，我们也看到这种范式并不稳固：一方面，谣言也在假借科学新闻的话语模式在网络上大范围蔓延；另一方面，越来越多的风险传播学者正在呼吁更为平等的对话或者互动的沟通模式的出现。在 H7N9 型禽流感的话语竞争中，新闻报道突出了对于科学话语的偏向，这也体现了在"什么话语才是真理"这一问题上，新闻报道偏向于科学理性的逻辑。

网民舆论的风险话语秩序则更具私人领域的突出特点。官方话语是网民舆论的重要互文来源，但网民往往采用否定预设的方式，以达到对于官方话语的质疑和挑战。例如，网民会模仿专业新闻报道的话语模式，通过组合嫁接不实信息，以扩大官方话语中的不确定性，其目的在于拓展对抗性的展演空间，进行不确定性的反宣称，划定"弱势的我们"和"不负责的他们"之间的话语边界。最终，随着风险事件不确定性程度的不断降低，媒介话语与网民舆论的话语互动也由最初的谨慎表达和话语竞争，回归到对 H7N9 型禽流感环境风险事件后续进展与风险应对的理性沟通与话语互动中。

三 嵌入环境的话语：话语、政策与社会行动的互构

在社交网络时代，环境风险的话语呈现不仅仅停留于在线场域的竞争、协商，同时，也与更为广泛和宏大的社会结构产生千丝万缕的联系：一方面，无论是媒体话语还是公众话语，都嵌入一定的社会政策环境、文化环境、技术环境等结构性背景中，并受其规范性的影响与制约；另一方面，线上、线下话语行动的结果反映着社会主流价值观与话语体系的流变，从而积聚出再造社会现实与社会结构的强大力量。因此，本小节选取了日常生活中常见的两种环境风险——雾霾风险与烟草健康风险，对环境风险话语、社会结构性背景（文化、政策、技术等）与社会互动的关系进行了深入探究。

（一）参与式文化下雾霾风险话语的泛娱乐加工与传播

自古以来，对话即是人类社会互动活动的核心。通过话语表达与沟通，社会成员得以理解彼此，进而推动各项社会事业的发展，建立起对应的社会关系，确立自我的身份认同，形成彼此共通的文化符号。这也使得话语的生产往往是传播主体对外部世界背景与文化环境的积极反应与间接投射。同时，媒介技术的变革也成为重塑风险话语、改造社会结构的最大变量。其中，最为突出的表征即为社交媒体平台对传统媒体机构传播权力的消解以及对用户内容生产与互动行为的反向赋权。尤其在参与式文化下，大量社交媒体用户乐于加入社会主流话语的生产和传播，如基于自己的常识知识对官方话语进行个体化解读。这也导致当下关于特定环境议题的网络舆论态势往往呈现出离散化、碎片化的日常话语模式特点。本小节聚焦参与式文化以及泛娱乐的网络亚文化背景对网民雾霾风险话语生产与互动的影响。

从新浪微博用户有关雾霾发言来看，微博用户对雾霾环境风险存在泛娱乐化的话语建构特点。①风险元主题的泛娱乐化偏移。当研究者以"雾霾"为关键词在新浪微博平台进行检索时发现，从语义与修辞的角度分析，大部分含有"雾霾"关键词的微博帖子表面上与作为自然风险的"雾霾"无关，但实际上通过其他语义情境的借用与嫁接，温和表达了对健康风险的担忧。如2014年，我国北部地区出现严重雾霾，正值南美超级德比杯足球赛的举办。当时很多网民就将雾霾作为话语元素进行调侃，如"可以增加远射，问题是你要知道门在哪个方向""说不定迪马利亚想传球给梅西，但可能会找不到人"等，这些都被网民大量转发和评论。与发帖人的元主题相比，被泛娱乐化演绎后的风险信息核心已经不再是雾霾风险本身。②大量使用网络语言与泛娱乐的符号修辞。作为环境风险的雾霾，本身并不具备娱乐化的元素，但是网民通过修辞手段和符号为其赋予了娱乐化的色彩。具体来说，较多微博文本都使用了"雾都"等代称戏谑地指代雾霾重灾区。另外，网民还自发地创造出很多网络句式，将严肃的风险议题转化为更为熟悉的打油诗或口号，在网络文化的模因效应下实现病毒式传染。③网络情绪的消极反置。一般情况下，网民话语生产往往是个体情绪的真实反映。但在反讽式的语用背景中，网民的真实情感被隐藏在泛娱乐的表达中，妨碍在线讨论的社会解压阀功能的发挥；或转化为对其他社会问题的不满，如对他人遭受雾霾的幸灾乐祸。这些导致合理沟通的在线互动环境无法形成。

从社会文化背景分析，雾霾风险传播中的泛娱乐化成因有二。①后现代文化思潮下对主流话语形式的解构。后现代文化提倡标新立异和反传统的艺术手法与反思精神。社交媒体平台的匿名性、碎片化、复杂性等特征与倡导拼接、荒诞、嘲弄、模仿的后现代文化的表达逻辑相吻合。如雾霾微博话语中通过嘲讽、情绪化等方式解构了原本的风险语境，这也是后现代文化思潮的外在显化。②技术赋权下传统"把关"模式的缺位与情感的集群化。在去中心化的环境中，分散的传播结构让网络空间中缺失组织化的力量，尤其平台的半匿名性与高情感性的渲染，极易唤醒个体的非理性表达。不仅如此，泛娱乐化的话语表达在结成风险传播弱势群体的想象共同体的同时，进一步加大了媒介话语与用户话语之间的情感距离，隐藏了负面舆情爆发的潜在风险。

（二）政策性背景下烟草风险议题的唤醒与博弈

与雾霾风险传播受到后现代文化思潮的冲击相比，烟草健康风险议题的传播则受政策背景的影响更深。

在中国，烟草已经有400多年的消费历史。一方面，吸烟危害健康的观念逐渐深入人心；另一方面，控烟宣传仍是健康风险难题。就此，本小节从时间和空间两个维度对我国烟草议题的演变与风险话语的博弈过程进行了实证考察：①各媒体平台上对于烟草议题的报道在不同时间线上呈现怎样的变化趋势？②媒体对于烟草的报道话语是如何与具体的历史语境与政策背景相联系的？

研究在慧科数据库中收集了2003年1月1日至2018年6月30日所有平面媒体关于烟草的新闻报道，检索关键词包括"烟草""烟""控烟""禁烟"，并排除"烟花""烟火"等干扰项，共得到282144篇媒体报道。通过LDA主题建模的方法对这些报道的主题进行分析，得到了每一年的关键词表。根据LDA算法对同一个话题的关键词再次进行了归纳提炼，可以得到烟草话题下的基本主题，在此基础上进行进一步分析，可以将LDA结果下的主题概括为四大类别。①烟草行业的经济贡献。在此主题下关键词主要是"经济""增长""亿元"等，主要站在宏观角度报道烟草行业为国民经济带来的贡献，以经济新闻和专题新闻为主。②烟草经营管理。主要关键词包括"烟草生产""投资""进出口"等，话题涉及地方的烟叶生产、烟草专卖政策等内容。③烟草相关的人物和事件。④控烟宣导与履约，主要包括"吸烟有害健康""二手烟"等，主要是通过科普信息强调吸烟的健康隐患。

1. 基于"运动式宣传"的阶段性烟草议题

从2003~2018年报道分布图（见图3-8）可以看出，无论在哪一时间段，"烟草经营管理"与"控烟宣导与履约"都在报道数量上占据了绝对的优势，其他议题在每年都有相关报道，但是并非主要报道主题。尽管我国在2003年签订了《世界卫生组织烟草控制框架公约》，但"烟草经营管理"的报道量还是高于"控烟宣导与履约"。

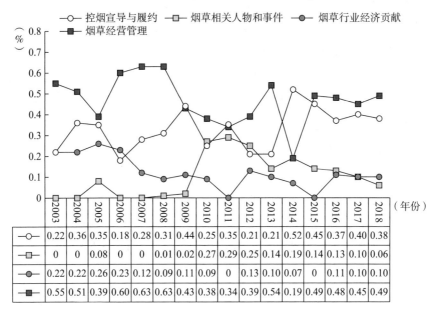

图 3-8　2003~2018 年报道分布

注：其中数字代表的话题占比的年度为分析单位，基于主题聚类后的概率累加。

为了进一步探索烟草报道与社会背景之间的互动关系，本研究结合我国主要的控烟制度与政策进行对照分析。以我国烟草相关政策出台时间作为主要的节点，可以划分出四个时间段，具体如表3-10所示。

表 3-10　烟草相关政策出台时间节点

时间	政府部门相关制度	控烟大事记
2003 年 11 月	签署《世界卫生组织烟草控制框架公约》	公约要求：2011 年 1 月起，公共场所全面禁烟
2006 年	《世界卫生组织烟草控制框架公约》在我国生效	我国先后有 154 个城市颁布了公共场所禁烟的规定
2011 年 1 月	—	我国在控烟评估中得分 37.5 分，履约失败
2015 年 6 月	《北京市控制吸烟条例》	史上最严禁烟令

资料来源：笔者整理。

　　研究继而比较分析了 LDA 建模烟草报道主题在四个时间阶段的分布，并结合具体的历史语境、政策背景和相关政策展开分析。

　　2003 年是公共健康史上极为重要的一年，2003 年底我国与世界卫生组织签订了《世界卫生组织烟草控制框架公约》，并要求在 2011 年 1 月起，公共场所全面禁烟，控烟相关的话题也得到了较多的关注。在总体趋势上可以发现这一时间段中，虽然"控烟宣导与履约"的报道占比仍不及"烟草经营管理"，但总体是上升趋势。

　　另外可以发现，2006 年至 2008 年这一时间段，关于"烟草经营管理"的报道比例也高于 2003 年至 2005 年时间段。

　　2011 年，控烟运动未达到《世界卫生组织烟草控制框架公约》标准，尽管如此，政府并没有停止推行控烟运动，2015 年北京出台《北京市控制吸烟条例》，这一条例也被称为"史上最严禁烟令"。2015 年，烟草销量下滑，这也是自 1999 年来的首次下滑，政府层面关于禁烟控烟的活动明显增多，这一期间控烟履约主题报道也较多，接近于"烟草经营管理"。

　　2015 年以后，各地也陆续出台了一系列政策，但没有出现较大的政策变动，控烟宣导的话题度也逐渐下滑。但因为社交媒体的兴起，与控烟相关的舆情事件借由社交媒体平台不断发酵，这一时期关于"烟草相关人物和事件"的主题报道比例上升。

总体上来看，媒体关于不同烟草议题的报道呈现出了阶段性报道高潮的特征，而每一次报道趋势的变动都会受到烟草相关运动的影响。

2. 多元、复杂的烟草议题与交织的话语情境

烟草议题本身缺乏新闻价值层面的紧迫性和冲突性，因此一般只有烟草议题与其他的热点议题相关联时，才会引发媒体关注，才会引起大范围的社会舆情。对此，本节通过对 2003～2018 年烟草相关的高频微博关键词与重点议题样本进行事件回溯，梳理出了引发广泛讨论的具体新闻语境。表 3-11 显示烟草话语情境及其影响力，其中的"话题在该年的影响力"指标为 0 至 1 之间的数值，越趋近于 1，则该话题在当年话题的影响力越大。

关于烟草的新闻事件主要可以分成三类：第一类是与控烟语境息息相关，但事件本身存在争议性，或是负面新闻，充满讨论点。例如谢剑平因"降焦减害"相关研究当选中国工程院院士，但因为涉及烟草这个敏感领域，研究被质疑，引起了社会的广泛讨论，类似的争议还出现在中国烟草公司获得生态贡献奖相关事件中。第二类是与控烟话题无关，但涉及烟草负面风险的新闻话题，例如烟草腐败、卷烟厂员工纵火等新闻。第三类就是对于烟草的软性营销，例如 2010 年的青岛开设烟草博物馆、2016 年的"雪茄小镇"等。

表 3-11　烟草话语情境及其影响力

发生年份	人物/事件	话题在该年的影响力
2005	上海烟草博物馆开馆引争议	0.08
2008	海南红塔卷烟厂员工纵火焚烧仓库大楼	0.06
2009	四川烟草希望小学引争议	0.04
2010	青岛开设烟草博物馆	0.03
2010	中国香烟被检测出重金属超标	0.11
2011	电子烟进入中国市场	0.04
2011	"最牛"烟草局局长涉嫌多项腐败	0.15
2011	"烟草院士"当选遭多方质疑	0.1

发生年份	人物/事件	话题在该年的影响力
2012	中国烟草公司获生态贡献奖引争议	0.11
2012	中国多地烟草公司出产雪茄	0.04
2012	中央八项规定发布后烟酒礼品回收遇冷	0.1
2013	湖北某地方政府摊派卖烟酒	0.11
2013	烟酒礼品回收遇冷；烟标收藏走热	0.03
2014	中央"禁烟令"使春节烟草价格变化	0.05
2014	中央颁布"禁烟令"，要求领导干部带头禁烟	0.14
2015	加工肉制品致癌，危害与烟草同列	0.1
2015	台湾发生粉尘爆炸，疑抽烟为起因	0.04
2016	"雪茄小镇"营销烟草文化	0.03
2016	"互联网+"时代烟草专卖管理与挑战	0.1
2017	小区电梯内老人抽烟被劝阻后猝死	0.04
2018	外卖平台销售香烟给未成年人	0.06

3. 不同政策背景下地方性话语的博弈与平衡

考虑到烟草产业和消费对于所在省份 GDP 贡献程度不同，本研究将烟草报道媒体所在省份区分为烟草产销大省（自治区、直辖市）和非烟草产销大省（自治区、直辖市）（见表 3-12），对比不同区域的媒体报道主题。从烟草在地方经济中的贡献度来看，烟草产销大省与非烟草产销大省的报道差异最为突出。

表 3-12　烟草话语的不同区域

烟草产销大省（自治区、直辖市）	非烟草产销大省（自治区、直辖市）
云南、贵州、湖南、安徽、福建、河南、湖北、重庆、四川、陕西、甘肃	吉林、黑龙江、上海、江苏、浙江、江西、山东、广西、北京、天津、河北、山西、内蒙古、辽宁、广东、海南、宁夏、新疆、西藏、青海

注：本研究不含港澳台地区。

如图 3-9 所示，烟草产销大省（自治区、直辖市）对于"烟草经营管理"的报道占比达到了 66%，而这一类目在非烟草产销大省（自治区、直辖市）中仅占 47%。但非烟草产销大省（自治区、直辖市）关注"控烟宣导与履约"的相关报道，甚至其比例高于"烟草经营管理"主题，达到 50%，但这一比例在烟草产销大省（自治区、直辖市）只有 23%。相比之下，中央级媒体对于这两个烟草核心主题的报道介于烟草产销大省（自治区、直辖市）与非烟草产销大省（自治区、直辖市）之间，这体现了中央平衡的报道定位，另外中央级媒体还关注"烟草行业经济贡献"主题的报道，这也体现了中央级媒体对于国家层面和宏观经济的关注。烟草产销大省（自治区、直辖市）和非烟草产销大省（自治区、直辖市）的地方媒体立场则更为鲜明，这也是由媒体的定位和立场决定的。烟草产销大省（自治区、直辖市）的烟草经济贡献率高，所以媒体更多倾向于烟草经营管理的相关新闻，控烟的报道份额就被压缩，社会环境中的控烟环境更为薄弱；在非烟草产销大省（自治区、直辖市），烟草的经济贡献率低，给控烟媒体实践的空间大，更能够促成控烟氛围的良性扩散。

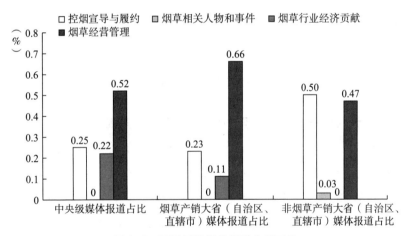

图 3-9　不同区域媒体报道主题对比

注：其中数字代表的话题占比是以三类机关报为分析单元，是对其所有文档进行主题建模分析及聚类的概率累加。

第二节　环境风险的框架生产与互动

与话语相较，框架更重视其作为整体装置对个体风险认知与行为的影响。20 世纪 80 年代，吉特林在《新左派的媒介镜像》中首次提出"媒介框架"的概念,认为媒介框架是一种持续影响着媒介工作者对新闻内容组织与阐释的固定框式。① 美国社会学家戈夫曼则从个体角度出发,提出框架(frame)与框架化(framing),即个体对反应对象的一种阐释基模或者一些具有共同特点的符号集合性表征。②

从上一节的研究不难发现,环境风险中的网络表达往往更具碎片化、口语化、情感化的特点。与强调专业生产过程的媒介框架相比,个体或组织的"框架"往往蕴含着文化、社会规则、过往经验等微观社会结构与稳定符号资源对个人"解释基模"的影响,如神话、社会价值、叙事结构、媒介记忆等。③ 正如恩特曼指出的,文化为社会成员提供了共享共通的"框架库",且外显于集体的话语与思维方式。④

本节以框架理论为核心,在扫描多元行动者的风险框架之后,以两起不同类型环境风险事件为研究案例,剖析多元行动者的风险框架偏好、"媒体—公众"间的风险框架距离以及多元行动者的框架整合如何影响环境风险表征和风险实践行动。

一 再造"真实":媒体框架生产与风险表征差异

(一) 大众传播的议程设置与媒介框架的分众呈现

1972年,麦考姆斯与唐纳德·肖在《大众传媒的议程设置功能》中首次发现了大众传媒为公众设置"议事日程"的现象。通过1968年美国总统选举期间对教堂山选民的调查,他们发现大众媒介可以通过对议题显著程度的强调来达到其"议程设置"的目的,即左右受众关注哪些新闻以及议题讨论的顺序。⑤ 随后在1972年出版的《美国政治议题的兴起》一书

---

① Gitlin T. The whole world is watching: mass media in the making and unmaking of the new left, Berkeley: University of California Press, 2003.

② Goffman, Erving. Frame analysis: an essay on the organization of experience [J]. Contemporary sociology, 1981, 4 (6): 1093-1094.

③ 潘霁. 略论"媒体框架"的概念化 [J]. 国际新闻界, 2010, 32 (09): 13-17.

④ Entman R. M. Framing: Toward a clarification of a fractured paradigm [J]. Journal of communication, 1993, (4): 51-58.

⑤ McCombs M E, Shaw D L. The agenda-setting function of mass media [J]. Public opinion quarterly, 1972, 36 (2): 176-187.

中，他们进一步探索了大众媒体如何通过对标题、版面位置、文本篇幅等议题属性（attribute）的强调或弱化，来达到影响受众认知——怎么想（what to think）的目的。① 这种议题属性设置与框架建构过程的相似作用，也给予了新闻传播学者极大的理论沟通空间。麦考姆斯和加尼姆（Ghanem）甚至将直接新闻框架理论置于议程设置理论的延伸中。也有学者强调两者之间的本质区别：议程设置关注特定议程在媒介呈现中的频率、频数，而框架则强调特定议程被媒体建构的过程。②

塞梅特科（Semetko）和瓦尔肯伯格（Valkenburg）总结出媒体机构常用的冲突、人类利益、责任归属、经济后果以及控制条件的5种叙事框架类型。③ 恩特曼则指出媒介框架建构的具体过程：定性问题（problem definition）、阐释缘故（causal interpretation）、道德指导（moral evaluation）、提示措施（treatment recommendation）。针对不同事件的特点，弗里斯（De Vreese）认为新闻框架也可以简单分为特定议题框架与通用框架两类。④ 在此背景下，大量国内外学者也对各类环境风险下的媒介框架类型进行了具体探索。

学者发现，即便是在同一类行动者内部，不同媒体由于不同的办报理念与受众群体，其环境风险建构也有较大差别。加姆森认为新闻框架主要包括框限（boundary）与构造潜层结构（frame as a latent structure）两层含义。尹瑛通过对2007年6家报媒有关太湖水污染报道的内容分析，发现不同类型媒体在风险归因上差异较小，但在报道主题和框架潜层导向方面存在显著不同。⑤ 围绕"11·22青岛输油管道爆炸事件"，范松楠发现本地与异地媒体的框架选择也存在明显区隔：青岛本地媒体的框架呈现主要以救灾为

① 麦克斯韦尔-麦考姆斯，郭镇之，邓理峰. 议程设置理论概览：过去，现在与未来［J］. 新闻大学，2007，（3）：55-67.

② Cappella J N. Jamieson K H. News frames，political system，and media system［J］. The annals of the american academy of political and social science，1996，（546）：71-84.

③ Semetko H A. Valkenburg P M. Framing european politics：a content analysis of press and television news［J］. Journal of communication，2000，50（2）：93-109.

④ De Vreese C H. News framing：Theory and typology［J］. Information design journal+ document design，2005，13（1）：51-62.

⑤ 尹瑛. 风险的呈现及其隐匿——从"太湖水污染"报道看环境风险的媒体建构［J］. 国际新闻界，2010，32（11）：50-55.

主，而异地媒体则同时凸显了救灾和问责两大框架。① 其他学者关注到环境风险的跨文化建构问题。以《纽约时报》全球气候变化涉华报道为例，郭小平发现，西方媒体通过有意地强化和弱化、话语置换、议题转移等方式，建构了中国环境保护中的负面形象。② 此外，陈明惠也对复杂环境风险报道中典型框架类型进行了总结，主要包括风险知识框架、科普知识框架、维稳框架、治理改善框架、治理困境框架、经济价值框架等框架类型。③

本小节以"7·21 北京暴雨"事件引发的洪涝风险为例，分别选取中国内地与香港、台湾地区的主流报纸，对该事件相关报道进行了框架分析，探究不同新闻媒体如何针对特定的受众群体实现自然环境风险的媒介建构。

2012 年 7 月 21 日，北京及其周边地区遭遇 61 年来最强暴雨并引发洪涝灾害。截至 22 日凌晨 2 时，全市平均降雨量为 164 毫米，其中房山区河北镇降雨量达 519 毫米，为全市最高。北京市政府新闻发布数据，本次暴雨造成房屋倒塌 10660 间，受灾人口达 160.2 万人，经济损失总计 116.4 亿元。由于此次自然灾害带来的严重影响，《人民日报》与《新京报》、香港的《东方日报》、台湾地区的《中国时报》均围绕"7·21 北京暴雨"事件进行了一系列新闻报道。

抽样方法上，本研究采用整群抽样的方法，选取了 4 家报媒从 2012 年 7 月 22 日（事件发生次日）至 7 月 29 日有关"7·21 北京暴雨"的全部报道。研究以完整新闻报道"篇"为单位，包含上述报媒上的消息、通讯、深度报道、评论等多种报道体裁作品。内容分析的编码包括以下两方面。

（1）报道规模：包括"7·21 北京暴雨"事件的报道数量、报道篇幅，以及对议题重要性的控制与偏重。

（2）报道主题：在内容扎根分析的基础上，提炼总结出 8 种主题。

上述报媒基于"7·21 北京暴雨"事件的报道数量及版面设置见表 3-13。作为立足本地的时政类报媒，《新京报》的报道数量最高，除 7 月 29

---

① 范松楠. 环境灾难议题的媒介呈现——以"11·22 青岛输油管道爆炸事件"为例 [J]. 当代传播，2014，(02)：39-41.

② 郭小平. 西方媒体对中国的环境形象建构——以《纽约时报》"气候变化"风险报道 (2000-2009) 为例 [J]. 新闻与传播研究，2010，18 (04)：18-30+109.

③ 陈明惠. 多元话语建构下的"PX"议题 [D]. 安徽大学，2014.

日，事件生命周期内的其他时段均有头版报道，日报道量等于或超过 15 篇
（22 日和 29 日除外），报道位置多占据 A01 头版～A24 重点版面。作为面
向全国的综合类主流报媒，《人民日报》对"7·21 北京暴雨"事件的报
道数量仅次于《新京报》，出现 2 次头版报道，其他集中于视点与要闻版
面。《东方日报》与《中国时报》的报道数量则相对偏少。其中，《东方
日报》未涉及头版报道，除 1 篇位于《社论专栏—神州观察》的评论报道
外，其余报道均出现在《两岸国际—两岸》版面。《中国时报》的版面安
排则更显多元化，14 篇报道分布于《焦点要闻》（7 月 23 日）、《时论广
场》（7 月 29 日）以及《两岸国际》。

从报道主题分布来看（见表 3-14），《人民日报》主要聚焦"7·21 北
京暴雨"事件救援行动的正面报道以及灾后事件反思的相关主题。《新京报》
的媒介报道强调对灾情与灾民现状、救援行动的关注，且使用大量报道探讨了
灾后启示以及灾后结果，凸显了本地媒体对本地民生问题的关注以及对灾情正
向舆论情绪的引导。《东方日报》与《中国时报》的报道在凸显报道主题的平
衡性同时，也体现了框架设置中的议题相关性。如《东方日报》报道中，记者
在文中提及北京台商协会协调台商企业为灾民提供食品的相关内容。

表 3-13　4 种报媒报道"7·21 北京暴雨"事件的版面统计

单位：篇

时间	数量								总计
	7 月 22 日	7 月 23 日	7 月 24 日	7 月 25 日	7 月 26 日	7 月 27 日	7 月 28 日	7 月 29 日	
《人民日报》	1	10	3	5	5	7	5	1	37
《新京报》	7	15	25	18	18	26	21	4	134
《东方日报》	1	5	2	3	3	4	4	1	23
《中国时报》	1	2	3	0	1	2	2	3	14

表 3-14　4 种报媒"7·21 北京暴雨"事件报道的主题统计

单位：篇

报道主题	数量			
	《人民日报》	《新京报》	《东方日报》	《中国时报》
灾难	2	0	2	0
描述灾情	3	6	3	2

报道主题	数量			
	《人民日报》	《新京报》	《东方日报》	《中国时报》
灾民与灾区正面主题	4	14	2	1
灾民与灾区负面主题	0	0	6	1
救援行动正面主题	14	17	0	1
救援行动负面主题	0	0	7	2
灾后启示	5	31	0	3
灾后结果及各方行为	7	66	1	3
其他（与本次灾害无关）	2	0	2	1
总计	37	134	23	14

（二）新闻媒体潜层框架与表征差异

恩特曼认为，新闻从业者主要通过新闻报道规模的控制与报道内容的呈现方式、呈现顺序实现对新闻框架的建构。因此，在明确表层框架建构基础上，本研究还对以下类目中实现新闻框架的内容分析编码。

（1）报道态度偏向：主要是对报道话语的分析，包括正面态度报道如爱心、感动、正能量，负面态度报道诸如炮轰、不满、斥责，或中性态度，即正、负面态度词语。

（2）报道体裁：消息、通讯、深度报道、评论等。

（3）新闻来源：包括事实信息来源与意见信息来源。

（4）反应时间："7·21北京暴雨"事件报道的生命周期。

报道体裁与报道态度偏向属于中观层面的框架设置。从报道体裁分析（见表3-15），《人民日报》有关"7·21北京暴雨"的报道以消息为主，其次为通讯、分析与评论、特写，在体现媒体机构对最新消息的通达作用的同时，多从小事出发，以细节动人，引导社会舆论，如《暴雨夜，她拦下驶向危险的几十辆车》《媒体，暴雨中战斗在现场》等。《新京报》则以通讯为主，辅以大量的特写、分析与评论。其中，通讯报道多彰显本地特征，如《灾民急需毛巾被应急灯和防潮垫》一文使用整版专题报道了灾后安置、疾病防疫等人们关注的重要议题。新闻特写则集中于7月27日与28日的报纸版面，多从受灾者与受难者家属视角出发，通过人物描写引发共鸣，起到了情感疏导的作用。《中国时报》的相关报道则多援引新华社图片、新华网图片或中新社图片，实现消息通达的目的。《东方日报》则稍显不同，23篇相关报道中，其通讯、特写报道多采用叙议结合的方式，在标题或报道内容中使用具有价值偏向的负面词语。如《东方日报》援引了旅客对机场附近酒店抬高售价等负面事件的抱怨。《人民日报》以正面报道为主，《新京报》与《中国时报》中立报道占比最大，《东方日报》则多以负面批评为主，报道的情感偏向（见图3-10）不难理解。

表3-15　4种报媒"7·21北京暴雨"事件报道的体裁统计

单位：篇

报道体裁	数量			
	《人民日报》	《新京报》	《东方日报》	《中国时报》
通讯	10	48	15	10
消息	16	10	3	1
特写	5	44	5	1
分析与评论类新闻	6	28	0	1
图片新闻	0	4	0	1
其他	0	0	0	2
总计	37	134	23	16

新闻来源属于微观层面的框架设置。本研究中，将提供事实材料的新闻来源划分为本报、新华社或新华网、外媒以及其他共4个类。而将提供意见信息的新闻来源划分为网友（或匿名网友）、灾民及灾民亲友、相关官员、气候专家或其他专家、无具体信源5类。研究表明，《新京报》没有援引外部事实材料，《人民日报》的事实引用也以新华社为主。而《中国时报》的事实信源来源广泛，包含《人民日报》、《晶报》、《南方都市报》和千龙网等多级别媒体或机构。《中国时报》有2篇报道援引《人民日报》的评论的部分内容。值得注意的是，4种媒体在提供意见信息的新闻来源方面差异较大：《人民日报》有7篇报道采取相关官员的意见信息，以达到官方辟谣、凝聚信任的目的。《新京报》意见信息来源则以灾民为主，突出在地报纸关注民生、民情、民意的报道特色。《东方日报》的意见信源则采用部分网友批判性的意见信息，间接体现了报刊的情感偏向。

《中国时报》的意见来源则较为均衡，在偏重网友声音的同时，也关注了官员回应以及专家应答等多元信源。

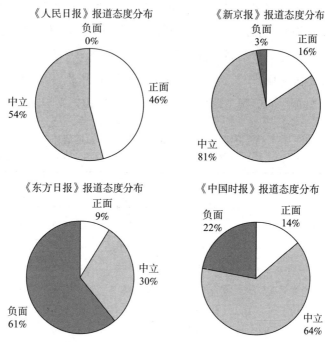

图 3-10　4 种报媒 "7·21 北京暴雨" 事件报道态度偏向占比

整体来看（见图 3-11），4 种报媒在 "7·21 北京暴雨" 事件各时间段的报道分布总体趋势一致。但局部分析，《新京报》《人民日报》对相关事件的报道分布仍呈现一种积极的关注态势，而《东方日报》与《中国时报》的报道分布曲线则相对平缓。除此之外，研究发现，报媒对 "7·21北京暴雨" 事件的报道也受到其他新闻议题的影响。如在 2012 年 7 月 27日伦敦奥运会开幕当天，除《新京报》外，另外三家报纸都加大了伦敦奥运实况的报道力度。7 月 28 日，《新京报》《人民日报》对 "7·21 北京暴雨" 事件的报道数明显下降。

在建构主义视角下，无论是媒体工作者的新闻生产框架，还是受众的自由解码框架，都受到共有知识与符号体系的影响。因此，文化规范、社会结构与信息传播总是密不可分的。道格拉斯·凯尔纳提出，媒介文化包含新闻产品制作、新闻文本以及文化文本的接受与互动。因此，新闻文本作为共有

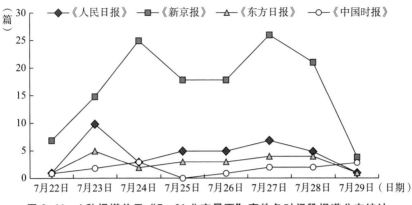

图 3-11　4 种报媒关于"7·21 北京暴雨"事件各时间段报道分布统计

文化体系与社会现实互动的表征，是在地媒介文化最直观的反映。

通过对内地、香港与台湾主流报纸媒体新闻报道内容的框架分析，研究得以窥见不同媒体环境风险报道的偏向性与差异性。

二　媒体—公众框架差距与次生舆情风险

21 世纪以来，网络媒介成为传播风险事件的重要渠道。当前，我国正处于增长结构调整、生态转型的关键时期，水污染与水资源短缺、土壤污染、PM2.5 等环境风险高频出现，进一步加剧了民众对环境风险不确定性的担忧，凸显了社会信任等方面的诸多问题。随着新浪微博等社交媒体平台的兴起，环境风险的媒介化过程也逐渐呈现出专业媒体、商业媒体、自媒体、网民等多元行动者的框架互动与竞合态势。

（一）社交媒体时代风险框架研究转向

从传播角色出发，瓦尔肯伯格等人区分了基于记者故事的"媒体框架"以及基于受众信息心理认知和判断的"受众框架"。[1] 恩特曼认为受众框架内含于其信念系统的"基模"，且受到环境因素、个体知识体系与动机，以及媒体框架长期涵化的影响。[2] 我国学者潘忠党则从个体认知角度

---

[1]　Valkenburg P M. Semetko H A, De Vreese C H. The effects of news frames on readers' thoughts and recall [J]. Communication research, 1999, 26 (5): 550-569.

[2]　Entman R. M. Framing: Toward a clarification of a fractured paradigm [J]. Journal of communication, 1993, (4): 51-58.

出发，将受众框架定义为一种内在的"认知装置"。^① 从作用过程角度，斯图亚特·霍尔提出了受众解码的三大模式：主导—霸权立场、协商立场、对抗立场下的优势解读，协商解读以及对抗解读。^② 从社会行动的角度出发，斯诺及其学生提出框架搭桥（把两种或更多框架联系起来）、框架延伸（将利益范围扩张到其他潜在的支持者）、框架扩大（美化现有的社会价值和信念）、框架转换（用新框架改造或替换旧框架）四种框架整合方式。但文献鲜少对复杂环境风险中不同行动者框架整合的具体过程进行深入分析。

随着互联网时代受众参与文化的发展，国内外学者对用户框架的关注也发生了由效果论到互动论的重要转向。具体而言，大众媒体时代，由于受众对风险事件的信息获取与关注极大依赖于传统媒体机构对风险议程的单向传输与显著性设置，传统的受众框架研究往往屈就于对媒体框架传播效果的关注。科尔曼（Coleman）等人利用实验法探索了媒体不同类型视觉框架对受众框架的影响。^③ 社交媒体时代，得益于网络传播的实时交互与互联网文本的互文链接，公众愈发深度介入环境风险事件的全过程，也部分消解了公众与媒体、传者与受者之间的固有区隔。因此，公众对环境风险事件中的新闻报道进行的认识、解读也可理解为公众认知框架与媒体框架的互动过程；而围绕某一风险事件显现的舆论风向则可理解为媒介框架与公众框架相互作用的结果。

（二）风险情境下多元框架生产与网络舆情触发

随着我国城镇化与现代化的加速推进，各地重大项目如水电站、核电站、垃圾焚烧厂等纷纷上马，但这些项目往往会因为沟通不畅与信任缺失引发负面舆情。例如，垃圾焚烧发电厂项目选址引发周围居民不满，2006年、2009年和2014年都出现了以环保事件为中心的公共舆情事件。因此，

---

① 潘忠党. 架构分析：一个亟需理论澄清的领域 [J]. 传播与社会学刊，2006，（1）：17-46.

② 转引自黄顺铭. 一个诠释典范：霍尔模式 [J]. 新闻大学，2002，（04）：15-19+9.

③ Coleman R, Banning S. Network TV news' affective framing of the presidential candidates: evidence for a second-level agenda-setting effect through visual framing [J]. Journalism & mass communication quarterly, 2006, 83 (2): 313-328.

本小节以"垃圾焚烧"风险事件为切口，选取 2006 年、2009 年、2014 年发生的垃圾焚烧舆情事件（见表 3-16），探究风险情境下多元框架生产与网络舆情触发机制。

具体而言，本小节基于媒介框架理论与内容分析法，以三起典型"垃圾焚烧"风险事件为研究样本，比较官方媒体、商业媒体和网民的风险框架偏好。

在样本来源上，将《人民日报》与事件发生地的市委机关报纳入官方媒体的样本来源。结合各区域媒体的发行量和影响力，将《新京报》、《南方都市报》和《都市快报》作为商业媒体的样本来源。自媒体选取新浪微博，在新浪微博的样本选取上，本研究主要采用随机抽样方法，通过检索"垃圾焚烧项目"关键词，获取 481 条样本。

表 3-16　研究样本的选取

事件（简称）	时间	官方媒体	商业媒体	自媒体
2006 年北京六里屯	2006 年 12 月～2007 年 6 月	《人民日报》《北京日报》	《新京报》	新浪微博
2009 年广州番禺	2009 年 9 月 23 日～2009 年 12 月 31 日	《人民日报》《广州日报》	《南方都市报》	
2014 年杭州余杭	2014 年 3 月 29 日～2014 年 5 月 30 日	《人民日报》《杭州日报》	《都市快报》	

在具体操作层面，本研究作出以下的内容分析编码。

报道内容方面，包括以下几个方面。①报道体裁：消息、评论、专题、其他。②风险报道立场：正面、负面、中立。③风险来源：环境风险、社会风险。④信息来源：主烧派专家、学者；反烧派专家、学者；环保组织；企业；媒体；普通公众；其他。⑤民众抵制风险的原因：产生污染物，如二噁英；规划不合理；环评有问题；程序不公开、不透明；管理不到位；项目背后利益不清；民众利益受损；其他。⑥风险项目危害：政治；经济；社会生活；环境；社会秩序；居民健康；其他；未交代。⑦风险项目影响：政治；经济；社会生活；其他；未交代。⑧风险责任对象：媒体是否建构出主要的风险责任对象，不同的风险角色会对风险责任有不同的认定。⑨风险治理：风险发生后，如何缓解风险，不同的风险角色提出不同的需求与治理措施。

框架类型方面，包括以下几个方面。①风险事实框架：主要描述事件或项目，并不多做延伸，也不重点描述冲突，止于简单说明，如"XX地垃圾焚烧项目遭民众反对，正进行二次环评"等。②风险科普框架：对垃圾焚烧项目、二噁英等从技术、科学等角度进行说明。③风险冲突框架：重点是对风险引发的不同群体间冲突场面的描述。④民众质疑框架：针对项目，民众的不信任加剧，主要表达民众的疑问，如环评问题、利益问题等。⑤风险探因框架：分析及探讨风险出现的原因，如"沟通不畅""民众环保意识增强"等。⑥风险治理框架：风险出现之后，各方为了规避风险所提出的意见，如垃圾分类、政府加强监管、企业加强技术革新等。⑦技术达标框架：主要是政府和企业所表述的技术在国内的领先性及可靠性。⑧城市困境框架：表达城市生活垃圾数量的激增对城市建设的困扰、政府所面临的两难局面，表明政府实施垃圾焚烧项目属于无奈下的最好选择。⑨民意、民权框架：民众有表达自己想法并维护自身利益的权利，政府应该保障民众的基本权利。⑩复杂利益框架：项目背后复杂的利益关系，如企业等。

1. 官方媒体：审慎的风险报道和风险回应

2014年5月及以前，《人民日报》仅有4篇相关报道（见表3-17），报道体裁以消息、评论为主，对事件性质进行基本判定，并表明官方的态度。如在《决策不能"千里走单骑"》中，通过评论的体裁将风险原因归结为政府决策与民众沟通不畅。

表3-17 《人民日报》2006年12月~2014年5月的相关报道

事件	2006年12月~2007年6月	2009年9月23日~2009年12月31日	2014年3月29日~2014年5月30日
篇数	1	1	2
篇名；发表时间；体裁	《国家环保总局建议缓建北京六里屯垃圾发电项目》；2007年8月9日；消息	《决策不能"千里走单骑"》；2009年11月11日；评论	《杭州通报"5·10"事件现场秩序基本恢复》；2014年5月12日；消息 《解开垃圾焚烧的心结》；2014年5月13日；评论

2014 年 6 月开始，《人民日报》对垃圾焚烧的报道数量明显增加（见表 3-18）。报道立场以中立为主，也存在对正面政府形象和正面企业的关注。如在 6 月 28 日《为"垃圾市长"赞一个》中，通过讲述广州市市长在"垃圾分类万人行"活动中积极参与，向公众讲解垃圾处理现状，塑造了一个负责任的政府形象。

表 3-18 《人民日报》2014 年 6 月的相关报道

时间	标题	体裁	立场
6 月 4 日	《环保部发布四项污染物排放新标 提高垃圾焚烧污染控制要求》	消息	中立
6 月 4 日	《垃圾围村何时休》	专题报道	中立
6 月 5 日	《垃圾焚烧厂缘何难落地》	专题报道	中立
6 月 6 日	《张高丽在中国环科院和环监总站调研》	消息	中立
6 月 7 日	《环保标准提升须有政策护航》	评论	中立
6 月 11 日	《垃圾分类为何难推广》	专题报道	中立
6 月 11 日	《垃圾分类没那么美好》	评论	中立
6 月 21 日	《垃圾分类别再"原地踏步"》	评论	中立
6 月 24 日	《浙江诸暨创新农村垃圾清运方式：论斤报酬 垃圾不留》	消息	中立
6 月 28 日	《为"垃圾市长"赞一个》	评论	正面
6 月 30 日	《垃圾焚烧厂，如何与民为邻》	专题报道	中立

值得注意的是，与其他类型行动者相比，《人民日报》的框架构建不只是局限于城市垃圾处理，也通过框架延伸，将风险报道视角进一步扩大至村镇垃圾处理问题。如 2014 年 4~5 月，《人民日报》连发三篇报道关注农村垃圾处理困境。在 6 月的委员手记《垃圾围村何时休》中，从委员提案视角出发，展现了相关部门对农村生活垃圾、固体废物垃圾、农药包装等的随意丢弃，居民环境风险较大等现实场景的深切担忧。

2006~2014 年，《人民日报》有关"垃圾焚烧"与"反烧"风险框架呈现出从"风险事实"＋"简单风险归因"向"风险事实"＋"风险探因"＋"风险治理"转变的框架变迁过程。2006 年、2009 年除了基本的风险事实外，主要将"反烧"风险归因于政府与民众的沟通不畅。2014 年除了指出沟通方面的原因之外，开始着力于探讨"为什么"和"怎么办"。如当

2014 年杭州风险基本平息后，《人民日报》连发的两篇消息和一则评论聚焦风险治理中的政策问题。

地方官方媒体的风险建构与《人民日报》稍显不同。地方官媒主要通过"城市困境框架"与"技术达标框架"对垃圾焚烧项目进行呈现。具体来说，"城市困境框架"常使用大量数据表述政府和城市正面临着巨大的垃圾围城的压力，以期获得民众的理解。如 2014 年 4 月 8 日《杭州日报》的《49% 受访者认同垃圾分类的迫切性 却只有 28% 的人落实到行动上》，通过使用"10.16% 增长率""19% 以上""仅剩 5 年"等量化表达，突出垃圾围城问题的严重性。"技术达标框架"则强调风险认定无害化、可控化，强调项目技术上有保障，以期消解民众对相关政府项目的怀疑、恐惧、不信任等负面情绪。如新闻报道使用"温度达到 850 摄氏度以上""排放量在 0.1mg/L 以下""国标的十分之一"等量化表达，或者通过调动感官和情感的动情表述"穿过一条林荫小道""锦鲤在处理过的污水里游得畅快""透明""闻不到垃圾的臭味"来实现框架行动的目标。同时，"风险治理框架"也是地方官方媒体关注的重点议题。2006～2014 年，地方官媒通过呈现国内外的垃圾治理问题与经验，建构环境风险共有性和全球性特征，疏解民意的同时也为政府治理提供了外部参考方案。如通过对老人达式华 4 年坚持家庭生活垃圾分类方法、儿童沈姝彤 3 年坚持回收牛奶盒行为的报道，鼓励个体加入政府垃圾处理的行动中来。同时，也积极报道了国外垃圾处理经验，如日本垃圾分类投放、欧洲垃圾发电厂与管道供热的合作运营、澳大利亚根据不同房型采取分类的垃圾收集方式。

2. 商业媒体：以多元化内容生产形塑监督式风险归因

商业媒体作为沟通民众与官方话语的桥梁，从风险报道的形式来看，采用了反烧专家、网友、匿名人士等多元信源。如在《政府通报会专家遭网友质疑》报道中，商业媒体通过对网友博客评论的直接引用间接反映"公众"对项目的看法。从风险呈现的视角来看，地方商业媒体报道主要立足于垃圾焚烧本身的环境风险呈现，较少直接关注由此引发的社会群体性冲突事件，同时将环境风险和社会风险纳入"垃圾焚烧"事件的考察范围，图文互为支撑。如在 2006 年北京三里屯的垃圾焚烧报道中，《新京报》发布了 3 篇报道，关注项目进度，使用"设置隔离带"等官方话语；同时也有 4 篇聚焦北京市民对项目的反对意见以及由此导致的项目暂缓的情况。

对于垃圾焚烧的风险认定，商业媒体通过援引多方信源，给予政府、专家和民间话语等多元风险主体表达空间。本研究显示，25.8% 的相关政府部门的报道认定环境风险为"不严重"，8.1% 的报道认为"不确定"；有 19.4% 的主烧派专家报道认为风险"不严重"；8.1% 的反烧派专家报道认为"严重"。4 篇涉及媒体自身立场的报道中，3 篇认为"不严重"，1 篇认为"严重"。民间话语方面，15 篇涉及公众意见的报道中，14 篇样本中的公众认为垃圾焚烧项目风险程度属于"严重"水平。

在框架整合方面，商业媒体在强调事实框架、科普框架建构的同时，也积极进行了一定程度的探因框架、治理框架建构。如《南方都市报》在 2009 年番禺项目的报道中，综合治理框架、城市困境框架、复杂利益框架，从公众立场出发保持了对风险的整体性呈现，并积极建构事件不同发展时期的风险议程。风险爆发期，通过事实框架、科普框架展现政府项目进展，并普及项目相关的环境风险知识，消除事件初识期的信息真空。风险蔓延期，一方面从受众角度出发，利用质疑框架呈现公众的风险归因；另一方面，从政府角度进行回应，使用城市框架、技术框架搭建民众和政府间的信息流。从个别框架的阶段性凸显来看，自 2009 年起，部分商业媒体报道中民意、民权框架和复杂利益框架的数量激增。

3. 自媒体：戏谑话语下多主题的风险框架并存与桥接

去中心化的传播背景下，自媒体用户的框架建构与主流传媒的专业叙事构成鲜明对比。一方面，自媒体用户行动者发挥主动性，积极介入了"余杭垃圾反烧"风险事件的议程设置与内容生产。从行动话语来看，与遵循客观真实的专业媒体报道相较，戏谑、无厘头、娱乐化的言说风格成为网民行动者风险行动的主要表征。另一方面，在框架争夺的背景下，为了尽可能增强用户框架的影响力，部分网民利用网络热梗的模因效应为自身造势，比如将垃圾焚烧厂称为"资源热力电厂"。

同时，需要注意的是，用户在获得部分话语权时，表达上的随意性、情绪性、碎片性等特征也使得诸多无法验证的负面消息在社交平台上扩散，通过框架嫁接等方式，形成新的潜在舆情风险。如用户"@青霜王"在呼吁大家关注垃圾焚烧的项目时，在句末通过提供"附近二十三位民警查出肺部疾病"这一未知来源的虚假信息,实现了"垃圾焚烧发电厂选址"框架与"公务人员肺部疾病"框架的互嵌。此外,诸如"环评支持是作假!""自发电厂启用,已致死周边养殖场中猪47只!"的流言传播,以及"800辆垃圾车穿梭省道""12公里""50多个小区""几乎涵盖整个"等夸大风险严重性的数字修辞手法进一步激发其他用户的愤怒、恐惧、焦虑等负面情绪,进而引发风险冲突框架的认知偏好,最终导致负面舆情的发酵与升级。

总的来说,自媒体用户的框架构建主要以风险表达与情绪宣泄为主。一方面他们从自身感受出发,对看到的焚烧烟雾、闻到的异味、违法开工等具体的风险场景进行表述;另一方面,他们使用情绪化的语言对该项目可能产生的环境污染及健康危害、垃圾焚烧厂选址过程中的程序问题等核心议题表达质疑。但伴随着事件的发展与其他行动者框架的互动影响,用户框架也逐渐回归理性,实现了向风险科普、风险建议的框架转移。

通过对上述两起环境风险事件的研究,我们发现不同类型媒体的风险的再现呈现出迥乎不同的媒介景观。平台社会的背景下,去中心化的传播环境进一步放大了多元行动者的框架距离。风险框架的核心接受者(公众)与核心建构者(主流媒体)之间的"框架沟"普遍存在。"框架沟"的出现实际上是环境风险中媒介、政府、受众等多方主体的沟通不畅的外在表征。随着网民在线参与意识的不断增强,如果主流媒体等媒介机构不能及时重视并积极利用社交媒体平台进行框架协商,那么这就很可能导致网络舆情的升级蔓延。因此相关政府部门和媒体必须密切关注民众风险信息需求与风险情绪,进行有效风险沟通。

第四章　风险感知与风险情绪

媒体建构风险的效果一定程度上体现于风险受众的风险感知上。对风险感知进行测量能够把握风险建构的效果，更好地认识风险传播的过程与机制。风险感知的测量大多沿着两条路径进行：第一种是经典的心理测量范式，一般采用问卷的方式评估个体对风险的主观感受等；第二种是新兴的情感分析方法，基于大数据技术对公众面对风险时的情绪展开分析。本章将分别对心理测量和情绪分析两种风险感知的测量方法进行介绍，并结合研究中的实际应用对其进行阐释。

第一节　经典范式：心理测量方法及其应用

心理测量范式作为风险感知测量的一种重要方法，在历经数代学者的研究之后不断完善。心理测量范式用数据将主观性的个人体验描绘出来，是风险传播研究中的一大突破。但这种研究方法更多依赖于受访者自我报告来收集数据，加上为了追求测量的客观性和科学性而忽视了情绪等复杂层面的因素，因此也具有一定局限性。

一　风险感知与心理测量

社会建构了人们对风险的感知和选择。① 不同的人对同样一件事可能

---

① Douglas，Mary and Aaron Wildavsky. Risk and culture：an essay on the selection of technological and environmental dangers [M]，University of California Press. 1983.

也会有不同的看法，有的人会认为是风险，有的人则认为会带来收益。比如，核能在某些人眼里是破坏环境的威胁，但是对某些人来说则是可以提供稳定电能的巨大能量，具有极高的经济效益。

（一）风险感知的定义

对于风险感知的定义，目前并没有一个统一的说法。斯塔尔（Starr）认为风险的可承受度与风险判断有关，个体的心理意识如自愿性对可承受度也有很大影响。① 这大大启发了后来的风险感知研究。而关于风险感知，斯洛维奇（Slovic）的表述较为经典，他认为"风险感知"这一术语是用来形容个体对风险的态度和主观感受的。② 谢晓非等进一步指出，不同个体的风险感知之所以会出现差异，是因为外部环境的实际风险的出现形式会发生变化。③ 这一概念将风险感知理解为个体对危险情况的评判。

20世纪60年代，人们对核技术的激烈争论成为环境风险感知研究的起点。科学家和公众对核技术风险感知的差异引起了研究者的兴趣，研究者进一步扩大了研究的风险类型，探究人们对不同种类风险的感知。此后的几十年中，风险感知的研究发展至心理学、经济学、社会学等多个领域当中，取得了丰富的研究成果，形成了诸多理论模型，如启发式范式、文化理论范式、心理测量范式等。

（二）风险感知的测量

1. 风险感知测量的发展

心理测量范式（Psychometric Paradigm）是重要的风险感知研究模型，是将风险感知进行量化分析的主要理论参照，一般用来研究个人或群体的风险感知状态、风险感知的影响以及多种因素间的相互关系。其核心是认为风险感知可以被量化和预估。

斯塔尔是心理测量范式的先驱。他提出了"揭示性偏好"（revealed preference）的风险分析方法，即人们经过不断的试错，会在某项活动的风险与收益之间找到平衡，达到"基本理想状态"（essentially optimum），进

---

① Starr C. Social benefit versus technological risk [J]. Science, 1969, 165: 1232-1238.

② Slovic. The perception of risk [M], London: Earth-scan Publications Ltd., 2000.

③ 谢晓非，徐联仓. 公众在风险感知中的偏差 [J]. 心理学动态, 1996, (2): 23-26.

而该活动被人们接受。在该假设的基础上，可采用历史的或当前的风险和利益数据去计算"风险—利益平衡模式"。通过对不同活动的数据进行分析和检验，斯塔尔得出了"可接受的风险法则"：①一项活动的可接受的风险大约是该项活动带来收益的正的三次方；②人们对自愿活动风险的接受程度大约是同等收益的非自愿活动的 1000 倍；③风险的可接受程度与暴露在该风险中的人数成反比；④人们对自愿接受的风险的容忍度与可接受的疾病的风险水平相类似。①

斯塔尔的"揭示性偏好"概念的提出，为风险感知的研究提供了新的视角，说明了人们对特定风险的感受可以借助数据的统计和处理而获得，但这一概念也被其他研究者指出了不足。首先，斯塔尔的研究假设通过人们过去的行为能够准确地预测人们现在的偏好，但社会价值体系是随着时间在不断变化的，这种预测的准确性被怀疑。其次，因为其支持当前的经济社会安排格局，斯塔尔的"揭示性偏好"假设被认为在政治上比较保守。该研究不能帮助区别什么是"最好的"和"传统上可接受的"。被市场所接受的风险活动并不能够反映出人们的风险偏好。"揭示性偏好"的研究方法假设人们拥有关于某项活动的全部信息，并能够最大限度地利用这些信息作出选择和判断。而许多决策心理学的研究结果并不支持该假设。此外，若通过"揭示性偏好"的方法来进行风险研究，得出的结论受到使用历史数据计算风险和收益的方法影响较大。

20 世纪 70 年代初，两位心理学家特维斯基（Tversky）和卡尼曼（Kahneman）在实证研究的基础上提出，人们往往通过启发式的思维过程来处理信息和决策。启发式即经验法则，该法则认为人们在日常生活中通过参考已有的经验来处理不确定的信息，从而避免认知负荷（cognitive overload）。启发式分为代表性启发式（representativeness heuristic）、可得性启发式（availability heuristic）、锚定与调整启发式（anchoring and adjustment heuristic）。启发式依赖人的已有经验来做决定，因此会导致启发式偏差。在启发式理论范式下，专家对于风险的评估是理性的，但普通人对于风险的评估和感知则往往是依赖于经验。因此，当普通人与专家对风险的

---

① Starr C. Social benefit versus technological risk [J]. Science, 1969, 165: 1232-1238.

评估不一致时，专家应该通过科普的方式减少普通人的认知偏差。

菲施霍夫、斯洛维奇、李奇登斯坦等人在1978年提出了"表达性偏好"的风险分析方法，即心理测量范式。① 他们对斯塔尔的研究做了改进，采用心理测量的方式来回答"多安全才算安全"的问题。心理测量范式采用问卷的方式，调查人们对不同活动的风险、收益、其他方面的感知情况和偏好。

心理测量范式建立在几个重要的假设之上。①风险及其感知是主观性的，风险是人类提出的用来帮助自身理解和处理生活中的危险和不确定性的概念。风险及其感知是由会受心理、社会、制度、文化等多种因素影响的个人主观定义的。② ②个体能够对各种问题，包括一些困难的问题作出有价值的回答。所得出的答案，必然依赖于研究的整体设计、问题的安排、被试的类型以及数据分析的方法等因素。③ ③风险包含不利事件发生的不确定性和后果。公众对风险感知的差异取决于风险本身的特征。不同的风险特征结构能够影响公众的风险感知。④

通过对大量风险进行风险特征的分析，斯洛维奇提出了风险的"人格轮廓"（personality），人们对于风险的各个特征维度，感知是不同的，每种风险都有其独特的性质模式。他在研究中发现，构成风险感知的定性的风险特征之间往往高度关联。1987年，斯洛维奇从15种风险特征中提取出了两个核心的影响风险感知的风险因子，即未知风险和恐惧风险。心理测量范式通过稳定的因素有效测量了人们"感知到的风险"以及人们风险感知的结构。普通人通过多种风险特征来感知风险，专家对风险的感知则更依赖于年度死亡率等客观统计数字，这造成了专家和公众风险感知的差异。

---

① Fischhoff B，Slovic P，Lichtenstein S，et al. How safe is safe enough? a psychometric study of attitudes towards technological risks and benefits [J]. Policy sciences，1978，9（2）：127-152.
② 谢尔顿·克里姆斯基，多米尼克·戈尔丁. 风险的社会理论学说 [M]. 北京：北京出版社，2005：132.
③ 谢晓非，徐联仓. 风险认知研究概况及理论框架 [J]. 心理科学进展，1995，（2）：17-22.
④ 张海燕，葛怡，李凤英，等. 环境风险感知的心理测量范式研究述评 [J]. 自然灾害学报，2010，（1）：78-83.

心理测量范式实证研究过程一般包括以下步骤：①选取一系列需要测量的风险活动或项目；②选取比较重要的可能会影响人们风险感知的风险特征，如可怕性、致命性等，编制心理测量表进行测量；③招募被试并让其完成对调查问卷的填答；④通过因子分析等多变量统计分析方法，提取影响人们风险感知的因子，分析人们风险感知的结构。

心理测量范式目前已为学者们广泛应用，是用来测量人们风险认知结构最常用的方法之一。[①] 心理测量范式认为风险感知是被人主观建构的，风险的特征会影响人们对风险的感知。后续的研究在整体上并没有跳出斯洛维奇的风险特征体系，但也加入了对于个人特征要素的考量，比如道德、宗教、种族、情绪等，凸显了风险感知的主观性，推动着心理测量范式进一步发展和完善。伴随着心理测量范式的不断发展和优化，它也被使用在较具体的环境问题的风险感知研究，比如水环境、气候变化、自然灾害等风险。风险因子也因为研究对象——风险事件条目的不同，产生了不同于经典二维模型的风险因子模型。如布朗夫曼（Bronfman）找到三个主要的风险因素——"恐惧性"、"未知性"和"个人作用"，它们构成公众风险感知方差的80%。[②] 罗德里格斯-加尔松（Rodríguez-Garzón）等人在研究厄瓜多尔基多市消防员的风险感知时发现，最主要的四个特征是风险发生的可能性、风险的可控性、风险的危害程度、风险带来的潜在危机。[③]

随着风险感知研究的不断深入，风险可接受模型也暴露出一些不足，其中最值得关注的就是数据分析存在缺陷。风险可接受模型在数据分析时，学者通过测量公众风险感知的平均值进行分析判断，这不能体现群体

①　McDaniels T，Axelrod L J，Slovic P. Characterizing perception of ecological risk ［J］. Risk analysis，1995，15（5）：575-588；Chuk-ling Lai，Tao J. Perception of environmental hazards in Hong Kong Chinese ［J］. Risk analysis，2003，23（4）：669-684；刘金平，黄宏强，周广亚. 城市居民风险认知结构研究 ［J］. 心理科学，2007，29（6）：1439-1441；于清源，谢晓非. 环境中的风险认知特征 ［J］. 心理科学，2006，29（2）：362-365.

②　Bronfman，Louisa Cifuentes. Risk perception in a developing country：the case of chile ［J］. Risk analysis，2003，23（6）：1271-1285.

③　Rodríguez-Garzón I，Martínez-Fiestas M，Delgado-Padial A，et al. Perception of occupational risk of firefighters in Quito（Ecuador）［J］. Fire technology，2016，52（3）：753-773.

内个体差异。① 因此公众群体特征的差异对风险感知的影响渐渐被学者们关注。对公众群体特征关注的是群体内个体的差异所带来的风险感知的不同。中国学者王甫勤利用中国综合社会调查（CGSS2006）的调查数据得出结论：受教育程度高、媒体接触频繁、社会地位高的人群风险感知能力强；城市居民比农村居民具有更强的风险认知能力。② 黎祝龄（Chuk-ling Lai）等人研究环境风险感知时选择了 25 种不同的风险，分别研究了每种风险对个体风险感知的影响，发现性别、年龄、受教育程度不同的人的风险感知存在差异，其中女性、年长的人和受教育程度较低的人风险感知能力更强。③ 此类研究很好解释了个体差异带来的风险感知的差异，对风险感知的影响因素做了补充。

2. 测量方法

在环境风险的研究中，风险感知领域的研究尤为重要，人们会根据自己对于环境风险的感知采取相应的行为措施。其中，心理测量的范式被认为是风险感知研究中"最有影响力的方法论和研究取向"。这一范式倡导通过"表达性偏好"的风险研究方法描述风险的主观属性，解释风险感知的各类差异。在风险研究中，心理测量方法是一种非常重要的量化研究手段，可用于测量人们对特定风险的认知、评估、态度和行为反应等。常见的心理测量方法主要包括以下几种。

（1）观察研究

在风险研究中，观察研究是一种重要的心理测量方法。通过观察受众在真实环境中的行为和决策过程，研究者可以获取关于受众对风险的应对方式和行为表现的信息。

观察研究通常采用自然观察或结构化观察的方式进行。自然观察指在真实环境中观察受众的行为，而不对其产生干预。这种方法有助于了解受

---

① 张海燕，葛怡，李凤英，杨洁，毕军. 环境风险感知的心理测量范式研究述评 [J]. 自然灾害学报，2010，19（01）：78-83.

② 王甫勤. 风险社会与当前中国民众的风险认知研究 [J]. 上海行政学院学报，2010，11（02）：83-91.

③ Chuk-ling Lai, Tao J. Perception of environmental hazards in Hong Kong Chinese [J]. Risk analysis，2003，23（4）：669-684.

众在日常生活中面对风险时的实际决策情况。另一种方式是结构化观察，研究者在特定场景中设计一系列观察项目，以获取关于受众决策和行为的详细信息。此外，研究者还可以设计观察量表，通过评价受众的行为表现、态度和情绪等方面的指标，来获取更具体的数据。

观察研究的优点是可以捕捉到受众在真实环境中的行为和决策过程，结果更具外部有效性；它可以提供直接的现实观察数据，避免了受众主观回忆或自我报告带来的客观性缺乏的问题；此外它还可以揭示受众的无意识行为和潜在因素，增加对风险行为的理解。然而，观察研究也面临一些挑战和限制。首先，观察研究需要耗费大量时间和资源，特别是在长期观察或大样本观察时；其次，观察研究可能受到多个观察者偏见和主观判断的影响，因此需要保证观察者的客观性和一致性；最后，观察研究可能无法获取被观察者内在的想法和动机，因此需要结合其他心理测量方法来进行综合分析。

（2）问卷调查

当涉及风险研究中的心理测量方法时，问卷调查是一种常用且有效的工具。研究人员可以设计一系列问题，以量表或请受众自由回答形式获取受众对特定风险的认知、态度和行为意向等信息。

问卷调查通常包括闭合式问题和开放式问题。闭合式问题通常以量表形式呈现，要求受访者在预先设定的选项中进行选择，以便量化分析。这些问题可以帮助研究人员了解受众对风险的认知程度、对风险事件的态度以及对可能行为的倾向等。开放式问题则允许受访者自由表达观点和看法，使其提供更为细致和具体的信息，以便深入了解受众的心理过程和个性化反应。

问卷调查的优势在于能够快速收集大量数据，而且相对成本较低。通过统计分析和量化处理，研究人员可以对受众的风险认知状态进行比较全面的描述和分析。然而，问卷调查也存在一些局限性，例如受访者的主观性和记忆偏差可能影响结果的准确性。

（3）实验研究

实验研究用于观察受众在特定风险情境下的心理和行为反应，以揭示风险感知的差异和影响因素。在实验研究中，研究人员可以通过控制条件、操作变量以及随机分配受众等方法，创造出具有一定实验控制性的环境。这样可以更好地观察和测量受众对风险的认知、态度和行为反应，避免了外界干扰和个体差异的干扰。

实验研究常常通过以下步骤进行：设计实验任务、随机分配受众、观察和记录数据、数据分析和结果解释。它的优势在于可以控制变量，创造出近似真实环境的实验条件，使研究结果更具可靠性和实证意义。然而，它也存在一些限制，例如由于实验环境的人工设定，可能无法完全反映真实世界中的复杂情况。因此，在得出实验研究结论时，需要考虑到实验条件与实际情境之间的差异，并结合其他心理测量方法的结果进行综合分析。

（4）生理指标测量

生理指标测量的基本原理是，人体在面对风险和应激时会产生生理反应。通过监测受众的生理反应，如心率、皮肤电活动、脑电图等，可以了解其在面临风险情境时的生理状态和应激水平。

常用的生理指标包括：心率、皮肤电活动、脑电图等。这些生理指标的变化可以为风险研究提供客观的生理数据支持，有助于揭示受众的情绪体验和应对方式。然而，生理指标测量也存在一些问题。首先，它需要使用专业的设备和技术来收集和分析生理数据，这可能需要较高的成本和技术。其次，受众对生理监测可能产生心理压力，这会影响其自然行为，因此需要保证监测过程的舒适性和隐私保护。

（三）风险感知的影响因素

由于外部环境存在的风险形态复杂、多变，因此，通过个人的主观意识加工的风险感知受到多重因素的影响，也会呈现不同的状态。综合国内外的研究，发现影响公众风险感知的变量大致可分为四个方面：一是风险类型，二是受众特性，三是社会信任，四是主客体环境。

1. 风险类型

风险的分类是指按照不同的维度对风险进行划分，针对不同的分类可以采取不同的管理策略和控制方法。

环境风险是指对生态环境和自然资源造成潜在威胁和损害的风险。环境风险的影响因素涉及自然因素、人类活动以及社会政策等多个方面。根据风险的来源，可以将环境风险分为新科技风险（如转基因技术、核工业、重化工等）、有害物质风险（如雾霾、二噁英、水污染、土壤污染等），或者涉及自然灾害或地球物理现象风险（如气候变化，泥石流、地震、台风等）。不同风险类型所对应的不同风险特征往往会给个体造成不同的风险感知。

心理测量范式认为，人们对于风险的差异反应依赖于差异的风险人格特征，即不同的风险特征构成可以左右公众的风险感知。众多研究显示，风险特征与公众风险感知水平显著相关。埃里克森（Erikson）调查了科技灾难引起的受众情感和反应，以及对美国公众的影响，指出了有毒灾害和自然灾害之间的区别。[①] 鲍姆（Baum）、弗莱明（Fleming）等人比较了自然风险与人为的科技风险之间的区别，他们认为，科技风险给人类带来的灾难性后果比自然风险要更加严重、复杂，会持续更长的时间。[②] 阿克塞尔罗德（Axelrod）、麦克丹尼尔斯（Mcdaniels）等人通过实证研究比较了自然风险与科技风险，指出了二者之间的差异：人们感知到自然风险对物种的影响、对全体人类的影响都要小于科技风险，而对于人类的健康的影响、受影响的人数则要大于科技风险。此外，自然风险多数是不可控的，而科技风险则可以通过一定的法律法规来控制。[③] 这些研究发现，个体会高估可能性低但是致死率高的事情的风险值，而低估可能性高但致死率低的事情的风险值；人们会高估立即爆发而且瞬间杀伤力大的风险，但低估长时间的、隐藏着的风险。

2. 受众特性

风险感知受到性别、收入、年龄、学历、宗教信仰等人口统计因素的影响。钱洁凡等人发现，年龄、学历、月收入以及职业的差异会使受众关注不同的风险类型。比如，随着学历的升高，公众对社会公共性事件、煤

① Erikson K. Toxic reckoning: business faces a new kind of fear [J]. Harvard business review, 1990, 68 (1): 118-126.

② Baum A, Fleming R, Davidson L M. Natural disaster and technological catastrophe [J]. Environment and behavior, 1983, 15 (3): 333-354.

③ Axelrod L J, Mcdaniels T, Slovic P. Perceptions of ecological risk from natural hazards [J]. Journal of risk research, 1999, 2 (1): 31-53.

气泄漏爆炸等风险关注度提高，对网络游戏沉迷、干旱、环境污染等风险关注度下降。① 黎祝龄等研究发现，教育程度较低的年长女性相比年轻的、教育程度较高的男性感知到更多环境风险。② 林奎斯特（Lindquist）和杜克（Duke）关于犯罪受害风险的研究表明，虽然实际数据统计显示老年人遭受犯罪受害的比例低于其他年龄组，但在实验中老年人感知的犯罪受害风险却高于其他年龄组。③ 可见，年龄是影响风险感知的重要因素。

种族是影响个体风险感知的重要变量。即便面对同一种风险，不同族群的风险感知存在差异。例如，有学者比较了白人与非白人对犯罪受害的风险感知。当对夜晚独处以及自己的邻居的安全性进行评估时，非白人较白人会感受到更多的风险。④⑤ 弗莱恩（Flynn）对人口统计因素进行了分析，发现性别、种族会影响人们对环境风险的感知。其中，白人女性的风险感知水平远大于男性，而在非白人中则不成立。此外，男性白人与其他样本群体不同，感知到的环境风险更小。弗莱恩等认为，种族差异的背后是更深层次的社会政治和文化因素影响。社会政治因素如权利、地位、异化和信任是影响人们风险感知和接受水平的重要因素。⑥

屈晓妍在研究中发现，对于不同类型的社会风险，参与者的主观社会分层认同会影响人们的风险感知。其中，"主观社会分层"是指"个人对自己在社会阶层结构中所占位置的感知"，是个体对社会阶层分化（或不平等状况）的主观意识和感受的一个重要维度。⑦

---

① 钱洁凡，孟耀斌，史培军. 北京城市居民风险认知状况调查 [J]. 中国减灾，2009，（12）：26-27.

② Chuk-ling Lai, Tao J. Perception of environmental hazards in Hong Kong Chinese [J]. Risk analysis，2003，23（4）：669-684.

③ Lindquist J H, Duke J M. The elderly victim at risk：explaining the fear-victimization paradox [J]. Criminology，1982，20（1）：115-126.

④ Kanan J W, Pruitt M V. Modeling fear of crime and perceived victimization risk：the（in）significance of neighborhood integration [J]. Sociological inquiry，2002，72（4）：527-548.

⑤ Rountree P W, Land K C. Perceived risk versus fear of crime：empirical evidence of conceptually distinct reactions in survey data [J]. Social forces，1996，74（4）：1353-1376.

⑥ Flynn J, Slovic P, Mertz C K. Gender, race, and perception of environmental health risks [J]. Risk analysis，1994，14（6）：1101-1108.

⑦ 屈晓妍. 互联网使用与公众的社会风险感知 [J]. 新闻与传播评论，2011，（00）：208-220+223+236-237.

除上述所总结的一些人口统计变量外，个人对风险的主观认知偏差、个体动机、风险经历等个人因素也会影响人们对风险的感知。例如，媒介素养会影响人们对于媒介内容的记忆。[1][2][3] 因为媒介素养高的个体在接收到新闻信息之后，对信息的思考、理解和掌握程度会更高。此外，媒介素养更高的个体，其感知到的收益也会大于风险，具有不同媒介素养的受众对信息的处理能力也会不同，因此即使是相同的新闻报道，其影响也是因人而异的。[4]

3. 社会信任

信任被证实是影响风险感知的众多因素之一。研究发现，当人们缺乏对风险的相关知识时，对相关权威机构及专家的信任会影响人们对风险的感知；而对于人们比较了解的风险，信任和感知之间则没有显著的相关关系。[5][6] 布朗夫曼等人在智利开展了一项实证研究，对监管机构的信任、公众的风险感知、公众的收益感知以及公众对科技和环境风险的可接受度四个变量之间的关系进行了分析。

西格里斯特（Siegrist）、古特舍尔（Gutscher）等就一般信任（general trust）与风险感知进行了研究。一般信任是指可以依赖其他人的信念。研究证明，一般信任程度越高，人们对风险的感知越小。[7] 提尤恩·特普斯

① Eveland W P. News information processing as mediator of the relationship between motivations and political knowledge [J]. Journalism & mass communication quarterly, 2002, 79 (1): 26-40.

② Eveland W P. The cognitive mediation model of learning from the news evidence from nonelection, off-year election, and presidential election contexts [J]. Communication research, 2001, 28 (5): 571-601.

③ Eveland W P, Shah D V, Kwak N. Assessing causality in the cognitive mediation model: a panel study of motivations, information processing, and learning during campaign 2000 [J]. Communication research, 2003, 30 (4): 359-386.

④ Ho S S, Scheufele D A, Corley E A. Factors influencing public risk - benefit considerations of nanotechnology: assessing the effects of mass media, interpersonal communication, and elaborative processing [J]. Public understanding of science, 2013, 22 (5): 606-623.

⑤ Siegrist M, Cvetkovich G. Perception of hazards: the role of social trust and knowledge [J]. Risk analysis, 2000, 20 (5): 713-720.

⑥ Huijts N M A, Midden C J H, Meijnders A L. Social acceptance of carbon dioxide storage [J]. Energy policy, 2007, 35 (5): 2780-2789.

⑦ Siegrist M, Gutscher H, Earle T C. Perception of risk: the influence of general trust, and general confidence [J]. Journal of risk research, 2005, 8 (2): 145-156.

特拉（Teun Terpstra）在研究中发现，对公共防洪措施较高的信任度会减少人们感知到的洪水灾难的可能性，从认知路径上（cognitive route）阻碍了他们采取防汛准备的意图。此外，信任同样会减少人们对洪灾的恐惧，从情感路径上（affective route）阻碍了他们采取防汛准备的意图。[1] 怀特（White）和艾瑟（Eiser）在对边际信任与风险感知的研究中发现，人们更加信任那些对风险比较谨慎的决策者。决策者分享关于事件的信息，提高事件的透明度会更容易获得公众的信任。此外，决策者承认偶尔作出的错误的决策反而会让公众觉得他们更值得信任，因为决策者对公众保持诚实，公众是可以接受专家和决策者偶尔判断失误的。[2] 由此可以看出信任对于人们的风险感知的重要性和管理者进行风险沟通和风险管理的重要性。

4. 主客体环境

斯洛维奇曾以"水波中央的石头"为喻，来详尽地阐述作为一种信号的风险条目。斯洛维奇提出鄰鄰水波的深浅与范围既依赖于风险事情自身的特征（比如危险的大小、形式、性质等），也依赖在水波扩散的时候，人们得知有关信息的方式与途径，这属于风险沟通与风险感知要分析的范畴。[3]

风险信息的传播途径和信息内容的展示方式均会对公众的风险感知产生不小的作用，在进行大规模的风险沟通时，媒介的作用尤其重要。[4] 需要注意的是，不同类型媒介的风险沟通效果不同，例如谢晓非等对比电视与互联网风险传播效果，发现受试观看电视感知到的风险水平远高于互联网渠道。[5]

风险信息内容表征方式影响风险感知。信息内容表征方式指用何种框

[1] Terpstra T. Emotions, trust, and perceived risk: Affective and cognitive routes to flood prepared-ness behavior [J]. Risk analysis, 2011, 31 (10): 1658-1675.

[2] White M P, Eiser J R. Marginal trust in risk managers: building and losing trust following deci-sions under uncertainty [J]. Risk analysis, 2006, 26 (5): 1187-1203.

[3] 刘金平，黄宏强，周广亚. 城市居民风险感知结构研究 [J]. 心理科学，2006, 29 (6): 1439-1441.

[4] Wiegman O, Gutteling J M. Risk appraisal and risk communication: some empirical data from the Netherlands reviewed [J]. Basic and applied psychology, 1995, 16 (1, 2): 227-249.

[5] 谢晓非，于清源. 怎样会让我们感觉更危险——风险沟通渠道分析 [J]，心理学报，2008, 40 (4): 456-465.

架报道以及是否使用图片。描述风险的典型框架是收益/损失框架。特维斯基和卡尼曼发现，风险问题被表达为"收益"或是表达为"损失"，这两种不同情况会引起公众不同的反应；当风险被表达为"收益"时，人们一般会回避风险；而表达为"损失"时，人们一般会尝试风险。[①]

除了主体和客体因素会影响人们对风险的感知水平外，更多宏观的因素诸如政治和文化的影响在这一过程中也扮演着重要角色，很大程度上左右着公众风险感知。例如，谢晓非、谢冬梅研究了"非典"事件中人们的风险感知情况，人们的主观自愿、跟风行为等会或多或少影响公众的态度和感觉进而影响风险感知情况。[②]

在新技术风险中，组织信赖是非常重要的社会影响变量。通常情况下，现代社会中人们是通过第二手信息获得技术风险的相关信息的，而不都是通过亲身经验，因此人们对技术风险的感知大多是基于人们得到风险消息的组织机构的可靠性和权威性。

通过对国内外研究成果的回顾，可以得出结论：风险的多元类型、风险人格特征和风险受众的特性共同作用于风险感知。这些因素并不单独发生作用，而是相互交织、融合，使得个体对风险的感知在不同因素共同作用的张力下不断发生变化。接下来，本章将会通过实例来详析风险感知测量方法，分析社交媒体时代风险感知媒介作用机制。

二 不同类型环境风险的感知

为了探究环境风险类型与风险感知的相关性，本部分以大学生为研究对象，用风险感知的心理测量范式研究新科技风险、有害物质风险和自然灾害风险三类环境风险的公众风险感知差异。

（一）研究设计

当人们面对环境风险时会形成关于这一风险的感知，人们对风险的接收、解读和决策常常依靠风险感知。在实际的生活中，即便面对同样的风

---

① Tversky A，Kahneman D. 1982. The framing of decisions and the psychology of choice ［J］. Science，1981，（211）：453-458.

② 谢晓非，谢冬梅. SARS 危机由公众理性特征初探 ［J］. 管理评论，2003，15（4）：6-12+63.

险事件，不同的人也会有不同的感知，进而表现出不同的风险决策行为。媒体报道是人们了解环境风险最重要的渠道之一，也是管理者与公众进行风险沟通的重要手段。媒体对报道题材的筛选、报道框架以及报道形式等的选择，理论上都会影响人们对风险的感知。

立足于以上的研究背景，本研究将采用环境风险感知的经典研究方法——心理测量范式进行风险感知测量，本研究的核心问题有二：①不同类型的风险有怎样的差异化风险认知？②媒介如何影响风险感知？

如前所述，年龄、教育程度、种族、职业、收入等人口统计学变量显著影响风险感知。为了控制人口统计学变量，更好聚焦于研究变量，样本对象选取了武汉大学生这一群体。这是因为大学生样本具有一定的同质性，可以排除可能影响风险感知的某些个人因素，比如教育水平、职业、收入、年龄等，所以更利于找出不同类型环境风险感知差异的影响因素以及作用机制。

为了避免受试对新科技风险、有害物质风险和自然灾害风险三类环境风险的理解出现模糊不清的问题，在设计问卷时，笔者将雾霾、地震和转基因三个具体风险作为有害物质风险、自然灾害风险和新科技风险的代表。

研究问题之一是测量大学生对不同类型环境风险事件的感知差异。具体来说，包括以下三个研究内容：①通过对问卷数据进行描述性统计分析，研究了解公众的风险背景，包括风险经历、知识水平、关注度、对三类环境风险感知大小的差异。②利用因子分析法，分别找出三类风险的维度可以提取的因子，从而总结出可以解释风险感知的因子模型。③运用相关分析找出影响三类环境风险感知水平差异的主要因素以及影响因素间的联系。

研究问题之二是对媒介、情绪与风险感知三者之间的关系进行研究。具体包含以下研究内容：①分析大学生对不同类型环境风险的感知水平以及感知结构。②分析大学生使用媒介的特点及接触环境风险新闻的情况等。③探究大学生媒介使用、媒体报道引发的情绪对环境风险感知的影响，以及二者之间的关系。

本研究以定量的问卷调查为主，研究所用的测量条目是在前人的研究成果基础上，将其归纳、提炼、修改为适合本研究的提问条目。本研究对小样本进行试调查和访谈，根据调查结果与访谈意见对问卷的提问和答案进行删除和修正。经过四次测试，最终确定正式调查问卷。选取 6 所武汉高校作为问卷发放对象，通过问卷调查的方式获取样本数据。最后采用SPSS21.0 对数据进行描述性统计分析、相关分析、因子分析以及多元回归分析等。

问卷设计主要包括了人口统计学因素、媒体使用情况、风险经历和风险感知评价四个部分，具体设计可见表 4-1。

表 4-1　问卷设计

问卷内容	变量设计
人口统计学因素	性别、专业、年级、城乡
媒体使用情况	浏览新闻的方式：传统媒体还是互联网新闻
	获取新闻的最常用渠道：①微信、QQ 等新闻推送；②微信公众号订阅、Zaker 等个人化阅读；③网易新闻、今日头条等国内新闻客户端；④微博、人人网、QQ 空间等社交应用类；⑤果壳、知乎等专业化资讯
	媒体信任：1＝非常相信，5＝非常不可信
	感知到的媒体报道数量：1＝非常多，5＝非常少
	最关注媒体的哪些方面报道：①风险发生、发展情况；②科学知识；③产生原因；④谁该负责；⑤影响与后果；⑥政府作为；⑦解决方法；⑧风险事件与道德伦理等
风险经历	有无风险的直接经历：0＝无，1＝有
	对这些风险的了解程度：1＝非常了解，5＝非常不了解
	三类环境风险关注程度：1＝非常关注，5＝非常不关注
风险感知评价（整体感知、各项风险感知）	你认为该风险在中国严重吗：1＝非常严重，5＝一点不严重
	自愿性：人们是自愿置身于这一风险情境吗？（1＝完全自愿，5＝完全不自愿）
	科学已知性：目前科学上对以下风险的了解程度怎样？（1＝非常了解，5＝非常不了解）
	公众的风险知识：置身于这些危险的人对环境危险的了解程度怎样？（1＝非常了解，5＝非常不了解）
	可怕性：当想到这些环境风险时，直觉上的感觉是？（1＝非常冷静，5＝非常害怕）
	后果严重性：你认为这些风险的影响是致命的吗？（1＝不会致命，5＝一定会致命）

续表

问卷内容	变量设计
风险感知评价 （整体感知、各项风险感知）	灾难性：你认为这些风险的后果是灾难性的（一次造成大规模的人员伤亡）还是非灾难性的（少数或不造成人员伤亡）？（1＝非灾难性，5＝极度灾难性）
	后果的及时性：你认为这些风险的后果是会迅速显现还是会延迟显现？（1＝非常慢，5＝非常迅速）
	风险的新/旧：这些风险是新出现的还是老的、熟悉的？（1＝非常熟悉，5＝非常新）
	暴露在风险中的人数：中国有多少人暴露在该风险中？（1＝非常多，5＝非常少）
	风险是否可见：该类危险的影响/后果是有可能被观察到的吗？（1＝非常可见的，5＝不可见的）

被试分别来自华中科技大学、中国地质大学（武汉）、华中农业大学、江汉大学、文华学院和华中师范大学（传媒学院）等6所院校，覆盖了"一本""二本""三本"三个层次，既包括了综合性的大学，也包括了以特定学科专业为特色的大学。在抽样时，采用分层抽样与简单随机抽样结合的方法，以班级为单位，选取各高校综合教学楼发放问卷，在控制样本性别、年级、专业比例等的同时，随机抽取班级发放问卷。

华中科技大学共发放问卷245份，中国地质大学（武汉）发放问卷100份，其余每所学校随机抽取班级共发放120份问卷。6所学校共发放问卷825份，回收有效问卷731份，有效率为88.6%。样本中男女、户籍比例分布见表4-2。

表 4-2　6 所学校样本中男女、户籍比例分布

单位：人，%

		性别		户籍	
		男	女	城镇	农村
华中科技大学	计数	145	79	134	90
	占比	64.7	35.3	59.8	40.2
中国地质大学（武汉）	计数	47	37	44	40
	占比	56.0	44.0	52.4	47.6

续表

		性别		户籍	
		男	女	城镇	农村
华中农业大学	计数	51	50	54	47
	占比	50.5	49.5	53.5	46.5
江汉大学	计数	42	65	47	60
	占比	39.3	60.7	43.9	56.1
文华学院	计数	37	71	48	60
	占比	34.3	65.7	44.4	55.6
华中师范大学（传媒学院）	计数	26	81	77	30
	占比	24.3	75.7	72.0	28.0
合计	计数	348	383	404	327
	占比	47.6	52.4	55.3	44.7

　　在性别分布上，男生有 348 人，占比为 47.6%；女生有 383 人，占比为 52.4%。其中华中科技大学男生较多，占比为 64.7%；华中师范大学传媒学院女生较多，占比为 75.7%；其他学校男女比例相对均衡。从总体来看，男女比例比较接近，分布比较合理。在户籍分布方面，城镇人口有 404 人，占比为 55.3%；农村人口有 327 人，占比为 44.7%。除华中师范大学（传媒学院）外，其余学校城镇和农村人口比例都比较均衡。

　　在年级方面，被试主要是本科生（也是本研究的目标群体），且大一、大二学生居多。因为问卷均在各高校教学楼随机抽取的课堂上进行发放，而高年级学生均已无课或课较少，所以高年级学生所占比例也相对较小。样本年级分布见表 4-3。总体来说，93.8% 的样本为本科生，其中大一、大二学生相对较多，分别占比 31.6% 和 35.8%。此外，样本还涉及少数研究生，占比为 6.2%。总体来说，样本的年级分布符合本研究的要求和预设。

表 4-3　样本年级分布比例

单位：份，%

		问卷数	百分比	有效百分比	累计有效百分比
年级	大一	231	31.6	31.6	31.6
	大二	261	35.7	35.8	67.4

续表

		问卷数	百分比	有效百分比	累计有效百分比
年级	大三	134	18.3	18.4	85.8
	大四/大五	59	8.1	8.1	93.8
	研究生	40	5.5	5.5	99.3
	博士生	5	0.7	0.7	100.0
	合计	730	99.9	100.0	
缺失	未填该选项	1	0.1		
合计		731	100.0		

注：因四舍五入，对部分数据进行了修正。

根据我国现行的 12 个学科门类，问卷对专业进行调查，除历史学专业外，其他专业均有样本分布。其中，样本主要集中在文学、工学、管理学三类学科，有效百分比分别为 32.2%、27.2%、11.0%，其他学科（不包括历史学）有效百分比较小（见表 4-4）。

表 4-4　样本专业分布比例

单位：份，%

		问卷数	百分比	有效百分比	累计百分比
专业	哲学	5	0.7	0.7	0.7
	经济学	18	2.5	2.5	3.2
	法学	24	3.3	3.3	6.6
	教育学	24	3.3	3.3	9.9
	文学	231	31.6	32.2	42.1
	理学	64	8.8	8.9	51.0
	工学	195	26.7	27.2	78.2
	农学	49	6.7	6.8	85.1
	医学	27	3.7	3.8	88.8
	军事学	1	0.1	0.1	89.0
	管理学	79	10.8	11.0	100.0
	合计	717	98.1	100.0	
缺失	未填写该表项	14	1.9		
合计		731	100.0		

注：因四舍五入，对部分数据进行了修正。

（二）风险经历、风险知识与风险关注

1. 风险经历

个体关于风险的经历与记忆会影响他们对于风险的感知。77.7%的受访者经历过雾霾，34.7%的样本经历（遇到）过转基因食品问题，26.1%的个体有过地震经历，另有13.7%的受访者表示三种风险都未经历过（见表4-5）。

表4-5　风险经历分布比例

单位：次，%

		N	百分比	个案百分比
风险经历 （多选）	转基因食品	254	22.8	34.7
	雾霾	568	51.0	77.7
	地震	191	17.2	26.1
	无风险经历	100	9.0	13.7
总计		1113	100.0	152.2

2. 风险知识及关注度

过往经验、媒体接触等内外部途径都会影响个体认知风险的路径与方式，进而影响个体应对风险的方式。问卷结果显示，被调查者对于有害物质类风险——雾霾的了解程度最高，其次是自然灾害类风险——地震，最低的是新科技风险——转基因，三者的李克特五分量表平均值分别是3.48、3.36、2.94。由此可知对于以雾霾为代表的有害物质风险与以地震为代表的自然灾害风险，受访者都比较了解；而对于新科技风险了解程度较低，为一般了解。

在是否关注这三类环境风险方面，统计结果显示，受访者对有害物质类——雾霾关注度最高（均值＝2.20），对自然灾害类——地震关注度次之（均值＝2.80），对新科技类——转基因的关注度最低（均值＝3.10）。其中，有害物质类——雾霾与民众的日常生活最为密切，也最受关注。

3. 三类风险的媒体报道量

关于媒体对于三类风险报道的数量，被调查者认为有害物质类的报道量比较多（均值＝3.83），自然灾害类的报道量一般（均值＝3.24），而新科技转基因的报道量比较少（均值＝2.95），这与被调查者对于三类的风

险知识水平是一致的。

这反映了现实的社会环境，也反映了媒体对于三类风险报道的真实情况：随着工业发展，雾霾现象频发，武汉市就是雾霾常发地之一，媒体对雾霾的报道也随之增加。而地震是突发自然灾害，具有偶然性、非常态性的特征，地震发生的时间段，媒体会进行集中报道，但整体报道量一般。新技术风险含有很多专业知识，所以不太适合所有媒体的报道，而且对于本文选择的转基因风险对人类的利弊，科学上一直没有给出确切回答，媒体多是在当转基因与话题并存时参与报道，因此主流媒体关于转基因的报道量不多。

4. 风险关注度与报道数量、风险知识的相关性

根据上文的描述，我们发现被调查者对于三类风险的知识、关注度和报道量的感知呈现一样的规律，所以猜测三者具有一定相关性。通过 Pearson 卡方检验可知，转基因的媒体报道量与对转基因的关注度呈现显著相关性（相关系数 = 0.170**，p = 0.00 < 0.01），即媒体报道数量越多，受访者对新科技风险转基因越关注；转基因的媒体报道量与对转基因的了解呈现显著相关性（相关系数 = 0.198**，p = 0.00 < 0.01），即媒体报道数量越多，受访者对转基因越了解。与此同时，对转基因的关注度与对转基因的了解也具有显著相关性（相关系数 = 0.316**，p = 0.00 < 0.01），即对新科技类转基因越关注，就对新科技类转基因越了解（见表 4-6）。

表 4-6　风险关注度与报道数量、风险知识的相关性分析

变量	报道数量——转基因	风险关注——转基因	风险了解——转基因
报道数量——转基因	1		
风险关注——转基因	0.170**	1	
风险了解——转基因	0.198**	0.316**	1

注：** 代表在 5% 的统计水平上显著相关。

对于雾霾和地震，媒体的报道量、风险关注度和对风险知识的卡方分析结果显示，两两之间呈现显著相关性。所以，三类环境风险中，媒体报道量、风险关注度和风险知识呈现了相关关系，即媒体报道量越多，民众越关注，也越了解相应风险。那么，对于新科技风险、有害物质风险和自然灾害风险这三类不同环境风险，风险受众关注媒体哪方面报道呢？

5. 最关注的媒体风险报道内容

研究发现，对于不同类型环境风险，大学生关注媒体报道内容不同。具体而言，对于新科技风险，大学生最关注的从高到低依次是相关科学知识、发生发展情况、影响、产生的原因；对于有害物质类，大学生最关注的依次是产生的原因、解决方法、政府作为、发生发展情况；对于自然灾害，大学生最关注的依次是发生发展情况、政府作为、影响和解决方法。

那么，为什么人们对于不同类型风险，期望从媒体获取的信息会有不同侧重点呢？这或许可以在社会文化背景中找到解释。对于新科技的转基因，目前科学界也没有定论，社会上对其议论纷纷，有用性和潜在的风险并存，利弊难以分辨清楚，因此风险受众期待得到关于转基因更多的、权威的科学知识以消除不确定性。对于有害物质雾霾，它威胁着人们的日常生活和身体健康，公众最关心的就是雾霾产生的原因以及政府如何治理雾霾。对于自然灾害类地震，它具有突发性，转瞬间可能造成巨大的人员伤亡和财产损失，所以公众对其最关注的还是地震发生时现场的情况是怎样的、造成多大的伤害、政府是如何救援的。对于不同类型风险，风险受众对媒体报道内容的关注存在差异，这其实也为媒体进行有效风险沟通提供了参考。

（三）三类风险感知水平差异

研究结果表明，人们对新科技风险、有害物质风险和自然灾害风险这三类环境风险的感知存在显著差异。具体而言，大学生受试者对有害物质风险感知最高，其次是对新科技类风险的感知，风险感知最低的是自然灾害风险。这一结果也与前人的成果相吻合，即公众对自然风险感知程度低于人化风险。

经过 Friedman 检验，对三类环境风险的感知水平具有显著差异（卡方 = 778.419，df = 2，p = 0.000 < 0.01）。用 Wilcoxon 两两样本检验（见表 4-7），结果表明对有害物质和新科技的风险感知有显著差异（p = 0.00 < 0.01）；对雾霾和地震的风险感知有显著差异（p = 0.01 < 0.05）；对新科技风险和自然灾害风险的感知之间有显著差异（p = 0.00 < 0.01）。

表 4-7　雾霾、转基因、地震的两两之间的差异性分析

	严重性——雾霾和 严重性——转基因	严重性——地震和 严重性——转基因	严重性——地震和 严重性——雾霾
Z	−20.767b	−2.590c	−20.850c
渐近显著性（双侧）	0.000	0.010	0.000

为了了解公众对不同风险特征的感知程度，本研究还调查和对比了研究对象在不同风险维度上对三类风险的感知，发现三类环境问题在不同危险维度上的感知水平也有所不同。首先，在可怕性、致命性、灾难性层面上，对自然灾害风险的感知水平显著高于有害物质和新科技风险；在新/旧维度上，三类风险的感知水平没有显著差异，处于较熟悉水平；在可控性维度上，自然灾害风险最不可控，有害物质风险次之，新科技风险最可控；在科学已知维度上，三类风险的感知都较高，说明这三类风险对于大学生而言，在科学上已知程度较高；在公众了解维度上，新科技风险显著低于其他两类风险，公众对其不太了解；在后果可见维度上，新科技风险最不可见；有害物质风险的影响人数感知程度显著高于其他两类，自然灾害风险次之，新科技风险最低；在效果及时性感知中，地震风险感知最明显，显著区别于其他两类。

由此可知，有害物质风险被感知为科学上和公众都比较了解的风险，但是影响人群非常多，比较不可控，后果较延迟，它成为三类风险中被感知为最高的风险，可能的原因是：一是有害物质风险与公众的身心健康、日常生活最密切相关，因此最受关注，这在前文的风险关注结果中得到了证实；二是媒体关于这类环境问题的强调，可能会强化民众的感知；三是特定认知方式的差异说明了媒体的作用。由于公众常常接触到很多的有害物质风险雾霾相关的新闻，这使得公众很容易从记忆里调动这类新闻，因此对雾霾的风险感知更高。

新科技风险被感知为在科学上公众相对不那么了解、相对较可控，但是效果显现较缓慢且后果不可见。这就意味着转基因的影响和后果如何，目前公众较少感知，这加剧了公众的恐惧感。公众对于新科技的知识不可能通过亲身实践获得，多是通过媒体的报道获得，而媒体对于转基因的评

价有好有坏也使得公众对转基因无法判断，便会有"宁可信其有，不可信其无"的心态，因而使得对转基因的风险感知水平较高。

自然灾害被感知为科学上比较了解的、旧的风险，但是公众对其比较恐惧，因为它属于不可抗力，最不可控，后果致命性和灾难性最高。它的整体风险感知水平在三类中最低，这也与自然灾害的出现频次不高、受地震危害的地区和人群有区域局限性有关。

（四）三类环境风险的风险人格

为了检验三类环境风险的特征异同，研究采用因子分析技术对三类风险特征进行画像。因子分析技术的思路是从变量群中提取共性因子，我们对三类环境风险分别作因子分析。

1. 新科技风险

将问卷调查中涉及新科技类风险特征的下列指标（科学了解、公众了解、可怕性、可控性、致命性、灾难性）进行因子分析。经过检验，Bartlett 结果显著（$X^2 = 434.786$，$p = 0.000$），KMO 测度值为 0.664>0.6，表明可进行因子分析。借助主要成分统计和方差最大化旋转，观察它的碎石图和诠释方差百分比例，得到两个因子，两个因子解释了总方差的 52.461%，意味着上述因子能较好代表原始数据的变异性。

根据旋转成分矩阵可知，因素 1 涵盖"致命性""可怕性""可控性""灾难性"指标，这四个指标均指向新科技风险的后果的负面形容，命名是"恐惧"；因素 2 涵盖"公众了解"和"科学了解"两个指标，是描述科学和公众对新科技风险的知识水平，命名是"已知"（见表 4-8）。

表 4-8　转基因的旋转成分矩阵

	成分	
	1	2
致命性——转基因	0.738	-0.031
可怕性——转基因	0.738	0.131
可控性——转基因	0.650	0.204
灾难性——转基因	0.616	-0.026
公众了解——转基因	0.037	0.771
科学了解——转基因	0.086	0.771

通过 Pearson 相关分析，因素 1 "恐惧" 与新科技风险感知水平显著相关（相关系数 = 0.313**，p = 0.000<0.01），因素 2 "已知" 与新科技风险感知水平也显著相关（相关系数 = 0.087*，p = 0.019<0.05），这意味着公众对新科技风险的后果越焦虑，对转基因的风险感知越高；对新科技危险越了解，对其风险感知就越高（见表 4-9）。

表 4-9　因素 1 和因素 2 与转基因的风险感知相关性

变量	转基因——可怕	转基因——已知	转基因——严重性
转基因——可怕	1		
转基因——已知	0.000	1	
转基因——严重性	0.313**	0.087*	1

注：**、*分别代表在 5% 和 10% 的统计水平上显著相关。

2. 有害物质风险

将问卷调查中涉及有害物质雾霾风险特征的下列指标（科学了解、公众了解、可怕性、可控性、致命性、灾难性）进行因子分析。Bartlett 结果 $X^2 = 388.081$，p = 0.000；KMO 测度值为 0.635>0.6，表明可进行因素分析。借助主要成分统计，接着进行方差最大化旋转，观察它的碎石图和诠释方差百分比例，得到两个因素，两个因子解释了总方差的 52.277%。

根据旋转成分矩阵可知，因素 1 涵盖 "致命性" "可怕性" "可控性" "灾难性"，这四个指标都是对有害物质类的后果的负面形容，将其命名为 "恐惧"；因素 2 涵盖 "公众了解" 与 "科学了解" 两个指标，是描述科学和公众对有害物质风险的知识水平，将其命名为 "已知"（见表 4-10）。

表 4-10　雾霾的旋转成分矩阵

	成分	
	1	2
致命性——雾霾	0.739	0.059
可怕性——雾霾	0.727	-0.010
可控性——雾霾	0.643	0.126

续表

	成分	
	1	2
灾难性——雾霾	0.622	-0.111
公众了解——雾霾	0.023	0.790
科学了解——雾霾	0.009	0.779

通过 Pearson 相关分析，因素 1 "恐惧" 与有害物质风险感知水平显著相关（相关系数 = 0.309**，p = 0.000<0.01），因素 2 "已知" 与有害物质风险感知水平也显著相关（相关系数 = 0.092*，p = 0.013<0.05），这意味着公众对有害物质风险影响越焦虑，对有害物质风险感知越高；对有害物质风险越了解，对其风险感知越高（见表 4-11）。

表 4-11　因素 1 和因素 2 与雾霾的风险感知相关性

变量	雾霾——可怕	雾霾——已知	雾霾——严重性
雾霾——可怕	1		
雾霾——已知	0.000	1	
雾霾——严重性	0.309**	0.092*	1

注：**、* 分别代表在5%和10%的统计水平上显著相关。

3. 自然灾害风险

将问卷调查中涉及自然灾害风险特征的下列指标 [致命性、灾难性、影响速度、新旧（出现）、自愿性、后果可见性] 进行因子分析。经过检验，Bartlett 结果 X^2 = 470.856，p = 0.000；KMO 测度值为 0.741>0.6，表明可进行因素分析。借助主要成分统计，接着进行方差最大化旋转，观察它的碎石图和诠释方差百分比例，得到两个因素，两个因子解释了总方差的 53.952%。

根据旋转成分矩阵，因素 1 涵盖 "致命性" "灾难性" "自愿性" "影响速度"，这四个指标均是对自然灾害的可怕后果的形容，将其命名为 "恐惧"；因素 2 涵盖 "新旧" 与 "后果可见性" 两个指标，是描述公众对自然灾害本身和后果的熟悉程度，将其命名为 "已知"（见图 4-12）。

表 4-12　地震的旋转成分矩阵

	成分	
	1	2
灾难性——地震	0.735	-0.017
致命性——地震	0.707	0.026
自愿性——地震	0.638	-0.218
影响速度——地震	0.638	-0.318
后果可见性——地震	-0.078	0.795
新旧——地震	-0.119	0.762

通过 Pearson 相关分析，因素 1 "恐惧"与自然灾害的风险感知水平未通过相关检验（p＝0.054＞0.05），因素 2 "已知"与自然灾害的风险感知水平也未通过相关检验（p＝0.058＞0.05）（见表 4-13）。

表 4-13　因素 1 和因素 2 与地震的风险感知的相关性

变量	地震——可怕	地震——已知	地震——严重性
地震——可怕	1		
地震——已知	0.000	1	
地震——严重性	0.054	0.058	1

注：**、*分别代表在5%和10%的统计水平上显著相关。

通过对三类环境风险进行因子分析，发现三类环境风险特征都可以提炼出风险的两个共同维度："恐惧"与"已知"。也就是说人们对于风险的"恐惧"认知，在于"已知"与"未知"之间的差距和不确定性。

但是对于三类不同的风险，每个因素所包含的指标有所不同：对于新科技风险，"恐惧"因素包含"致命性""可怕性""可控性""灾难性"四个指标，"已知"因素涵盖"科学了解"和"公众了解"两个指标。对于有害物质风险，"恐惧"因素涵盖"致命""可怕性""可控性""灾难性"四个指标，"已知"因素涵盖"科学了解"和"公众了解"两个指标。自然灾害与其他两类不同，"恐惧"因素涵盖"致命性""灾难性""自愿性""影响速度"四个指标，"已知"因素涵盖"新旧"与"后果可见性"两个指标。

本研究总结的"恐惧"和"已知"的模式与斯洛维奇等发现的经典二维度风险评价模式——"恐惧"和"未知"相似但有些不同。斯洛维奇的研究认为公众对风险直觉上愈恐惧、愈不了解,风险感知愈高。本研究发现,在三类环境风险中,对于新科技风险和有害物质风险是愈恐惧、愈了解,风险感知愈高。但"恐惧"和"已知"的模型没能解释自然灾害风险感知。

与斯洛维奇不同的是,本研究的社会背景是互联网和移动互联网蓬勃发展的时期,96.7%的调查对象通过互联网获取新闻信息。互联网的信息量大,检索方便,互动性强,使得公众可以方便地主动获取各种信息。在这一背景下,对于环境风险,越了解,风险感知就会越高。

首先,在浩瀚的互联网信息海洋里,信息良莠不齐,负面信息和谣言也充斥在网上,在面对环境风险时,公众为了"趋利避害",会主动多渠道搜寻风险的负面信息,包括影响和后果。例如,公众遇到雾霾天气,会搜索雾霾对身体的危害,然后购买防霾口罩或者干脆不出门。这或许是公众对环境危险越了解,风险感知越高的部分原因。其次,负面消息往往比正面信息"跑"得快。风险受众对于负面信息的选择性注意也会导致对于环境问题愈了解,风险感知愈高。

上述两方面的原因适用于新科技风险和有害物质风险,是因为这两类风险的可控性较高,公众可以采取相应的措施,让自己尽量少地受到风险的影响。但是对于可控性很低的自然灾害,公众能做的很少,因此"未知"和"恐惧"模型未能解释自然灾害风险。

(五) 影响环境风险感知的因素

本部分实证研究风险关注、风险知识、风险经历、人口统计学特征对风险感知的影响。三类环境风险依次分开做分析。

1. 新科技风险

(1) 风险关注、风险知识对风险感知的影响

研究首先使用 Spearman 检验来判别风险关注度、风险知识对新科技风险感知是否存在影响。结果表明,风险关注度与新科技风险感知显著关联(相关系数 = 0.237**,p = 0.00<0.01),即对新科技风险关注度越高,公众认为新科技的风险越高。其次,风险知识与新科技风险感知显著相关(相

关系数 = 0.096**，p = 0.009 < 0.01），即对新科技风险的知识了解得越多，公众越倾向于认为转基因风险的程度高（见表 4-14）。

表 4-14　风险关注度、风险知识对新科技风险感知的影响

变量	严重性——转基因	风险了解——转基因	风险关注——转基因
严重性——转基因	1		
风险了解——转基因	0.096**	1	
风险关注——转基因	0.237**	0.322**	1

注：**、*分别代表在 5% 和 10% 的统计水平上显著相关。

（2）风险经历对风险感知的影响

采用 Pearson 卡方检验来判别风险经历对新科技风险转基因的风险感知的影响。研究结果显示，在未经历过此风险的受访者中，54% 的人认为转基因的风险一般严重；在有此风险经历的人中，43% 的认为转基因的风险较严重。从均值看，经历过转基因风险的群体的风险感知（M = 3.81）比没经历过此风险的群体的风险感知（M = 3.25）高。通过卡方检验，两者具有显著差异（卡方 = 78.091a，df = 4，p = 0.00 < 0.01）（见表 4-15）。

表 4-15　有无转基因风险经历的感知的均值对比

	风险经历——转基因	N	均值	标准差	均值的标准误
严重性——转基因	否	473	3.25	0.799	0.037
	是	254	3.81	0.850	0.053

（3）媒体报道量和媒体可信度对风险感知的影响

本研究使用 Pearson 检验来判别媒体报道量、媒体可信度对新科技风险感知是否存在影响。媒体报道量与新科技风险感知无显著相关性（相关系数 = 0.068，p = 0.067 > 0.05），这与媒体对新科技类风险基因的模棱两可态度有一定关系。媒体的可信度与新科技风险感知有显著相关性（相关系数 = 0.091*，p = 0.014 < 0.05），即媒体的信任度愈高，对新科技类的风险感知水平愈高（见表 4-16）。

表 4-16 报道量、媒体可信度与转基因的风险感知的相关性

变量	严重性——转基因	报道数量——转基因	可信度——转基因
严重性——转基因	1		
报道数量——转基因	0.068	1	
可信度——转基因	0.091*	0.098**	1

注：**、*分别代表在 5%和 10%的统计水平上显著相关。

（4）人口统计学特征对感知的影响

本研究采用 Pearson 卡方检验来判别性别、专业、户籍对新科技风险感知的影响。调查结果显示，性别与新科技风险转基因的风险感知显著相关（卡方 = 18.956，df = 4，p = 0.001<0.01），女生对新科技风险转基因的风险感知程度大于男生，两者的均值分别是 3.52、3.37。

专业与新科技类的风险感知显著相关（卡方 = 56.763，df = 40，p = 0.041<0.05）。来自城镇和农村的学生对新科技风险感知水平差异非常小，均值分别是 3.46 和 3.43。

2. 有害物质风险感知的影响因素

（1）风险关注、风险知识对感知的影响

本研究首先使用 Spearman 检验来判别风险关注、风险知识对有害物质风险的感知是否存在影响。风险关注度与有害物质风险的感知呈显著相关（相关系数 = 0.247**，p = 0.00<0.01），即对有害物质风险的关注度越高，越倾向于认为有害物质类的风险高。其次，风险知识与有害物质风险的感知显著相关（相关系数 = 0.197**，p = 0.00<0.01），即对有害物质风险的知识了解得越多，越倾向于认为有害物质的风险高（见表 4-17）。

表 4-17 风险关注度、风险知识对有害物质风险感知的影响

变量	严重性——雾霾	风险了解——雾霾	风险关注——雾霾
严重性——雾霾	1		
风险了解——雾霾	0.197**	1	
风险关注——雾霾	0.247**	0.358**	1

注：**、*分别代表在 5%和 10%的统计水平上显著相关。

（2）风险经历对风险感知的影响

本研究采用 Pearson 卡方检验，来判别风险经历对有害物质风险感知的影响。结果显示 78%受试都经历过雾霾。通过卡方检验，经历过雾霾的与没经历过雾霾的人对雾霾风险感知有显著差异（卡方 = 10.388，df = 4，p = 0.034<0.05），且经历过雾霾的受访者，风险感知水平（M = 4.61）比没有雾霾经历的受访者的风险感知水平高（M = 4.47）。

（3）媒体报道量和媒体可信度对风险感知的影响

本研究使用 Pearson 检验来判别媒体报道量、媒体可信度对有害物质风险感知是否存在显著差异。媒体报道量与雾霾的风险感知有显著相关性（相关系数 = 0.135**，p = 0.000<0.01），即媒体报道量越多，受访者的雾霾风险感知水平越高。媒体可信度与雾霾的风险感知显著相关（相关系数 = 0.077*，p = 0.037<0.05），即媒体信任度愈高，受访者对于雾霾的风险感知水平愈高（见表 4-18）。

表 4-18　媒体报道量、媒体可信度与雾霾的风险感知的相关性

变量	严重性——雾霾	报道数量——雾霾	可信度——雾霾
严重性——雾霾	1		
报道数量——雾霾	0.135**	1	
可信度——雾霾	0.077*	0.190**	1

注：**、*分别代表在 5%和 10%的统计水平上显著相关。

（4）人口统计变量对感知的影响

本研究采用 Pearson 卡方检验，来判别性别、专业、户籍对有害物质风险感知的影响。调查结果显示，性别与雾霾的风险感知不存在相关性（卡方 = 4.211，df = 4，p = 0.378>0.05）。这一结论与假设不符。可能的原因有：一是媒体全方位的报道，使得公众已经感知到它的风险和危害性，性别已经不能构成影响因素；二是有害物质雾霾影响的是公众的健康，没有研究表明女生比男生有更强的健康意识。学生来自城镇（M = 4.58）或是农村（M = 4.57）对雾霾的风险感知水平亦没有差异。

3. 自然灾害风险感知的影响因素

（1）风险关注、风险知识对感知的影响

本研究首先使用 Spearman 检验来判别风险关注度、风险知识水平对自然灾害风险感知是否存在影响。从表4-19中我们可知，风险关注度和地震的风险感知显著关联（相关系数＝0.300**，p＝0.00＜0.01），即对地震的关注度愈高，越可能认为地震的风险高。其次，风险知识与地震的风险感知显著相关（相关系数＝0.124**，p＝0.001＜0.01），即有关地震的知识知道得愈多，愈倾向于认为地震的风险大。

表4-19 风险关注度、风险知识水平对感知的影响

变量	严重性——地震	风险了解——地震	风险关注——地震
严重性——地震	1		
风险了解——地震	0.124**	1	
风险关注——地震	0.300**	0.231**	1

注：**、*分别代表在5%和10%的统计水平上显著相关。

（2）风险经历对感知的影响

本研究采用Pearson卡方检验，来判别风险经历对自然灾害风险的感知的影响。通过卡方检验，经历过地震的与没经历过地震的人对地震风险感知没有显著差异（卡方＝4.449，df＝4，p＝0.349＞0.05）。这与普遍的认知有偏差，我们曾普遍认为有过地震经历的人，地震的场景和严重的后果会给其留下深刻的印象，从而会比没有经历过地震的人更可能认为地震风险严重。但本研究却显示地震经历对风险感知没有显著影响。

（3）媒体报道量和媒体可信度对感知的影响

本研究使用Pearson检验来判别不同媒体报道量、媒体可信度对自然灾害风险的感知是否存在显著差异。从表4-20中我们可知，媒体报道量和地震的风险感知有显著联系（相关系数＝0.235**，p＝0.000＜0.01），即媒体报道量愈多，受访者的地震风险感知愈高；媒体可信度与地震的风险感知显著相关（相关系数＝0.083*，p＝0.024＜0.05），即媒体可信度越高，受访者的地震风险感知越高。

表 4-20 媒体报道量和媒体可信度对感知的影响

变量	严重性——地震	报道数量——地震	可信度——地震
严重性——地震	1		
报道数量——地震	0.235 **	1	
可信度——地震	0.083 *	0.168 **	1

注：** 、* 分别代表在 5% 和 10% 的统计水平上显著相关。

（4）人口统计变量对感知的影响

本研究采用 Pearson 卡方检验，来判别性别、专业、户籍对自然灾害风险的感知的影响。调查结果显示，性别和地震的风险感知具有显著关联性（卡方值 = 18.868，df = 4，p = 0.001 < 0.01），且女生对地震的风险感知高于男生，两者的均值分别是 3.45 和 3.24，即女生相较于男生，更加倾向于认为地震风险严重（见表 4-21）。

表 4-21 性别对感知的影响

	组统计量			
	性别	N	均值	标准差	均值的标准
严重性——地震	男	348	3.24	0.867	0.046
	女	383	3.45	0.767	0.039

同样地，无论来自城镇还是农村的受试，对于自然灾难的风险感知水平差异很小（见表 4-22）。

表 4-22 地域对感知的影响

	户籍所在地	N	均值	标准差	均值的标准误
严重性——地震	城镇	411	3.33	0.806	0.040
	农村	320	3.38	0.844	0.047

三 媒介报道对于风险感知的影响

调查获得大学生的媒介使用状况：互联网是武汉市大学生获得新闻内容的首要途径（占 96.7%）。关于获取新闻的互联网渠道，使用频次最多是微信、QQ 等应用的新闻推送；微博、人人、QQ 空间等社交应用紧随其后。那么，媒介报道是否影响大学生风险感知呢？与上文提到的诸如人口统计学变量、风险类型、风险特征、风险知识和风险经历等风险受众因素相比，媒介报道如何影响风险感知？

研究采用多元回归分析技术，建立如图 4-1 研究模型，将人口统计学变量、风险类型、风险特征、媒介接触、媒介报道纳入统计模型，考察环境风险感知的影响因素，以及影响程度。研究模型创新性引入"媒介—情绪"中介变量，认为媒体报道不仅会直接影响风险感知，还会通过影响情绪间接作用于风险感知，而这种基于媒体风险报道的情绪会进一步对人的环境风险感知造成影响。

结果显示，人口统计变量、教育背景等控制变量会影响大学生环境风险感知。样本的媒介使用、媒介评价、报道框架等自变量，以及媒介—情绪中介变量均对风险感知水平产生了不同程度的影响。值得指出的是，不同类型环境风险感知的影响因素不同。同样，同种影响因素，对不同类型的环境风险感知的影响程度也不同。

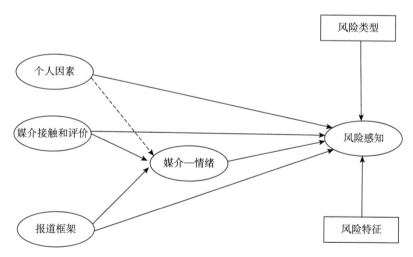

图 4-1　研究模型

研究发现，媒体报道会影响大学生的情绪，而这种由媒介引起和影响的情绪会进一步对大学生的环境风险感知造成影响。当面对未知的风险时，权威、主流媒体积极、及时、连续的报道能够有效缓解大学生的恐惧、害怕情绪，而不同媒体中矛盾的、碎片化的报道则会增加大学生对该风险的恐慌。

此外，当媒体将风险的原因归到不同的主体时，会引起大学生不同的情绪。当媒体将风险原因归于他者，如政府和企业时，会引起个体的失望、愤怒等负面情绪；而当媒体将风险归因于个人时，则会引起个体的羞愧情绪。

在各类风险感知的回归分析中，情绪进入回归方程，表明其对风险感知存在一定的影响，同时各方程中情绪变量的标准化 β 系数相较于其他系数都更大一些，说明媒介—情绪对于大学生风险感知的影响是比较大的。情绪同时会受到其他因素的影响。研究数据表明，个体的风险背景、媒介接触、媒介评价以及对新闻框架的关注和满意度都会对情绪造成影响。由此可知，媒介等变量会影响人们的情绪，而情绪又会对风险感知造成影响。

除媒介相关的变量外，研究对控制变量（人口统计变量、教育背景以及个体风险背景）与风险感知之间的关系进行了分析。结果显示，这些控制变量也在一定程度上影响着大学生的环境风险感知。整体的研究结果表明，影响人们环境风险感知的因素是多方面的，而媒体和情绪在其中扮演着重要的角色。媒体报道会直接影响人们的风险感知，同时也会通过影响个体情绪，从而间接对风险感知造成影响。

媒体是政府、企业在出现风险时与公众进行风险沟通的重要渠道，渠道、报道形式、报道内容的选择都影响着风险沟通的效果。研究表明，媒体报道与情绪会直接影响人们的风险感知，同时媒体报道也会通过情绪间接地对风险感知造成影响。研究揭示了媒体在影响人们风险感知方面的重要性。对于大学生群体，更多的是通过互联网和移动互联网接收新闻，在所有的新闻获取渠道中，微信、QQ 等主流即时通信工具中的新闻推送接受度更高。因此，在进行风险沟通时，相关主体应该根据不同群体媒介接触和使用的特点，选择不同的媒介传递风险信息。

在风险传递内容方面，研究表明，对于不同的环境风险，公众所关注的风险新闻类型也是各不相同的。因此，在面临不同的风险时，各主体也应该制定不同的风险沟通内容，迅速获知公众所关注的风险信息，以便使风险信息的传播更有效率。

此外，情绪会影响个体风险感知，许多研究表明，风险感知又会影响人们的风险决策、风险行为等。因此，风险沟通中若能准确把握公众对待风险的情绪，就能够更加及时、准确预测公众的反应和行为。媒介对情绪的影响，进一步说明合理运用媒介进行风险沟通的重要性。

第二节　新兴模式：情绪分析方法及其应用

随着网络表达的勃兴，互联网上积累的大数据成为研究的富矿。情绪和风险感知的关系受到越来越多的关注，利用大数据技术进行数据挖掘成为一种新兴趋势，网络情绪分析也逐渐应用于风险感知的测量当中，使得风险研究更加便捷化、精细化和科学化，也有效弥补了传统风险感知测量方法的缺陷。

一　大数据技术的发展与情感分析

1. 情绪与风险感知：学说与理论模型

学者们在广泛应用风险感知的心理测量范式时，发现其弊端也很明显。阿拉巴钦（Alabarracín）等在 2005 年出版的《态度手册》（*The Handbook of Attitudes*）中指出，传统的心理测量范式在风险感知测量上有两点不足，一是在风险感知中起到主要作用的"恐惧"因子的测量项往往是非情绪性的，不能准确反映真实的情绪；二是将情绪对知觉的影响简单局限在了"恐惧"中，而风险感知涉及的情绪是复杂的。[1] 基于此，情绪和风险感知的关系受到越来越多的关注。

要探讨情绪和风险感知的关系，首先需要对情绪对个体认知和判断的影响的既有研究进行溯源。

20 世纪 80 年代前，学界普遍认为个体的认知和判断是建立在理性思维的基础上的，而情绪作为与理性相悖的主观感受被视为一种消极的干扰

---

① Alabarracín D，Johnson B T. The handbook of attitudes［M］. Mahwah，NJ：Erlbaum：Psychology Press，2005：65-85.

因素。80 年代后，随着情绪的重要性逐渐被人们所认识，越来越多研究者开始正视其对认知和判断的影响，这种影响涵盖事件认知、风险概率判断、解决方法寻求等方面。

扎荣茨（Zajonc）研究发现，个体在面对外部刺激时，位于生理反应链前端的情绪往往比后端的认知产生得更快，第一时间促成初步的感知，并在之后影响信息加工。① 神经科学领域的加入推动了情绪与个体认知判断的相关研究。依据达马西奥（Damasio）的躯体标识假设（somatic marker hypothesis），个体的躯体状态与情绪紧密相关，其积极或消极的属性分别会形成激励或预警信号，能够提高风险决策准度和效率。② 需要注意的是，这两项研究都预设情绪对个体认知和判断的影响是间接的。

另有一派学者认为情绪对个体认知和判断的影响是直接的。克洛尔（Clore）等人于 1994 年提出"情绪即信息"（feeling as information），认为包括情绪在内的各种主观感受以信息线索的形式存在，不同情绪提供不同类型的信息，作为各异的信息来源直接影响人们对风险的判断。③ 芬努凯恩（Finucane）等在"情绪即信息"理论的基础上，通过实验探究了个体在面对积极或消极的风险信息语言时所产生的风险认知的差异，提出"情绪启发式"理论（affect heuristic），认为个体的情绪反应自动且迅速地发生，能启发性地引起对风险的知觉并指导风险决策。④ 这类研究将情绪处理为直接作用于风险感知的因素，探讨其具体影响。

在过往研究的基础上，勒文施泰因（Loewenstein）等于 2001 年提出"风险即情绪说"（risk as feelings），进一步强化了情绪的直接影响。该

---

① Zajonc R B. Feeling and thinking: preferences need no inference [J]. American psycholgist, 1980, 35 (2): 151-175.

② Damasio A R. The somatic marker hypothesis and the possible functions of the prefrontal cortex [J], 1996, 351 (1346): 1413-1420.

③ Clore G L, Schwarz N, Conway M. Affective causes and consequences of social information processing [M]//Wyer, R. S., Srull, T. K., eds. Handbook of social cognition. 2nd ed. New York: Psychology Press, 2014: 323-418.

④ Finucane M, Alhakami A, Slovic P, Johnson S M. The affect heuristic in judgments of risks and benefits [J]. Journal of behavioral decision making, 2000, 13: 1-17.

学说指出，当个体面对不同的风险时，所产生的情绪也不同，情绪充当一种预测变量，能够为风险决策提供预测性的指导。① 此外，他们还综合考虑了决策中的结果预期型情绪和过程预期型情绪，研究情绪反应与风险认知和判断背离或同一的情况。此后，有不少研究均支持"风险即情绪说"这一假设，它帮助解释了个体在风险决策时作出的一些行为。

有关情绪和风险感知的理论模型也逐渐浮现。博姆（Böhm）等将"风险即情绪说"的假设纳入研究，提出环境风险认知评价模型，将情绪视为风险信息和行为之间的中介。② 2001 年，霍华德（Howard）等提出一个健康威胁的自我调节模型——常识模型（Common Sense Mode），认为情绪反应是风险表征的重要组成部分，情绪的作用会渗透于个体的认知过程，影响风险感知。③ 彼得斯（Peters）等则在 2004 年首次提出情绪—风险感知模型，他们通过一项基于情绪的辐射源风险反应实验搭建了成见易感性模型，研究公众对风险事件的感知情况，结构方程模型的结果显示，个体的感知风险是负面情绪的一个函数，④ 这验证了芬努凯恩等的"情绪启发式"理论在风险领域的重要性。国内的相关研究中，孟博等人通过文献凝练、对经典风险感知测量方法的研究，总结出风险感知的理论模型，对影响因子进行分析，发现情绪因子是最重要的影响因子之一，能够造成个体风险态度的波动和差异，其中"愤怒"情绪的解释作用最显著。⑤ 近几年的研究多根据实际需要，聚焦于某一特

① Loewenstein G F, Weber E U, Hsee C K, et al. Risk as feelings [J]. Psychological bulletin, 2001, 127 (2): 267-286.

② Böhm G, Pfister H R. Action tendencies and characteristics of environmental risks [J]. Acta psychologica, 2000, 104 (3): 317-337.

③ Howard L, Elaine A. Representations, procedures, and affect in illness self-regulation: a perceptual-cognitive approach [M]. Handbook of health psychology, New Jersey: Lawrence Erlbaum Associates, 2001: 19-47.

④ Peters E M, Burraston B, Mertz C K. An emotionbased model of risk perception and stigma susceptibility: cognitive appraisals of emotion, affective reactivity, worldviews, and risk perceptions in the generation of technological stigma [J]. Risk analysis, 2004, 24 (5): 1349-1367.

⑤ 孟博，刘茂，李清水，王丽. 风险感知理论模型及影响因子分析 [J]. 中国安全科学学报，2010, 20 (10): 59-66.

定的传播领域对模型进行构建，如张卫东等针对网络虚假信息提出关于信息风险感知的理论模型，认为情绪因素具有显著的影响。①

2. 情绪测量方法：个体与社会情绪的测量

随着情绪这一风险感知的关键因素越来越被学界所关注，对风险感知的测量也从传统的心理测量范式转向关注情绪的作用。情绪测量可分为个体情绪的测量、社会情绪的测量。

（1）个体情绪的测量：内隐与外显兼具

个体情绪的测量有多种方式，外显情绪可通过自我报告、生理方式、行为表现三种手段测量，内隐情绪的测量一般参考外显情绪和内隐记忆的测量方法。②

自我报告是最常用的情绪测量方式之一，被试在制定好的标准化量表上表达对自身情绪的认知和判断，研究者收集量表结果作为情绪数据，具体方法包括单项测量的情感表格（Affect Grid）、多项测量的心境形容词量表（ISO-item Mood Adjective Check List）、多重情绪形容词量表（Multiple Affect Adjective Check List）等。自我报告法的实施较为便捷，但由于文字表达的局限性、被试者的主观意识等，其测量很难保证精确性。

生理方式的测量关注人体的生理反应，具体方法包括自主神经系统（ANS）中的皮肤电反应和心血管反应的测量、脑电测量、神经成像测量等。自主神经系统包括交感神经和副交感神经，分别起兴奋和抑制的作用，对皮肤电反应和心血管反应两个常用评估指标进行测量能够得到两种神经活动的情况，从而判断个体情绪。脑电和神经成像测量通过测量反映趋近情绪的左额皮层和反映回避情绪的右额皮层的激活程度来评估个体情绪。生理测量也存在缺陷，如实验室环境对被试者的影响、对离散情绪识别的失效等。

行为表现的测量关注个体情绪外化后的行为表征，具体方法包括声音特征测量、面部表情测量和躯体行为测量。个体正在经历的情绪会外化为

---

① 张卫东，栾碧雅，李松涛. 基于信息风险感知的网络虚假信息传播行为影响因素研究[J]. 情报理论与实践，2019，42（09）：93-98+110.

② 梁贤英，王丹，许远理. 情绪测量研究综述[J]. 黑龙江教育学院学报，2010，29（12）：74-76.

不同的声音特征（音调高低等）、面部表情（抿嘴皱眉等）和身体姿势（舒张或紧缩等）。对行为表现的测量能够科学有效地推断个体情绪。

个体情绪测量的几类方法在风险感知领域的研究中被广泛使用。为探究焦虑情绪与风险认知的关系，王锋等在北京六里屯垃圾填埋场周边村庄展开问卷调查，采用情绪量表评估民众的焦虑状况，结合风险认知的测量数据进行实证分析。[①] 工业化背景下，付辉建把目光放在安全生产风险领域，运用脑电技术测量被试观看风险相关的词语和图片时的情绪反应。[②]

（2）社会情绪的测量：数据处理与分析技术的运用

社会情绪与个体情绪不同，它指社会中的所有成员作为一个整体所表现的情绪，一般需要通过从代表性样本中收集数据来推断，其测量方法具有阶段性的变化，可分为传统的社会情绪测量和互联网时代的社会情绪测量。[③]

传统的测量方法主要包括问卷调查法和社会情绪代理指标的方法。

社会情绪的问卷调查法是从社会总体中随机抽取代表性样本发放问卷并收集数据，以此来获取整体的情绪状态。盖洛普公司的美国幸福指数（Well-being Index）是经典的民意测验问卷案例，公司每天都要在全美范围内对 1000 名以上具有不同人口统计学特征的成年人进行调查，询问内容包括一系列与消极或积极情绪有关的问题，最后对收集到的数据进行加权计算，得到幸福指数。使用问卷调查法测量社会情绪存在局限性，一是主观报告式的测量方法存在固有的准确性问题，二是为了使样本足够代表社会总体，调查方往往需要消耗大量资源来抽取相当数量的被试，并且要面临被试流失的风险。基于此，不少研究转向社会情绪代理指标的方法。

社会情绪代理指标指的是与社会情绪关联密切，能一定程度上反映社会情绪的经济、政治、文化和社会生活等方面的指标。经济方面，消费者信心指数（Consumer Confidence Index，CCI）代表了消费者对经济形势和前景的看法，是体现社会情绪最常用的指标之一。气候也是影响社会情绪

① 王锋，胡象明，刘鹏. 焦虑情绪、风险认知与邻避冲突的实证研究——以北京垃圾填埋场为例 [J]. 北京理工大学学报（社会科学版），2014，16（06）：61-67.
② 付辉建. 基于脑电信号分析的风险感知研究 [D]. 浙江大学，2016.
③ 董颖红. 微博客社会情绪的测量及其与社会风险感知和风险决策的关系 [D]. 南开大学，2015.

的重要指标，医学研究表明春分和秋分前后和冬季是抑郁症高发的时段，①温度、湿度等因素也会对人们的情绪造成影响。此外，重大社会事件等社会生活方面的因素也对情绪的测量有一定价值。可见，社会情绪代理指标并不是直接测量社会情绪，而是通过其他变量来间接估计社会情绪。这种测量方法也有自己的缺陷，具体包括：代理指标与社会情绪间的确切关联无法被确定，代理指标滞后性带来的估计误差等。

问卷调查法在社会情绪测量中出现较多。相鹏利用中国综合社会调查（CGSS）的数据，提出认知—情绪—行为的三维概念构想，探究"不安全"的风险认知对社会情绪的影响。② 社会情绪代理指标的方法则主要出现在经济领域的研究中，用于分析公共情绪和股市收益等数据的关联。

受到资源、技术等限制，传统方法很难做到准确高效地测量社会情绪。互联网时代，数据处理和分析技术已非常成熟，能够快速提取海量信息中的情绪，成为一种新兴的社会情绪测量方法。越来越多的民众成为社交网站、内容平台的用户，其观点的输出在网络中留下痕迹，是天然的情绪分析资源。情绪分析是利用自然语言处理、机器学习等技术对文本中的情绪信息进行挖掘，一般可将情绪分析分为基于情感词典的类型和基于机器学习的类型。

基于情感词典的方法。情感词典是由大量人为标注情绪类型的词汇、句子等语料构建起的关键词词典，在它的基础上根据情绪强度、方向等特征能形成情绪的分类器，以此来判别特定文本的情绪信息。研究中对情感词典的使用一般有三个类型：一是直接使用经典权威的通用词典，二是在既有词典的基础上进行拓展形成新词典，三是依据某一领域的语料搭建专用的词典。为适应网络时代词汇的新旧更替，情感词典必须实时更新来保障分析质量，这是基于情感词典的测量方法面临的一大难题。

基于机器学习的方法。机器学习主要分为两类："有监督"的情绪算法、"无监督"的情绪算法。前者需要预先建立语料库，包含已完成人工

① 金光亮，郭霞珍，苏晶，等．从抑郁症看情志活动的季节性［J］．中医杂志，1997，（07）：440-442.
② 相鹏．不安全感：空气污染的心理体验［D］．南京大学，2021.

情绪标注的训练集和测试集，通过算法建立分类模型，一般使用支持向量机、朴素贝叶斯等算法。后者无须预先建立语料库，而是通过深度学习完成对文本特征、语境和表达模式的挖掘，自动搭建分类算法，一般使用深度神经网络、卷积神经网络等。两类情绪分析方法各有优点，所以在实际研究中也经常结合使用。

基于网络技术的情感分析法凭借高效准确的优势很快成了风险感知方向的研究中最热门的情绪测量方法。董颖红将微博客的特有情绪语料纳入标准情绪词库，搭建包含快乐、悲伤等五种基本情绪和唤醒度、趋避度等四个维度的微博客专用情感词典，并采用因果检验和线性回归检验了社会情绪对社会风险感知的预测作用，发现社会情绪与风险感知有显著关系，且不同类型的情绪对风险的预测效果也不同。[1] 孙林钰针对生育风险，使用 textCNN 机器学习模型对微博近十年的生育议题文本进行情感分类并观察其变化趋势，发现社会媒体中的生育恐慌情绪会塑造人们对生育消极的风险感知，并进一步影响适龄群体的生育率。[2]

二 技术加持：基于大数据的情绪测量实操

随着技术的进步，在风险感知的测量中，除了传统的心理测量方法，大数据渐渐被使用在风险感知测量中。下文将以新冠疫情期间主流媒体的风险事件传播为研究对象，以《人民日报》微博生产的信息内容为研究文本，运用大数据，从信息的媒介丰富度、内容类别、内容情绪三个维度研究媒介信息对公众风险感知的影响。

1. 研究背景与研究问题

2020 年，新冠疫情期间谣言、假新闻等充斥在社交媒体中，严重影响了社会公众正常的生产生活和社会情绪。疫情让风险信息传播重新走入大众视野，与之前"非典"、甲流等相比，此次风险事件传播的最大特点是信息获取高度依赖互联网。海量风险信息在短时间内冲击着公众，影响着

① 董颖红.微博客社会情绪的测量及其与社会风险感知和风险决策的关系［D］.南开大学，2015.

② 孙林钰.基于文本大数据分析生育情绪对社会生育率的影响［D］.西南财经大学，2023.

公众的风险感知。

在此次疫情中，《人民日报》、新华社等主流媒体在发布权威内容、传播即时信息、缓解公众情绪上发挥了重要作用。除了传播信息，主流媒体还成了为公众提供便利的服务平台，及时辨析谣言，解答了疫情下人们关于生产生活的诸多疑惑。因此，下文聚焦主流媒体《人民日报》在社会风险事件中的内容生产，重点探究主流媒体如何通过内容生产降低公众的风险感知。

在风险事件中，主流媒体具有导向、加强风险沟通、促进社会理性的功能，在风险事件中降低公众的风险感知。媒体生产的不同内容，对公众风险感知的影响存在差异。本研究在此基础上，对主流媒体与公众风险感知的关系进行梳理，结合媒介丰富度、议程设置理论、情感启发式模型提出以下研究假设。

H1：媒介丰富度影响公众风险感知。

H2：内容类型影响公众风险感知。

H3：内容倾向影响公众风险感知。

2. 研究方法与操作

本文的研究对象选择的是《人民日报》微博官方账号发布的信息。微博是我国最大的、非封闭的、分享实时信息的社交平台，样本数量充足。《人民日报》微博粉丝量已经达到 1.45 亿人，每一条微博内容下面都至少有数百条评论。

在研究时间段选择上，由于新冠疫情持续的时间长，公众对疫情的关注度在初期是最高的，所以本研究选取的时间是新冠疫情初期，具体时间选定为 2020 年 2 月 1 日至 29 日这 29 天。2 月份是风险事件治理的关键时期，从最终结果来看，公众的风险感知有所降低。因此我们研究这段时间《人民日报》发布信息的特点，来探究主流媒体生产的内容是如何降低公众的风险感知的。

根据本研究假设所需要的数据，使用网络爬虫技术对数据进行采集。使用情感分析法、LDA 主题聚类分析、回归分析方法进行数据分析。

情感分析法指利用自然语言处理技术和文本挖掘技术，对文本信息的情感进行分析，得到文本的情感分数，判断文本的情感倾向。情感分析分为三个步骤：构建情感字典、构建倾向性计算算法、确定阈值以判断文本倾向。由于情感字典的构建对算法要求较高，需要投入大量人力物力，所以本研究使用科大讯飞提供的接口辅助分析，对《人民日报》发布的信息、《人民日报》特定微博下的评论内容进行情感分析，得出它们的情感系数。

LDA 主题聚类分析是一种文档主题生成模型，包含词、主题和文档结构三层。生成模型是假设文章中的每一个词，都是某个主题以一定概率选择的，同样每个主题都是以一定概率被文章选择。文档到主题、主题到词遵循多项式分布。LDA 可用于识别大量文档或语料库中的基础主题信息，预测精度高，可以处理各种类型的数据。本研究借助 LDA 主题聚类对《人民日报》生产的信息内容进行分类。

本研究中的数据来自《人民日报》新浪微博账号。此账号在 2020 年 2 月 1 日至 29 日发布与新冠疫情相关的信息 2239 条。同时还将微博内容所包含的视频、图片的 URL 一并抓取，作为判断媒介丰富度的依据。本研究将 2239 条微博内容进行编码，以 3 为基准数值，22 为间隔，依次抽取编号为 3、25、47……2203、2225 共计 102 条微博内容，并对微博内容所对应的评论进行抓取，共抓取评论 74562 条。

接下来是变量和操作化。本研究用公众情绪代表公众的风险感知，再用公众的评论内容情感值反映公众情绪。研究通过文本情感分析计算得出的数值代表公众评论情感值。媒介丰富度上，纯文本内容被标记为低媒体丰富度，图片或 GIF（图片+其他或 GIF+其他）被标记为中等媒体丰富度，视频（视频+其他）被标记为高媒体丰富度。内容主题上，疫情信息通报内容编码为 1，先进榜样内容为 2，防疫工作进展内容为 3，防疫知识内容为 4，其他内容为 5。内容情感负向情绪上，句子褒义代表低内容情感负向情绪，句子中性代表中内容情感负向情绪，句子贬义代表高内容情感负向情绪。对文中内容情感负向情绪进行编码，低内容情感负向情绪编码为 1，中内容情感负向情绪编码为 2，高内容情感负向情绪编码为 3。

3. 主流媒体微博：情绪中性，措辞精细，各有侧重

研究对 2020 年 2 月《人民日报》生产的与疫情相关的每条微博进行情绪分析，对每日生产的微博进行情绪均值的计算。根据科大讯飞提供的情绪判定表，情绪值在 0 至 0.3 为负向情绪，0.3 至 0.7 为中性情绪，0.7

至 1 为正向情绪。说明在风险事件中，《人民日报》每日生产的内容总体呈现中性情绪，但是情绪均值接近中性情绪与负向情绪的临界点。对 2 月《人民日报》三种情绪的微博内容进行统计，得到表 4-23。发现《人民日报》2 月生产的微博信息主要是中性情绪，占比高达 100%。在新冠疫情的初期，公众对新冠的了解比较少，公众的情绪值较低。《人民日报》生产的信息在一定程度上与公众的情绪一致。

表 4-23　2020 年 2 月《人民日报》每日微博情绪值

日期	情绪均值	日期	情绪均值	日期	情绪均值
2 月 1 日	0.3239	2 月 11 日	0.3297	2 月 20 日	0.3424
2 月 2 日	0.3548	2 月 12 日	0.3338	2 月 21 日	0.327
2 月 3 日	0.3229	2 月 13 日	0.3343	2 月 22 日	0.3326
2 月 4 日	0.328	2 月 14 日	0.3554	2 月 23 日	0.3271
2 月 5 日	0.3183	2 月 15 日	0.3344	2 月 24 日	0.323
2 月 6 日	0.3112	2 月 16 日	0.3335	2 月 25 日	0.3339
2 月 7 日	0.3261	2 月 17 日	0.3315	2 月 26 日	0.3274
2 月 8 日	0.3519	2 月 18 日	0.3473	2 月 27 日	0.3256
2 月 9 日	0.3175	2 月 19 日	0.3306	2 月 28 日	0.3223
2 月 10 日	0.3707			2 月 29 日	0.3536

研究对 2020 年 2 月《人民日报》生产的全部微博进行分词，并判断分词结果的词性，分别统计出现的频率与词性个数。如表 4-24 所示，《人民日报》2 月生产的内容中，主要是名词与动词，分别有 6826 个与 3202 个；形容词、代词、副词较少。《人民日报》在疫情相关信息生产时，主要使用名词与动词，对于可能造成歧义的代词、改变语气的形容词与副词使用较少。

表 4-24　词频统计表

单位：次

标签词	词频	标签词	词频	标签词	词频
病例	1651	《人民日报》	497	发布会	241
确诊	1402	出院	446	死亡	233

标签词	词频	标签词	词频	标签词	词频
疫情	1217	工作	444	情况	228
肺炎	1193	病毒	425	隔离	226
展开	1171	微博	391	重症	212
全文	1170	口罩	345	卫健	203
新增	1118	病毒感染	340	发布	200
武汉	769	治愈	339	湖北省	197
患者	691	全国	325	直播	197
防控	654	报告	303	一线	195
湖北	606	国家	292	中国	188
视频	556	表示	291	记者	187
医院	538	人员	267	武汉市	187
累计	517	感染	260	时间	187
冠状	513	截至	259	医护人员	179

4. 主流媒体微博用户：风险感知的影响因素

对公众风险感知、主流媒体生产内容的媒介丰富度与内容的情绪负向程度进行描述性统计，得出表 4-25。发现公众风险感知均值为 0.622321，风险感知较高；主流媒体生产内容的媒介丰富度均值为 2.14，媒介丰富度较高，说明主流媒体在进行风险事件报道时，大量使用图片、视频等信息承载量高的传播方式。

表 4-25 连续变量的描述性统计

	N	最小值	最大值	均值	标准偏差	偏度	峰度
风险感知	102	0.3479	0.7921	0.622321	0.1121086	-0.381	-0.985
媒介丰富度	102	1	3	2.14	0.745	-0.228	-1.157
微博内容负向情感倾向	102	1	3	2.38	0.564	-0.198	-0.797

为了探究内容类型对公众风险感知的影响，本研究对主流媒体生产内容类别进行了单因素方差分析，得到表 4-26。再根据平均值差值的正负进行研究，发现：疫情通报类内容比先进榜样类内容对公众风险感知的影响更大；防疫知识类内容比疫情通报类内容对公众风险感知的影响更大；防

疫工作进展类内容比先进榜样类内容对公众风险感知的影响更大；防疫知识类内容比先进榜样类内容对公众风险感知的影响更大；生产的其他类别内容比先进榜样类内容对公众风险感知的影响更大；防疫知识类内容比防疫工作进展类内容对公众风险感知的影响更大。因此，报道内容类型影响公众风险感知，研究假设 H2 成立。

表 4-26　连续变量的描述性统计

（I）内容类型	（J）内容类型	平均值差值（I-J）
1	2	0.1049650*
	3	−0.0019076
	4	−0.1012396*
	5	−0.0607948
2	1	−0.1049650*
	3	−0.1068726*
	4	−0.2062046*
	5	−0.1657598*
3	1	0.0019076
	2	0.1068726*
	4	−0.0993320*
	5	−0.0588872
4	1	0.1012396*
	2	0.2062046*
	3	0.0993320*
	5	0.0404448
5	1	0.0607948
	2	0.1657598*
	3	0.0588872
	4	−0.0404448

注：疫情通报类内容为 1；先进榜样类内容为 2；防疫工作进展类内容为 3；防疫知识类内容为 4；其他类别内容为 5；* $p<0.05$。

　　由于主流媒体生产的内容类别是无序变量，进行线性回归分析时需要利用 SPSS 把无序变量转变成虚拟变量。前文利用单因素方差分析得出

"内容类型对公众风险感知存在显著差异"，因此在本节进行回归分析时，将内容类别转换的虚拟变量作为控制变量带入，提高回归结果的准确性。回归分析后发现，微博内容负向情绪倾向与公众风险感知相互独立，因此将内容类型与微博内容负向情绪倾向作为交叉项，探究与公众风险感知的关系。线性回归分析得到表4-27。

表4-27　公众风险感知影响因素回归分析

	模型1		模型2	
	标准化系数	标准误差	标准化系数	标准误差
（常量）	0.420*	0.175	0.416*	0.172
自变量				
媒介丰富度	−0.078	0.103	−0.030	0.105
微博内容负面情感倾向	0.291**	0.093	0.372***	0.102
内容类型-1	−0.655*	0.259	−0.639*	0.256
内容类型-2	−1.207***	0.292	−1.505***	0.330
内容类型-3	−0.493*	0.229	−0.468*	0.227
内容类型-4	0.281	0.308	0.199	0.307
交互项				
微博内容负面情感倾向×内容类型-2			−0.472*	0.253

	模型1	模型2
R2/调整后的R2	0.315/0.294	0.392/0.347
增加的R2	—	0.053***
f	15.026***	8.655***
df	101	101
N	102	102

注：疫情通报类为内容类型-1；先进榜样类为内容类型-2；防疫工作进展类为内容类型-3；防疫知识类为内容类型-4；* =p<0.05；** =p<0.01；*** =p<0.001。

模型1的回归分析结果表明，公众风险感知与微博内容负向情绪倾向存在显著的正相关关系（B=0.291，p<0.01）；研究假设H3成立，表明内容信息的负向情绪程度高会增加公众的风险感知。

模型1的回归分析结果表明，公众风险感知与内容的媒介丰富度不存在显著的相关关系（p>0.05）；研究假设 H1 不成立。

模型 2 的回归分析结果表明，公众风险感知与微博内容负向情绪倾向与先进榜样类内容的交叉项存在显著的负相关关系（B = − 0.472，p < 0.05）。表明先进榜样类信息作为调节变量，可以降低具有负向情绪倾向的信息对公众风险感知的影响程度。

三　报道策略：内容、情绪与媒介丰富度的视角

本研究通过对新冠疫情初期《人民日报》微博内容的考察，发现了媒介丰富度、信息内容类型、信息内容情绪与公众风险感知之间的关系。采取不同的信息生产和发布策略会影响到公众的风险感知，因此媒体需要重视风险事件中的内容生产。

1. 适时调整侧重内容，满足安全信息需求

风险事件中，主流媒体生产的不同类型的信息对公众风险感知有着不同的影响，越满足公众信息需求，基层公众风险感知越低。在单因素方差分析部分可以发现，防疫知识类内容、防疫工作进展类内容、疫情通报类内容三类内容满足公众安全需求，降低风险感知的作用最大，且三者作用依次变小。先进榜样类信息满足公众精神层面需求，降低风险感知的作用最小。这是由于防疫知识类信息可以让公众在疫情中降低传染概率，更好地保护自己，关系生命安全，是最基础的安全需求。防疫工作进展类信息可以帮助公众判断自己所处环境的安全程度，关系到生活的安全及经济情况，是较高层次的安全需求。关注疫情通报类内容表明公众有较多精力关注非自身所处环境地区的疫情情况，接近于一种情感层次的安全需求。先进榜样类内容是归属和爱的需求。总而言之，风险事件中媒体生产的信息内容越满足受众基础层级的根本需求，越有利于显著降低受众风险感知强度。

因此，在风险事件发生时，媒体应该优先生产满足受众基础层次需求的信息，尤其是满足安全需求的信息，比如防疫知识类内容、防疫工作进展类内容、疫情通报类内容，在最大程度上减少受众的风险感知，以达到更优的传播效果。

随着时间的推进，公众对风险事件基本属性样态有一定了解，风险处

置取得了一定成效，公众生命财产安全得到了基本保障后，传媒工作者可以适当增加满足较高层次需求的信息，如先进榜样类内容，既达到了满足公众多元的信息需求的目的，又可以取得持续降低公众风险感知的效果。

面对风险事件，新闻媒体要发挥好议程设置功能，精准填补受众信息需求空白点，使传播效果最大化。采取何种有效的信息生产方式来降低大众的风险感知程度、安抚大众的受害心理、消除大众的恐慌情绪，是包括主流媒体等所有媒体机构都应当重视的问题。

2. 克制负面词使用，减少公众风险联想

风险事件中，主流媒体生产的信息内容负向情绪值越低，公众的风险感知越低。主流媒体在实际生产的过程中没有使用太多情绪词，对《人民日报》每日生产的信息进行情感分析，可以发现情绪均值介于 0.3 和 0.4 之间，情绪倾向是中性偏低。也就是说，即便没有情绪词，情绪倾向依旧处于中等偏低水平。《人民日报》的风险传播表达以名词、动词居多，包含能够引起公众负面联想的词语，比如手术、隔离等。较少使用语气强烈且可能产生歧义的形容词、副词和代词，其中包含正向情绪词汇的信息涉及范围相当广泛，而包含负向情绪词的信息主要集中在病毒本身。

因此，媒体进行风险信息生产时，不仅需要注意情绪词的使用，也要注意一些有负面意义的名词、动词的使用，防止增强公众的风险感知。同时也要建立规范言语表达的风险信息传播范式，不然极有可能导致谣言传播、污名化、风险扩大化等负面后果。

3. 强化先进典型宣传，安抚受众紧张心绪

风险事件中，先进榜样类内容相对于其他类型内容，能显著地降低内容的负向情绪倾向对公众风险感知的影响。这就意味着先进榜样类信息，能够弱化信息情绪的作用。防疫知识类内容、防疫工作进展类内容、疫情通报类内容这三类信息对于大众来说是陌生的，是没有经验的新信息；而先进榜样类内容对于公众来说是有过一定了解的常识性信息。新风险的出现，导致公众无法以原有的知识系统解释身边发生的一切，从而产生不安心理，为缓解这种不安心理，人的潜意识会重新构建一个稳定可预测的世界，此时公众需要用身边熟悉的事物，或者能让公众心安的事物，重构意识系统。树立榜样是实现重构系统的重要方式，因为在过去的风险事件

中，公众较为熟悉的是英雄的出现使危机得到解除。通过这种方式，激发人们"是英雄们的出现使危机得到解除"的集体记忆，弱化了其他因素对公众感知的影响。

需要注意的是，先进典型人物的宣传要避免以往的"脸谱化"倾向和"个人英雄主义"情怀，遵循客观真实的原则，不随意美化和拔高，坚持以群众视角评鉴人物，以接地气的典型形象激发受众认同、引发受众共情。唯有最鲜活的平凡英雄，才是最值得敬仰的英雄，他们带来更加可贵难得的温暖和希望，凝聚信心和力量，对他们的报道有利于削弱风险事件对公众感知层面的负面影响。

第五章　多元行动者风险沟通
与共识达成

目前，人类已经迈入全媒介生态嵌入的风险传播时代。一方面，人们对各类环境风险事件普遍具有较高的风险感知，并在技术赋权背景下打破了大众媒体时期专业新闻机构的话语垄断，成为协商传播的积极参与者。另一方面，"众声喧哗"与普遍风险的时代浪潮下，风险沟通中的共识达成也成为全球性难题，这考验着相关政府部门"善治"和主流传播机构"智传"的水平与能力。表面上，共识是一种人类认知的对齐匹配活动，但共识的产生往往涉及社会深层次的利益纠纷与行动协商。在社会结构转型、媒介技术变革和各类环境风险事件层出不穷的背景下，如果不能妥善打破风险沟通中的固有共识阻隔，那就极易引发公众的不满和恐慌情绪，甚至威胁社会稳定的发展与社会信任的产生。

在此背景下，社交媒体的迅速发展为政府与公众的沟通提供了渠道，也成为各个风险主体交流信息、话语交锋，以及达成共识的重要平台。从前几章的论述可知，政府、公民、媒体、专家、涉事单位等多元行动者均为现代环境风险的传播主体，不同风险传播主体间的框架鸿沟、风险行动中的时序错位、对话过程中的信任流失是引爆风险负面舆情的主要原因。在元传播的背景下，风险沟通不只是各个群体相互交换风险信息的过程，而且是朝着达成共识的目标不断前进的过程，是寻找风险认知差异的最大公约数的过程。因此，提高多元主体风险对话的质量成为环境风险事件尤其是争议性风险事件中社会共识达成的关键之举。

第一节　共识、风险与沟通

一　共识、共识困境与环境风险

共识（consensus）也即合意，一般指一定时空内人们对社会事务及其价值理念达成的普遍认可。它并非天然存有，而是在承认现有差异的前提下，各社会主体在公共讨论中积极澄清、追求的"形成"与"达致"的结果。①近代有关共识思想较为突出的研究最早出现于启蒙运动时期社会契约论中。在这一时期，人们对于政治合法性、政治权力和政治义务的根源进行了讨论。社会契约论认为政治合法性的根源在于组建某种社会或政府的人们的同意，而"一个人在默默地享受国家保护的同时，就是在表达其对国家默认的同意"②。二战后，共识研究重新进入研究者的视线中。罗尔斯提出了"重叠共识"的思想，认为共识充当了促进民主政体稳定、安全、持久的作用，共识的产生有利于社会冲突的解决和社会稳定。"重叠共识"的形成需要以"宪法共识"为基础。在一个民主社会中，首先公民对一些民主运作程序形成共识并将其确定下来，写入宪法中，形成"宪法共识"；接着，则是由浅入深，拓展"宪法共识"的深度和广度，形成国家统一的"重叠共识"。③哈贝马斯认为"重叠共识"的提出脱离了社会经济条件，没有方法论上的可行性。他认为社会主体通过交往理性、商谈的方式形成符合自然、社会和自身的"对话共识"。④社群主义者则提出了"道德共识"的主张，将善放在了首要位置，坚持善优先于权利或正义，这种善的实现需要限制市场的干扰，运用"复合平等"的手段，即社会诸行为应当根据具体的和日常的情况，依照市场交换、需要和应得等不同的原则进行分配。⑤

---

① 沈湘平. 价值共识是否及如何可能 [J]. 哲学研究, 2007, (02): 107–111+128.

② Murphy J G. Hume and Kant on the social contract [J]. Philosophical studies, 1978, 33 (1): 65–79.

③ 约翰·罗尔斯. 政治自由主义 [M]. 万俊人, 译. 南京: 译林出版社, 2000.

④ 哈贝马斯. 在事实与规范之间 [M]. 童世骏, 译. 北京: 三联书店, 2003.

⑤ 迈克尔·J. 桑德尔. 自由主义与正义的局限 [M]. 万俊人, 等, 译. 南京: 译林出版社, 2001.

因此，社会共识指公民对政治、文化、经济、道德等一系列公共事务达成的相对一致性的看法，包含政治共识、道德共识、价值共识等具体内容。在功能主义视域下，社会主流层面的共识体系是防止因认知区隔而导致恶性社会冲突与社会失控的最后防线。[①] 因此，与共识相对，环境风险的媒介建构与共识困境实质上根源于风险相关方与公众之间的非共识认知与行为。风险元传播时代，"社会共识"的达成具有"二重性"：其一，泛在传播背景下，多元传播者的风险行动为新共识的建构提供了联结基础；其二，广泛的公共讨论更容易引起社会区隔的形成。在此背景下，有必要厘清共识困境形成的深层线索并尝试探索环境风险事件中共识达成的可能与具体机制。

石永军等认为当代我国共识困境的形成主要源于社会主体对利益分配不公、制度失调、主导价值失温、公共参与不足等产生的认知分歧。[②] 具体来看，由于个体情感启发式的认知捷径，在环境风险中，一旦媒体化的风险建构或个体性的风险叙事被赋予了消极符号或负面事件相关的联想，便较易激活以恐惧、焦虑、内疚、愤怒等情绪为中心的在线动员行为。通过对网易新闻跟帖的实证研究，研究者发现与理性诉求相比，情感性表达（83.2%）仍是我国普通网民风险沟通的主流。[③] 尤其在社群主义的时代背景下，用户述情的表达习惯与在线行动很大程度左右了网络共识的走向或达成。在因邻避运动而引发的争议性环境风险事件中，在线风险沟通的不畅更可能进一步加剧因政策制定、施行过程中公众参与、知情权的缺位而引起的心理疏离，甚至导致对风险责任主体的信任危机。基于此，社会共识的形成过程，必然涉及用户在认知、情绪、行为上与其他传播主体的复杂互动、协商过程。

二 情境理论下用户互动反馈与风险共识达成

从目前的学术研究来看，"风险感知"与"抗争行动"是解析环境风

---

① 王志红. 差异性社会共识理论研究 [M]. 北京：社会科学文献出版社，2016.
② 石永军，龚晶莹. 论公共传播消解"共识困境"的结构性作用 [J]. 现代传播（中国传媒大学学报），2020，42（01）：58-61+77.
③ 李姝. 新闻跟帖的实证研究 [D]. 暨南大学，2014.

险事件中公众参与的主流研究范式，但两者都很难实现风险沟通与共识达成的传播目的。从前者来看，传统心理学视角下的风险感知范式强调对某一时段内个体主观判断与主观感受的截面测量。在全民入网、实时互动的元传播背景下，这种测量方式很难展现环境风险事件中用户风险感知的动态变化特征。计算传播学视角下的情感测量范式虽能展现事件发展不同阶段用户粗粒度的情感差异，却无法打破不同传播主体间争议由何而起、共识从何而生的研究困局。从后者来看，社会政治学视角下的抗争范式主要包含文化抵抗、政治参与、社会抗争等具体内涵。其中，文化抵抗主要将用户的话语表达视为个体话语对媒体和官方话语的争夺。政治参与将用户的互动过程视为公民政治参与的方式，侧重对网民与其他利益主体话语争夺的分析，以此改变话语权格局，实现"自下而上"影响政府决策的目的。社会抗争从社会运动理论出发，将用户的负向情绪的表达与认同作为集体抗争与动员行动的重要组成部分。事实上，"风险事件"并不一定引发集体抗争。由此可见，"抗争"范式下，研究者预设了不同主体间的对立立场，因此很难达成社会共识建构的研究目标。

基于此，本章拟采用更为中性的术语"用户反馈"对风险事件中的用户响应行为进行深度考察。与"话语抗争"相比，"用户反馈"强调了环境风险场域中不同传播主体的"互动"与"对话"，为理解具体的环境风险情境下的用户行为与传播效果提供了全新的研究视角。环境风险总是发生于某种具体的现实情境中。梅罗维茨认为电子媒介推动了新"情境"（situation）的产生，如网络媒介的出现将烟酒、性和暴力等内容无遮蔽地暴露于女性、未成年人视野中，用户反馈作为用户行为的外显，必然受到新兴网络情境的影响。① 这种社会后区与前区屏障的消解不仅侵蚀了政治家的神秘感，更造成人们社会认知的改变。在平台社会中，一方面用户会对后台信息内容的共享程度有更高的要求，另一方面后台的内容与暴露方式更加难以控制。环境风险的形成孕育于人和人之间的情境互动。戈夫曼虽未明确提出"情境"的概念，但在《日常生活中的自我呈现》一书中，

---

① 约书亚·梅罗维茨. 消失的地域 [M]. 肖志军，译. 北京：清华大学出版社，2002：203.

戈氏深刻论述了人们在情境中主观行动的选择与展演的过程。[①]与梅罗维茨强调弥漫于人类社会的中观情境不同，戈氏认为"舞台"即为"情境"，其探讨的情境更聚焦于人与人之间的微观互动：当个体出现在另一个人（或一群人）面前的时候，形成了一种情境，用户开始对互动情境进行界定并作出合适的反应（表演或反馈行为）。

由此，本书认为，在元传播的环境中，可以尝试将信息流动过程中形成的中观情境与个人定义的微观情境进行整合，建构出新闻风险共识行动的整合情境视角。具体地，在环境风险的在线行动中，社交媒体平台提供了大小不一、形态各异的互动场域，并在用户的生产互动中不断催生新情境，如一篇新闻可以创造一个小情境，多篇报道形成话题的情境集合；不同媒介内容下方的跟帖又创造出一个个相对封闭的新情境，情境在用户实时更帖下动态延展伸缩。与此同时，社会的元传播模式使整个社会处于一个巨大的信息系统中，不同的媒介信息、符号与文化、社会结构交织互构，共同建构出一个相对稳定的现实情境，进而影响着用户的风险实践。

三　用户反馈与风险沟通的主要表现形式

从理论溯源来看，"反馈"最早来源于控制论，指的是信息回输的过程，有正反馈与负反馈之分。正反馈使输入的信号变大，负反馈则使输入的信号变小，并最终影响信息输出的结果。在一个封闭的环形系统中，适当的正、负反馈有助于整个信息系统的自动控制。在环境风险建构过程中，各主体间的信息反馈过程一般遵循以下路径：政府、专家或知情人利用社交平台向用户输入信息，公众通过对媒介内容的解码输出用户框架信息，并引起一定的公众风险行动，如信息搜索、信息回避、信息扩散、信息购买等。政府、专家等传播主体则根据用户的反馈行为调整之后的线上信息输入与线下的相关行动，以此来形成风险行动的整合生态。

从用户反馈的表现形式来看，在元传播的环境中，用户的风险沟通行为主要以发帖、跟帖、转发、点赞等媒介可供性功能为具体表征。其中，

---

① 欧文·戈夫曼. 日常生活中的自我呈现［M］. 冯刚，译. 北京：北京大学出版社，2008.

用户最直接的风险沟通行为是跟帖评论。西方学者鲁伊兹（Ruiz）等甚至指出，由用户讨论组成的内容跟帖区实际上成为"18世纪的咖啡馆"，是公共领域的一种变形。① 在我国，2000年搜狐网率先推出了新闻评论功能——"我来说两句"，开创网民与官方媒体直接在线互动的先河。新浪微博、抖音等社交媒体的出现则真正实现了风险沟通中多元传播主体实时对话的愿景。以新浪微博为例，截至2020年12月，经微博平台认证的政务机构官方微博账号已超14万个。这也意味着在环境风险的媒介建构过程中，新浪微博已经成为官方信息发布的主要在线渠道之一。② 与此同时，研究表明，从用户反馈的动机与动因来看，用户更倾向对自身利益相关的议题进行跟帖评论。③ 同时，用户反馈积极性也受到议题的新颖程度、发布时间、文本特征、新闻标题等的影响。④⑤ 除此之外，点赞也是社交媒体时代人们间接表达态度、情感的重要渠道之一。与直接更帖相比，作为用户反馈渠道的点赞成本更低、交互更便捷，成为衡量新闻内容受欢迎程度与影响力的重要指标。在平台算法的权重规则下，越多的点赞数意味着越大的可见性权重，以及更高的情感参与度和认同感。由此，点赞量也可以成为政府、媒体等主流传播机构根据用户反馈对内容进行调整的重要参考因素，辅助实现风险沟通的功能。

从共识建构的角度看，传播主体的特性并非认知输出结果、共识达成与否的决定性要素，在元传播的传播环境中，共识的达成植根于媒介框架和用户反馈框架的持续互动：媒体搭建的信息流动环境形成媒介框架的外

① Ruiz C，Domingo D，Micó J L，Díaz-Noci J，Meso K & Masip P. Public sphere 2.0? The democratic qualities of citizen debates in online newspapers［J］. The international journal of press/politics，2011，（16）：463-487.

② 人民数据 .2020年政务微博影响力报告［EB/OL］.［2021-01-25］. http://download. people. com. cn/yuqing/eleven16115670881. pdf.

③ Almgren S，Olsson T. "Let's get them involved" …to some extent：analyzing online news participation［J］. Social media and society，2015，1（2）：1-11.

④ Carmel D，Roitman H & Yom-Tov E. On the relationship between novelty and popularity of user-generated content［J］. Acm transactions on intelligent systems & technology，2012（4）：1509-1512.

⑤ Tsagkias M，Weerkamp W，Rijke M D. Predicting the volume of comments on online news stories［C］//ACM Conference on Information and Knowledge Management. ACM，2009：1765-1768.

部触发机制，依附于集体环境的用户反馈框架延续着受众内部的反应轨道，二者相互作用、输出认知，提供了共识达成的可能性。

第二节　共识困境：框架沟、用户风险感知与情绪

由第三章的研究可知，环境风险舆情的产生很大程度上受到风险沟通中生产者框架与用户信息需求框架间的框架距离的影响，二者距离过大就会阻碍风险共识的形成。然而该研究尚未就框架距离如何引发用户消极性反馈的社会心理与认知过程进行细化探索。舍弗勒（Scheufele）明确指出传播过程中同时存在媒体框架与受众框架。[①] 潘忠党同样认为，框架既隐含在文本中，也存在于人的认知当中。[②]

由此，本节研究从风险传播的受众角度出发，创新性提出"框架沟"概念，用以指代媒介框架与受众框架之间的偏离程度。这种框架间的认知距离不仅影响了公众的风险感知，还能够激发受众的特殊情绪。斯洛维奇和彼得斯认为人类风险感知形成背后主要有理性分析和情感启发两种模式。[③] 当公众面对突发性、不确定性较强的风险，并且缺乏足够信息进行风险决策时，他们就会发挥情感对于风险决策的作用，运用快速的情感判断来进行迅速的风险信息处理与风险决策。正向情绪和负向情绪对风险感知的影响作用是不相同的，有学者指出媒体报道中所传递的负向情绪会让受众消极，正向的情绪则会让受众有所触动。[④] 风险信息激起的特殊情绪，会影响随后的信息感知、处理与评价，这种情绪对于风险感知的影响不仅在这一次的风险中产生作用，甚至会形成情感记忆，影响受众下一次的风

---

① Scheufele D A. Framing as a theory of media effects [J]. Journal of communication, 1999, (49): 103-122.

② 潘忠党. 架构分析：一个亟需理论澄清的领域 [J]. 传播与社会学刊, 2006, (1): 17-46.

③ Slovic P, Peters E. Risk perception and affect [J]. Current directions in psychological science, 2006, (15): 322-325.

④ Chadwick A E. Toward a theory of persuasive hope: effects of cognitive appeals, hope appeals, and hope in the context of climate change [J]. Health communication, 2015 (30): 598-611.

险处理。①

基于此，本节重点探究这种"框架沟"的存在是如何影响公众的风险感知与认知情绪，并最终影响风险共识的形成的。

一　框架沟的产生：模型构建与研究假设

考虑到现行媒介融合背景下内容形式的多样性，本研究主要考察的是报道内容，以框架沟为自变量，以风险感知为因变量。其中风险感知被具体量化为感知未知与感知可怕两种，情绪作为中介变量被引入。本研究探讨媒体风险报道的内容是否激发了公众的焦虑、恐惧、愤怒等情绪，这种被激发的情绪又如何影响公众的风险感知。基于此可以制作出研究设计（见图5-1）。

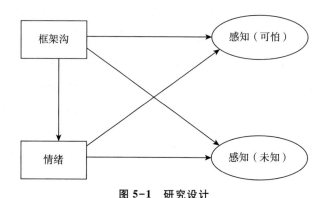

图 5-1　研究设计

根据以上的研究设计，本研究提出了如下的研究假设。

H1：框架沟与情绪存在相关性；框架沟越大，受众负向情绪反应越强。

H2a：框架沟与风险可怕性感知存在相关性；框架沟越大，受众越觉得风险可怕。

H2b：框架沟与风险未知性感知存在相关性；框架沟越大，受众越觉得风险未知。

H3a：情绪与风险可怕性感知存在相关性；负向情绪越强烈，越觉得

---

① Nabi R L. A cognitive-functional model for the effects of discrete negative emotions on information processing, attitude change, and recall [J]. Communication theory, 1999, (9): 292-320.

风险可怕。

H3b：情绪与风险未知性感知存在相关性；负向情绪越强烈，越觉得风险未知。

在研究对象上，本研究主要选取大学生样本，结果显示出性别、年龄、文化程度等因素都会影响到风险感知。因为大学生在文化程度、价值观、社会阶层等方面具有共性，所以在问卷发放中主要对性别、专业和年级进行了抽样比例控制，被试覆盖武汉市的一本、二本、三本共6所高校。问卷共计发放825份，回收731份，筛选清理数据后，剩余585份纳入分析。

在问卷中，主要对风险感知、框架沟和情绪三个变量进行了测量。不同类型的风险对应着不同的风险感知，因此在问卷中还对不同的风险类型进行了分别测量。本研究采纳了Keller对于环境风险的分类，具体分成新科技风险、有害物质风险以及自然灾害风险三种。为了方便研究对象更好地理解这三种风险，分别选取转基因风险、雾霾和地震作为三类风险的代表。

风险感知变量的操作化则沿用了斯洛维奇的研究，将风险感知分成了未知性和恐惧性两大维度。在问卷中围绕两大变量，具体设置8个题项。

框架沟指的是受众框架和媒介框架之间的差距。框架的类目主要基于瑞兹（Vreese）等的通用新闻框架研究，[①] 笔者结合国内对于环境风险的报道进行了改良与扩充，得到的10个媒体框架，具体内容如表5-1所示。由于框架沟测量的是框架之间的差距，本研究将其表述为：框架沟为受众对于媒体报道的满意度与关注度差值的绝对值。具体测量过程是，请受访者对转基因食品、雾霾和地震的新闻框架，选出3个最关注的新闻框架、3个最满意的新闻框架，并对其赋分（第一满意/第一关注的框架＝3分，第二满意/第二关注的框架＝2分，第三满意/第三关注的框架＝1分，未选取的框架＝0分）。

---

① De Vreese H, Jochen Peter, Holli A, Semetko C. Framing politics at the launch of the Euro: a cross-national comparative study of frames in the news [J]. Political communication, 2001, (18): 107-122.

情绪是指公众看到媒体报道之后被激发的情绪反应。本研究将现行具有代表性的情绪测量进行整合，设计出了 10 个题项，涵盖失望、愤怒、同情、希望、恐慌、恐惧等常见的情绪反应，具体如表 5-1 所示。情绪量表的克朗巴哈信度系数为 0.81，信度较高，说明了测量题项设计的可靠性。

表 5-1　研究变量操作化

变量	具体题项
风险感知	风险感知的未知性 科学界对该风险的了解 暴露在风险中的人对该风险的了解 风险感知的可怕性 直觉该风险的可怕性 直觉该风险的可控性 直觉该风险的致命性 直觉该风险的灾难性程度
框架沟	风险发生和进展情况（简称"进展沟"） 相关科学知识（简称"科学沟"） 风险产生的原因（简称"原因沟"） 谁应该负责任（简称"责任沟"） 各方的态度（简称"态度沟"） 政府的作为（简称"政府作为沟"） 风险影响与结果（简称"影响沟"） 风险解决方法（简称"解决沟"） 风险事件与道德伦理（简称"伦理沟"） 风险中的人物及其情感（简称"情感沟"）
情绪	媒体报道因为政府不作为导致环境风险时，我感到失望 媒体报道因为生产企业不负责任造成环境风险时，我感到愤怒 媒体报道风险事件造成人员死伤和财产损失时，我感到同情 媒体报道风险的解决、改善方法时，我感到充满希望 媒体报道政府积极采取与群众沟通和科学治理的行动时，我感到充满希望 戛然而止、碎片化的报道会让我恐慌 媒体报道中矛盾的信息会让我担忧 未知的风险来临时，主流媒体如果没有相关报道会让我恐慌 未知的风险来临时，媒体对风险的及时报道会减少我的恐惧 未知的风险来临时，权威媒体的报道会减少我的恐惧

本研究使用结构方程模型的最大似然估计法进行假设检验。本研究把框架沟作为外生变量，情绪和风险感知作为内生变量，性别以及年级作为

控制变量来制作模型，分别建立起雾霾、转基因和地震三个风险的结构方程模型。

模型拟合考察了4个指标：模型卡方统计、增值拟合指数（IFI）、比较拟合指数（CFI）、近似误差均方根（RMSEA）。另外，为了测量情绪的中介效应，本研究控制性别以及年级变量，使用了巴伦（Baron）和肯尼（Kenny）提出的方法进行中介分析。[①] 同时，研究中还使用普里彻（Preacher）和海耶斯（Hayes）编制的SPSS中介效应processmacro程序进行统计分析。[②] 该程序会使用自举法检验中介效应并通过重复抽样使得估算值更加准确。

根据前文的操作化定义，"框架沟=｜满意分-关注分｜"，其结果反映的是风险报道的新闻框架与公众的受众框架之间的差异。三种典型风险的框架沟均值从大到小依次是：雾霾（0.6732）、转基因（0.6460）、地震（0.5834）。其中，雾霾和转基因框架沟的均值与地震存在显著差异。

框架沟的内部构成也存在显著差异。表5-2以框架沟均值大于1为区分标准。雾霾框架沟中的原因沟、进展沟，转基因框架沟中的科学沟、进展沟，地震框架沟中的进展沟均值都大于1，进展沟显著存在于三种环境风险中。框架沟的背后是媒介报道与公众期许之间的差距，进展沟的广泛存在表明我国媒体对于风险进展的报道与公众的期待存在显著差距。在传播转基因科学知识、对雾霾问题的归因方面，媒介的风险建构与民众的信息期待仍存在较大差距。

表5-2 三种环境风险框架沟的内部构成

	雾霾框架沟	转基因框架沟	地震框架沟
进展沟	>1	>1	>1
科学沟	0.9700	>1	0.7573
原因沟	>1	0.7316	0.6342

① Baron, R M, Kenny, D A. The moderator-mediator variable distinction in social psychological research: conceptual, strategic and statistical considerations [J]. Journal of personality and social psychology, 1986, (51): 1173-1182.

② Preacher, K I, Hayes, A F. Asymptotic and resampling strategies for assessing and comparing indirect effects in multiple mediator models [J]. Behavior research methods, 2008, (40): 879-891.

续表

	雾霾框架沟	转基因框架沟	地震框架沟
责任沟	0.6600	0.3590	0.1897
态度沟	0.4100	0.5966	0.4718
政府作为沟	0.7600	0.6051	0.8821
影响沟	0.7640	0.8821	0.7316
解决沟	0.8400	0.4803	0.6547
伦理沟	0.1100	0.4017	0.1521
情感沟	0.0800	0.0906	0.3470

二 框架沟与风险感知：认知情绪的中介作用

在问卷设计中，有关用户情绪感知的题目存在正向与负向的陈述差异，所以在数据处理时，本研究对正向情绪进行反向赋值处理，以实现最终情绪测量的一致性。随后对情绪进行了因子分析，抽取了四个特征值大于 1 的因子，可以解释 71.87% 的方差变异。具体的因子分析如表 5-3 所示。

表 5-3 基于新闻框架设置的情感因子分析

	均值	标准差	因子负荷			
			1	2	3	4
归因归责报道（道德情绪）						
媒体报道因为政府不作为导致环境风险时，我感到失望	1.79	0.808	0.882			
媒体报道因为生产企业不负责任造成环境风险时，我感到愤怒	1.90	0.815	0.850			
媒体报道风险事件造成人员死伤和财产损失时，我感到同情	1.83	0.731	0.580			
风险治理报道（希望情绪）						
媒体报道风险的解决、改善方法时，我感到充满希望	2.17	0.885		0.870		
媒体报道政府积极采取与群众沟通和科学治理的行动时，我感到充满希望	2.13	0.909		0.855		

	均值	标准差	因子负荷			
			1	2	3	4
报道方式（忧虑情绪）						
戛然而止、碎片化的报道会让我恐慌	2.58	0.952			0.818	
媒体报道中矛盾的信息会让我担忧	2.25	0.935			0.730	
未知的风险来临时，主流媒体如果没有相关报道会让我恐慌	2.56	0.938			0.689	
风险的未知性（恐惧情绪）						
未知风险来临时，媒体对风险的及时报道会减少我的恐惧	2.21	0.801				0.877
未知的风险来临时，权威媒体的报道会减少我的恐惧	2.07	0.806				0.846
特征根			1.989	1.799	1.783	1.616
解释变异量（％）			19.89	17.99	17.83	16.16

　　主成分因子分析共得到4个因子，分别是归因归责报道（解释变异量＝19.89％）、风险治理报道（解释变异量＝17.99％）、报道方式（解释变异量＝17.83％）、风险的未知性（解释变异量＝16.16％）。归因归责报道因子与道德情绪之间的关联说明了当新闻报道将风险产生的原因归咎于不同责任主体的身上时，该报道引发了受众的失望、愤怒、同情等情绪。风险治理报道因子与希望情绪的关联说明，当媒体提及政府对风险的积极作为、风险得到应对、解决方案被提出等内容时，媒体能够激发受众的希望情绪。报道方式因子与忧虑情绪的关联说明当媒体对未知风险没有及时报道，或者报道中出现自相矛盾、不连续、不全面等现象时，会引发受众的恐慌、担忧等负向情绪。最后，风险的未知性因子带来恐惧情绪说明媒介报道对于风险不确定性的积极建构作用，当未知的风险出现时，积极、及时、权威的报道可以有效减少受众的恐惧情绪。

　　本研究证实风险报道不同的方式和内容会激起受众不同的情绪。评价倾向理论认为，情绪产生于个体对事件或者环境的解释和评估，在媒介化社会的背景下公众对于环境的评价依赖于媒介渠道，媒介的报道会影响公众情绪的形成。例如，面对未知风险，主流媒体缺乏报道会引起受众的恐慌；风险正在得到改善的报道能促使受众产生希望等积极情绪。因此，媒体在进行新闻生产时，需要考虑媒体框架有可能产生的情感效果。由于现代人化风险存在的"知识悖论"，风险沟通难以消除风险，风险沟通更重要的是媒体与受众可以通过协商达成共识。我国的风险沟通寻求从单方面告知到吸纳公众参与的双向沟通，在这一沟通的实现过程中，媒体尤其需要关注情感在风险沟通中的重要作用。

三　不同类型框架沟下的用户情绪与感知差异

研究通过结构方程模型分别建立了雾霾、转基因、地震模型检验框架和对风险感知的作用路径，三个模型都具有较好拟合度，具体结果如图5-2所示。

在雾霾模型中，绝大多数的研究假设都成立，H1、H2b、H3a、H3b均成立，H2a不成立。

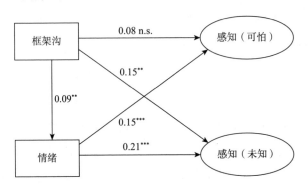

注：**代表p<0.01，***代表p<0.001。
模型拟合参数：χ2=22.31，df=21，χ2/df=1.06，p=0.382，CFI=0.996，IFI=0.996，RMSEA=0.010。

图5-2　雾霾模型

通过图5-2可以发现，在雾霾风险中，媒体报道主要通过直接效应和间接效应两条路径作用于公众的风险感知，分别为框架沟→风险感知的直接效应、框架沟→情绪→风险感知的间接效应。

直接效应中，雾霾框架沟影响了公众风险感知的未知性，但没有显著影响到风险感知的可怕性。在间接效应中，情绪在雾霾风险中有显著的中介作用，框架沟越大，越容易激起公众的负向情绪。公众的负向情绪越强烈，风险感知的可怕性、未知性越强烈。通过processmacro程序计算出直接效应与间接效应的作用指数，直接效应（0.2599）显著高于间接效应（0.0302）。

与雾霾风险不同，转基因模型中（见图5-3），只有H1、H3b成立，H2a、H2b、H3a均不成立。

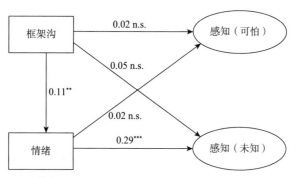

注：**代表p<0.01，***代表p<0.001。

模型拟合参数：χ2=34.20，df=20，χ2/df=1.71，p=0.025，CFI=0.963，IFI=0.965，RMSEA=0.035。

图5-3　转基因模型

该模型并未发现从框架沟到风险感知的直接效应。媒介报道对转基因风险感知的影响通过情绪中介实现，转基因报道的框架沟越大，引发的受众负向情绪越多，进而公众感知到的未知性风险越大。

地震模型（见图5-4）的作用机制与上述两种模型不同，只有H3a成立，H1、H2a、H2b、H3b均不成立。地震模型中，框架沟并不显著，这说明媒介报道在其中没有对公众的风险感知产生显著的影响，但是情绪会作用于公众对于风险可怕性的感知，负向情绪越强烈，公众会认为风险越可怕。

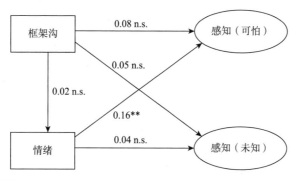

注：**代表p<0.01。

模型拟合参数：χ2=29.96，df=21，χ2/df=1.43，p=0.093，CFI=0.965，IFI=0.967，RMSEA=0.027。

图5-4　地震模型

不同的风险事件背后是不同类型的风险，雾霾风险和转基因风险是人化风险的代表，而地震风险代表的是自然风险。上述模型结果显示，在人化风险议题中，媒体报道都显著影响了公众的风险感知。雾霾模型中媒介报道的作用既可以通过直接效应，又可以通过情绪中介实现。转基因模型显示新闻报道影响公众的风险感知是经由情绪中介完成的。以地震为代表的自然风险未能验证上述结论。

在问卷调查中，受访者对于媒体报道量的感知排序从多到少依次为雾霾、地震、转基因；受访者对于媒体报道的满意度排序从高到低依次是地震、转基因、雾霾。这也可以看出框架沟在人化风险中广泛存在。已有研究发现，近几年的雾霾报道，会通过政府、专家、学者发言等方式，将雾霾的归因指向"自然"、"生产"和"消费"因素，让公众和企业主动承担起社会责任。对于离公众日常生活稍远的转基因风险，主流媒体的报道量较少，在仅有的报道中也多依靠政府和专家信息来源建构风险话语；但与此同时，大量散布于自媒体平台上关于转基因的讨论增加了这一议题的复杂性。可见，面对技术门槛较高的转基因话题，公众需要及时、权威、准确的科学信息帮助其决策，但是主流媒体对该议题的关注不足，以及自媒体信息的参差不齐，导致公众无法启动理性认知模式进行风险决策，而只能借助情感模式。但在以地震为代表的自然风险中，公众深知这是"天灾"，对于这类风险，恐惧的情绪大于不确定性，媒体需要通过及时客观的报道获得公众的信任。

综上，风险议题的媒体框架与受众框架明显偏离，报道量越大，公众的负向情绪就会越强烈，进而觉得风险越大，这一作用机制在人化风险中更为突出。总的来看，风险沟通的关键在于回应"谁定义了风险"与"如何解释风险"的核心问题。对"谁定义了风险"的问题，我国政府部门与主流媒体应意识到用户、专家、政府、媒体组织等多元行动者业已成为风险的积极建构者，因此不能简单地将公众当作接收信息的"靶子"，而应重点聚焦于媒体话语与公众话语之间的框架距离、话语分歧，充分发挥媒体在信息传播中的优势，使其在肩负舆论引导责任的同时，及时、准确、全面地发布风险信息，坦诚地与公众进行交流，实现有效的风险对话。对"如何解释风险"的问题，在"人人都有麦克风"的信息传播时代，政府、主流媒体作为不同于普通网民、网络"大V"的超大网络节点，更该利用自身的公信力和影响力优势，架构起风险沟通的桥梁，通过及时的信息发布、在线互动、转载、引用等方式消除群体分歧和框架偏离。

第三节 共识沟通：参与者、参与场域与互动情境

发帖与跟帖是最常见的网络表达方式，因此社交媒体平台上风险信息生产者和传播者可以通过"发帖场域"与"跟帖场域"嵌入同一个网络帖子情境。"发帖场域"与"跟帖场域"的互动也间接反映了两者情境建构中的权重与影响力。托尔夫认为公共领域必然包含交流空间（communicative space）、话语形式（discursive patterns）与参与者（participants）三大组成要素。① 在网络情境下，包含风险信息的在线发帖构成了第一重公共领域空间，具体来看，这种公共领域以新闻为主，参与者由专业新闻媒体、专家、政府、影响力大的"大V"与专业组织组成。与"跟帖场域"相较，"发帖场域"的多数传播者使用了专业化、相对理性化、正式的新闻话语或专业知识话语。在第一重公共领域下方的评论区（"跟帖场域"）构成了第二重公共领域，即交流空间。与"发帖场域"相比，"跟帖场域"的参与者多为普通用户，话语形式多呈现非正式、情绪化的特点。由于平台媒体可供性与界面的设置，"跟帖场域"受到"发帖场域"的控制和制约，发帖者可通过关闭评论、删帖、精选评论等对评论区进行话语控制。

本节以"山东疫苗案"这一健康环境风险为例，拟对"发帖场域"与"跟帖场域"两类场域中话语建构的异同、发帖者与跟帖者的角色呈现方式以及场域内的微观互动过程进行深入探索。

2015年4月，山东省济南市警方破获了一起公安部、国家食品药品监督管理总局督办的非法经营人用疫苗案，涉案价值高达5.7亿元。随后，该案件被澎湃新闻等媒体曝光，迅速引发全国舆论。本研究以新浪微博为研究平台，以"评论量""转发量""点赞量"为账号选择指标，利用大

---

① Toepfl F, Piwoni E. Public spheres in interaction: comment sections of news websites as counter-public spaces [J]. Journal of communication, 2015, 65 (3): 465-488.

数据技术抓取了 2016 年 3 月 18 日至 4 月 1 日影响力排序靠前的 419 条热门帖子，作为发帖场域的分析样本，热门帖子下的评论为跟帖场域的分析样本（见图 5-5）。

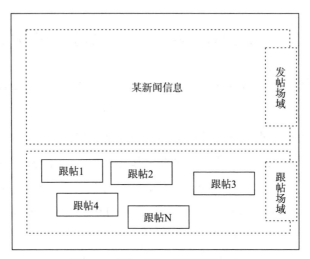

图 5-5　新闻发帖—跟帖情境示意

一　发帖场域：基于影响力与知识距离的角色行动

以往有关风险沟通主体的角色身份多以媒体、专家、意见领袖等社会角色为划分标准，但在某种程度上此种分类方式预设了同类角色的同一化风险沟通立场。事实上，不同类型媒体、专家和意见领袖内部对于争议性风险议题的立场不尽相同。同时，考虑到环境风险议题多样性、复杂性，如雾霾、垃圾焚烧、疫苗的理解需要结合相关知识背景的"议题门槛"特性，本研究以账号影响力与账号知识距离为轴，对风险沟通的参与者进行角色划分。

具体而言，如图 5-6 所示，根据个体影响力指标（粉丝数、微博转发数、点赞数）与知识距离指标（博主专业属性、科普内容发布数等），将发帖场域的建构者分为主导建构者、评判建构者、补充建构者、零散建构者。主导建构者由于其身份优势，个体影响力指数高，通常掌握权威的疫苗风险知识或者风险事件的最新进展情况。评判建构者大部分由网络意见领袖构成，如舆论明星、专业媒体人等，由于其巨大的粉丝基数，其信息建构的影响力仅次于主导建构者。补充建构者则主要指向拥有专业医疗知识与行业背景的相关专家，由于粉丝数较少，其信息建构的影响力比较一般。最后，不掌握专业的疫苗风险知识或者事件相关情况，但积极参与信息建构的普通用户组成了研究中风险议题的零散建构者。

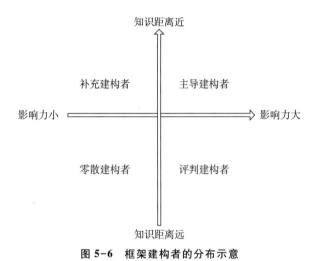

图5-6　框架建构者的分布示意

从具体的风险行动来看，有关"山东疫苗事件"的热门微博样本中，约70%的样本出自风险的主导建构者与评判建构者。这也意味着，个体影响力高的用户所发布的建构信息较容易吸引用户。其次是零散建构者发布的83条（19.8%）与补充建构者发布的44条（10.5%）（见表5-4）。这也说明，零散建构者发布的风险内容虽然个体影响力较小，但聚合起来体量巨大，足以说明用户积极参与风险议题构建的热情。补充建构者虽然账号数量较少，但仍产生较大的影响力，间接反映了环境风险沟通中专家等传播主体的重要性。

表5-4　抽样微博不同框架建构者数量对比

单位：条，%

	发帖数量	百分比	累计百分比
主导建构者	172	41.1	41.1
评价建构者	120	28.6	69.7
补充建构者	44	10.5	80.2
零散建构者	83	19.8	100.0

二　跟帖场域：基于理性或情感的反馈及其情境积聚

与发帖场域相对应，社交媒体平台账号的半匿名性使情绪表达与意见反馈成为跟帖场域的显性特征。同时，根据群体极化、沉默螺旋以及从众心理等理论，跟帖场域中其他人的意见反馈也可能通过意见的在线积聚对其他人的跟帖内容产生影响。因此，有必要区分跟帖场域存在的意见类型，并结合各类意见的积聚情况，对影响用户反馈的意见氛围也即场域的特征进行深入研究。

具体来看，本研究采用情绪与内容质量双纬度对跟帖场域的用户反馈类型进行区分。在情绪纬度上，大量的研究表明，新闻的内容框架与用户的情绪风险普遍相关。如在归因框架的实验研究中，讷布（Nerb）与斯帕达（Spada）发现，当新闻框架将环境破坏的责任归咎于个人时，被试者更容易产生愤怒情绪。[①] 类似地，在损益框架的实验研究中，丘（Cho）与博士特（Boster）证明反毒品广告中的收益框架与被试的积极情绪正相关，而损失框架则更多地引发愤怒、恐惧等消极情绪。[②] 以上研究表明，不同框架的建构类型会引发用户相异的情感反馈。然而，这些有关用户反馈的研究仍处于情感类别的简单判别上，对不同情感的强弱与框架构建间的联系缺乏细致的实证分析。基于此，除了情绪类别判定，本研究将情绪强弱作为用户情感表达的第二指标，并根据强度大小进行 1~5 的赋分（1 为最弱，5 为最强）。

从内容质量方面来看，风险信息的专业度、可信度、内容完整度对新闻框架的在线影响力水平有较大影响。研究表明，能够提供丰富、有价值信息的网络节点较易成为网络意见领袖。[③] 赫法克（Huffaker）对谷歌社区讨论组的研究发现，有理有据、充满情感、专业可信的新闻与文章表达是

① Nerb Josef, Spada Hasa. Evaluation of environmental problems: a coherence model of cognition and emotion [J]. Cognition and Emotion, 2011, 15 (4): 521-551.

② Cho H, Boster F J. Effects of gain versus loss frame antidrug ads on adolescents [J]. Journal of communication, 2008, 58 (3): 428－446.

③ 黄敏学、王琦缘、肖邦明，等. 消费咨询网络中意见领袖的演化机制研究——预期线索与网络结构 [J]. 管理世界, 2015, (7): 109-121。

吸引用户参与在线讨论的重要原因。[1] 基于此，本研究将内容质量纳入用户反馈研究的第三指标，并根据内容质量高低进行 1~5 的赋分（1 为最低，5 为最高）。

在样本选取层面，本研究主要对"山东疫苗事件"419 条热门帖子下共 1128 条热门跟帖进行了随机抽样。根据情绪种类、情绪强度和内容质量三大指标，首先对随机抽取的 120 条跟帖样本进行预编码，编码员间信度超过 90%。随后对 1128 条热门跟帖的正式编码结果进行了统计。

结果显示，在"山东疫苗事件"后，大部分热门跟帖用户对新闻框架进行了愤怒反馈（42.2%），其次是无情绪（34.6%）与认可（8.4%），还有约 6.7%用户进行了恐慌跟帖。从情感强度来看，总体样本情绪差异呈两极化特征，平均值为 2.9628，标准差为 1.62785。结合情感类型的统计结果来看，在本研究的事件中，部分愤怒反馈显现出一定的煽动性与传染性。在内容质量方面，总体样本的内容质量较高，平均值为 3.2793，标准差为 1.10457，说明用户在热门跟帖中对高质量内容的偏好性（见表 5-5、表 5-6）。

表 5-5　跟帖场域情绪类别的描述性统计

单位：条，%

情绪类别	跟帖数量	百分比	累计百分比
愤怒	476	42.2	42.2
恐慌	76	6.7	48.9
认可	95	8.4	57.3
无情绪	390	34.6	91.9
悲哀	91	8.1	100.0

表 5-6　跟帖场域情绪强度与内容质量的描述性统计

	N	极小值	极大值	均值	标准差
情绪强弱	1128	1.00	5.00	2.9628	1.62785
内容质量	1128	1.00	5.00	3.2793	1.10457

---

[1]　Huffaker D. Dimensions of leadership and social influence in online communities ［J］, Human communication research, 2010, 36 (4): 593-617.

在此前研究的基础上，本研究进一步利用对数似然率检验（Log-Likelihood Radio Test，LLR）方法，以情绪类别为分类变量，情绪强弱与内容质量为离散变量，对 1128 个热门跟帖进行更为细化的聚类分析。研究结果表明，情感类别是决定聚类结果的核心因素。其中，热门跟帖样本可进一步被分为 6 类（见表 5-7），包括理性帖、恐慌帖、肯定帖、悲哀帖、泄愤帖、批判帖。从数量分布上来看，在"山东疫苗事件"的沟通过程中，评论区的热门跟帖类型主要以无情绪的理性帖（34.6%）为主，但也要重视与愤怒情绪相关的泄愤帖（26.7%）、批判帖（15.5%），以及与悲哀相关的悲哀帖（8.1%）对随后用户反馈的负面影响。

表 5-7　情感强弱、情感类别与内容质量的聚类

类别	1	2	3	4	5	6
命名	理性帖	恐慌帖	肯定帖	悲哀帖	泄愤帖	批判帖
情绪类别	无情绪	恐慌	正面	悲哀	愤怒	愤怒
质量高低	3.36	3.49	3.00	3.33	2.47	4.53
情绪强弱	1.88	2.95	3.15	2.82	3.62	4.21
N	390	76	95	91	301	175
占比（%）	34.6	6.7	8.4	8.1	26.7	15.5

注：情绪强弱与内容质量为离散变量，使用对数似然率测量。

三　情境互动：话语氛围对用户反向建构的调节作用

戈夫曼认为，个体行为如若要引起他人关注，其自身的呈现表演则必须倾向迎合已经得到主流社会承认的社会价值。社交媒体的出现则为个体的社会展演提供了新的可能，张（Jang）、金（Kim）等人发现，"良好的自我呈现"是用户参与内容反馈的重要动机，[①] 但即使是"不怀好意"的评论或更跟帖，也是用户展演"特立独行"形象的重要工具。正如 1988 年英国学者阿伯克尤比（Abercormbie）和朗赫斯特（Longhurst）提出的，

① Jang Y J, Kim H W, Jung Y. A mixed methods approach to the posting of benevolent comments online [J]. International journal of information management, 2016, 36（3）：414-424.

受众在媒介内容消费时对内容的二次建构如评论、转述，实际上存在观展/表演的二重情境。① 换言之，在元传播时代，用户既是风险内容的消费者、观展者，同时在反馈的过程中也是表演者，其风险的行动存在"观看凝视/公开展示"的双重含义。② 这意味着在平台全景凝视下，用户也可能利用人们熟知的媒介记忆或负面符号进行信息加工或展演。进而，"不确定性""充满争议""负面""个人化"特征的评论或跟帖也可能在社会展演的机制下积聚影响力，成为"跟帖场域"的话语建构者。1974 年，社会学家诺伊曼提出"沉默的螺旋"理论，认为大众传播中，占主导地位的"意见环境"会对公共舆论产生影响与限制。在元传播时代，通过平台点赞、评论等影响力量化指标，用户更容易感受"优势意见"的存在，这也助推了"沉默的双螺旋"的产生。我国学者崔林认为，针对单一时间的舆论构造已经不是大众媒介或自媒体单一螺旋发挥作用的结果，而是媒介先各自进行内部博弈，然后形成较稳定的意见指向，进而影响网络舆论。③ 齐默尔曼（Zimmerman）研究发现，暴露于博客下方的攻击性评论后的匿名被试会产生更高的语言暴力倾向。④ 韩（Han）和布拉泽尔（Brazeal）的研究也表明，暴露于文明方式跟帖下的匿名被试，不仅采取了更加温和的话语策略，同时也展现出更加理性的反馈意愿。⑤ 同时，诸多研究表明消极情绪更易在社交平台上传播并产生情绪感染效应。⑥ 因此，一旦用户与跟帖场域反向建构的话语情境产生认同，就更容易产生负面情感的从众效应。

基于此，本小节提出研究假设：健康环境风险事件中，以消极情绪为

① Abercormbie N, Longhurst B. Audiences: a sociological theory of performance and imagination [J]. London thousand oaks & new, 1998, 48 (4): 172-175.

② 张玉佩，从媒介影像观照自己——观展/表演典范之初探 [J]，新闻学研究，2004，82：41-85.

③ 崔林. 媒介进化：沉默的双螺旋 [J]. 新闻与传播研究，2009，16 (03): 42-49+107-108.

④ Zimmerman. Online aggression: the influences of anonymity and social modeling [D]. Florida: University of North Florida, College of Arts and Sciences, 2012.

⑤ Han S H, Brazeal L A M. Playing nice: modeling civility in online political discussions [J]. Communication research reports, 2015, 32 (1): 20-28.

⑥ Walther J B, D'Addario K. The impacts of emotions on message interpretation in computer-mediated communication [J], Social science computer review, 2001, 19 (3): 324-347.

主的跟帖场域中产生的框架效应高于理性正面场。

　　针对研究假设，本节使用二分逻辑回归模型，对可能引发用户反馈行为的框架因素、传播主体、跟帖场域氛围等因素进行关系构建。在研究变量选择上，延续上一节对"山东疫苗事件"新浪微博的抽样方式，提取新闻样本 91 条，跟帖 936 条，把包含一条新闻内容及其评论区的跟帖作为一个分析单位，即一个网络情境。在因变量选择上，本节主要通过判断单条评论跟帖"是否存在反向建构话语？"（是＝1，否＝0）来对跟帖样本进行编码，同时将评论跟帖的信息内容分为理性信息、泄愤信息、批判信息、恐惧信息、悲哀信息、肯定信息。其中包含消极情绪的泄愤信息、批判信息、恐惧信息、悲哀信息判定为反向建构话语，其他为非主动建构话语。

　　在自变量选择上，本研究主要归纳出 5 种框架虚拟变量，其中严重框架、安全框架、失责框架、政府行动框架均为 1，民众行动框架＝0。本研究归纳出 4 种发帖者类型，其中主导建构者账号＝0，非主导建构者账号＝1（补充、批判和零散建构者账号）。

　　在控制变量选择上，本研究设置负向情绪与正向理性两种网络情境模型来对"发帖场域"框架设置效果进行考察，因此在第一组模型（模型1、2、3）中理性正面情境＝0，消极情绪情境＝1；在第二组模型（模型4）中，理性正面情境＝1，消极情绪情境＝0。

　　最后，本研究采取了二分逻辑回归模型来检验"发帖场域"的框架建构与"跟帖场域"的网络情境对用户反馈的交互影响。具体来看，模型方程如下：

$$\log\left(\frac{P_i}{1-P_i}\right) = b + \sum_k b_k X_{ki} + \sum_c G_c C_{ci} + \sum_{ck} dc C X_{ci}$$

　　其中，P_i 是指第 i 条信息包含悲哀等反向建构话语的概率；X_{ki} 指框架类型、发帖者类型等自变量；b_k 是自变量的回归系数，也即自变量对因变量的影响程度；C_{ci} 是模型中的控制变量，指的是负向情绪与正向理性两种网络情境；Gc 是情境的回归系数，代表网络情境的影响力程度；CX_{ci} 是跟帖场域与框架类型的交互项；dc 代表模型交互项的回归系数，反映了在不同网络情境下，发帖场域的框架建构对跟帖场域用户反向建构行为的影响力的大小。

如表5-8所示，当模型2纳入控制变量"跟帖场域"类型后，政府行动框架、严重框架等内容的框架效果保持显著，显示了"跟帖场域"话语氛围对用户反向话语建构行为的调节作用。

具体来看（见表5-8、表5-9），当模型3考虑了"跟帖场域"类型与新闻框架的交互作用后，研究发现，"情境*框架"的不同组合对用户是否采用反向建构行为的影响作用存在较大差异，其中，"情境*政府失责"与反向话语建构的概率正相关，而"情境*政府行动""情境*不严重""情境*严重"与反向话语建构的概率负相关。这也意味着，"跟帖场域"的话语氛围对发帖场域的政府行动框架、不严重框架产生了调节作用，显著降低了用户反向话语建构的发生概率。不仅如此，当用户处于理性正面的"跟帖场域"（模型3）时，民众行动框架引发用户反向话语建构的概率最低，但与政府行动框架、不严重框架的差距最大。与之相对，当用户处于消极情绪的"跟帖场域"（模型4）时，"发帖场域"的框架建构作用几乎失效，任何新闻框架都会引发用户显著的反向话语建构。

由此可见，"跟帖场域"的话语氛围不仅直接影响了用户反向话语建构行为的发生概率，同时也调节了"发帖场域"新闻框架的建构效果。当用户处于消极情绪场时，负向的情绪氛围将大大削弱新闻框架的建构效果。同时，由于愤怒、焦虑等情绪的传染效应与话语压力，后续用户出现反向话语跟帖的概率更高。最后，结合对发布时间在模型中的显著性检验来看，时间变量在所有网络情境下均不显著。换言之，用户的反向话语建构并不会因为时间的流逝而消退。基于此，政府、主流媒体等主导建构者在进行新闻发布的同时，也要注重"跟帖场域"的话语氛围，尤其是消极情绪场对后续跟帖者的影响。

表 5-8　框架类型、账号类型与消极情绪跟帖情境对用户反馈行为的影响

自变量	模型 1			模型 2			模型 3		
	B	S.E.	Exp (B)	B	S.E.	Exp (B)	B	S.E.	Exp (B)
框架类型									
政府失责框架	0.348	0.302	1.417	0.557@	0.323	1.745	0.71@	0.415	2.033
政府行动框架	1.156***	0.309	3.178	1.142**	0.331	3.133	1.702***	0.468	5.483
不严重框架	1.625***	0.312	5.078	1.330***	0.331	3.782	2.005***	0.462	7.428
严重框架	1.738***	0.317	5.686	1.175***	0.339	3.239	1.487**	0.567	4.425
账号类型（高控制＝1）	0.385*	0.196	1.469	0.047	0.215	1.048	-0.051	0.247	0.950
发布时间	0.129	0.200	1.138	0.009	0.217	1.009	-0.139	0.228	0.871
跟帖情境（消极情绪场＝1）				1.452***	0.167	4.271	2.404***	0.649	11.063
情境 * 政府失责							0.381	0.861	1.464
情境 * 政府行动							-1.167@	0.702	0.311
情境 * 不严重							-1.519*	0.717	0.219
情境 * 严重							-0.863	0.778	0.422
常量	-1.090**	0.328	0.336	-1.298	0.356	0.273	-1.441**	0.432	0.237
-2loglikelihood	1177.340		1057.005	1068.873					
df	6		11	7					
N	936		936	936					

注：*** : $p<0.001$，** : $p<0.01$，* : $p<0.05$，@ : $p<0.1$。

表 5-9　框架类型、账号类型与正面理性跟帖情境对用户反馈行为的影响

自变量	模型 4（消极情绪场域）		
	B	S. E.	Exp（B）
框架类型（参照：民众行动框架）			
政府失责框架	1.091	0.753	2.976
政府行动框架	0.535	0.537	1.707
不严重框架	0.487	0.545	1.627
严重框架	0.624	0.527	1.866
账号类型（高控制＝1）	−0.051	0.247	0.950
发布时间	−0.139	0.228	0.871
跟帖情境（理性正面场域＝1）	−2.404	0.649	0.090
情境＊政府失责	−0.381	0.861	0.683
情境＊政府行动	1.167@	0.702	3.211
情境＊不严重	1.519*	0.717	4.566
情境＊严重	0.863	0.778	2.371
常量	0.963	0.593	2.619
−2logliklihood	1057.005		
df	11		
N	936		

注：***：$p < 0.001$，**：$p < 0.01$，*：$p < 0.05$，@：$p < 0.1$。

第四节　共识达成："话语—情感—共识"的机制共创

本研究表明，在元传播时代，风险信息的病毒式扩散、多元化的意见表达、网络情绪的极化、对主流和官方媒体信任度的下降等问题，共同阻滞了当下良性风险沟通的形成。其中，话语是构建共识的最小单位。福柯认为，权力产生于话语当中。当某类话语被视为应然的文化存在，或在实然层面获得了一定政策与实践合法化的权力时，该话语即为当下的主导性话语。[①] 从本研究聚焦的案例来看，无论是自然环境风险还是人为环境风

---

① 米歇尔·福柯. 知识考古学 [M]. 谢强，马月，译. 北京：生活·读书·新知三联书店，2007.

险，其引发网络舆情的原因多归于主导性话语的失声或对抗性话语的兴起。事实上，社交媒体的兴起也是技术赋权的过程。过往由传统媒体主导的公共传播情境被当下多元的风险行动所挑战。在当下社会转型的背景下，普通用户尤其是青年一代越来越把平台媒体作为表达利益诉求的关键端口。因此，有必要思考如何"重塑"媒介框架，反思愈加壮大的用户框架，讨论各框架之间的相互关系，以此来推动风险共识的形成。

与此同时，情感成为触发风险舆情的关键开关。特别在多元化、个性化、开放化的网络空间中，社交媒体业已成为情感释放的便捷介质。一方面，普通用户极易借助情感集群与情感传染将个体表达转化为形塑媒介化风险的行动力量；另一方面，不同利益群体间的情绪极化加大了群际的隔阂与分离。当用户沉浸于悲哀、愤怒、恐惧等负向情绪中时，便很难形成对社会问题的理性思考，这加大了实现理性传播、共识理想的困难。

基于此，共识建构需要厘清用户风险话语与负向情感的转化逻辑，以此促进形成线上公共空间的良性气候。最后，社会共识为话语行动提供了表征符号与交往的规则，将话语与情感联结为一体，使在线共识成为可能。

一 转换话语：厘清逻辑，实现网络情境下的精准传播

由前几章的论述可见，框架、框架效果构成了本研究关注的中心主题，也是建构环境风险事件的最小意义主体。本研究认为，形成特定风险事件共识困境的核心是主导话语框架与用户框架的距离，也即框架沟。心理学研究表明，公众框架具备认知图式与诠释规则的双重属性。前者往往涉及过往的记忆与经验，后者则强调在基模指导下的具体行动表征，也即风险传播中的用户框架。鉴于此，有关风险传播中共识、合意的探索必须回溯至用户框架建构的起源。对此，布迪厄提出"场域—惯习"理论，他认为惯习（habitus）黏合了个体认知与社会结构间的研究区隔：惯习既受制于社会结构，又具备主体的创造力。具体地，惯习包括个体习惯（habit）、价值观、情感、判断等内涵。惯习的倾向性使公众偏好于根据个体资源与过去的经验进行当下的行为决策，并将实践后的结果继续纳入个体可持续、可转化的倾向系统。换言之，用户反馈的结果实际上取决于其采用

的不同惯习。尤其当用户将环境风险模式化地归类为官民冲突、社会利益摩擦、权力腐败、社会分层加剧、环境资源恶化等问题时，会立刻触发个体不信任的负面情感。从该层面来看，研究还应厘清诱发不同框架模式的话语的差异。

从框架沟形成的具体情境来看，转化话语首先必须尊重公共传播的基本规则：在环境风险的传播背景下，政府等相关部门的框架建构多遵循危机传播、应急管理的传播逻辑；用户框架则聚焦于个体利益诉求的表达；主流媒体机构肩负传递权威信息、建构主流话语的职责使命；专家、科学机构等主体则成为专业知识的权威提供方。因此，空间纬度上，主流媒体、相关政府认证号应妥善应对由自身角色局限以及框架差异引发的话语争夺之战。一方面，应积极与专家、科学机构等主体形成合作，用"话题+"的形式构建话语同盟；另一方面，还应谨慎处理批判者对主导者框架的消解与对立矛盾的转移和扩大等问题。时间纬度上，主流媒体与政府相关组织作为主导话语的提供者，应针对用户反馈与诉求及时处理不同时期的框架差距。具体来看，环境风险舆情的出现一般存在酝酿期、爆发期与淡出期。其中，自然环境风险的酝酿期向爆发期的转化多源于主导话语的缺失或滞后，而人为环境风险则多源于某些放大事件风险的特殊节点。针对前者，相关媒体、政府应该加大权威信息、知识的投放，而对后者则需要针对具体的舆情情境进行精准回应。如果说风险发展前期的工作难点仍在于舆情风险酝酿的提前识别与监测，那爆发期向淡出期的转化则主要考验政府、主流媒体的介入效率与信息补给的方式策略。从本研究结果来看，风险话语的情绪化聚集已经成为爆发期的主要特征。因此，共识产生的关键在于对媒介化情绪的疏解。

二　凝聚合意：弥合微距，寻找共情传播的最大公约数

从情绪与话语的关系来看，在线传播所承载的意义主体包含认知信息与情感信息两大类。因此，共识与共情都应成为风险沟通追求的理想。通过对以往公共管理方面的文献梳理，发现起源于启蒙实体的共识探索往往强调理性思考的重要作用，而忽略了公众情感的强大作用。巴蒂亚（Bhatia）提出，个体对现实的建构一般包含主观事实与客观事实两部分。

环境风险事件中，当某一用户框架无限放大时，该框架集群内部极易出现一种话语幻想（discursive illusion），即当某些符合惯习的主观事实获得较大影响力时，它会被用户构想为客观的存在与事实。特别在争议性环境风险事件中，用户也常出现归因框架惯习，即偏向于将风险事故的原因归于政府、官员或相关组织部门，进而触发以维护"公共利益""社会争议"为诉求的媒介化愤怒，导致情感框架的嫁接。与此同时，媒介框架在一定程度上决定了网络情绪的类型与程度。媒介框架设置不当可能会使负向网络情绪进一步激化。

研究表明，共情一旦形成，在多数情况下其动能要比共识大。通过对重大风险事件的短视频研究，学者发现主要出镜人员为志愿者的短视频共情传播效果好。[1] 相似地，本研究发现，采用受众行动视角的框架接收到的负面用户反馈最少。这也意味着共情视角下，主流媒体应学会"巧传播"，即从用户的立场出发，突出对非官方形象的刻画与报道，以此来弥合官方与用户之间的角色微距，提升内容的信任感与影响力。同时，非理性的情感仍需要主流声音的疏导。其中，非理性的愤怒情绪已经成为破坏良性话语氛围的主要原因，具有高情绪极性与高传染性。研究表明，负向情感并不会随着时间的推移而自动消解，因此，主流媒体与政府组织亟须在确认事件真相的基础上，对环境风险进行道德认知与评价，这样才能在话语争夺中争取舆论主导权，实现对用户归因框架的纠偏，实现网络舆情的逐步淡出。

三　培植共识：兼收并蓄，积蓄碎片化共识的行动合力

从共识建构的角度看，实践主体的特性并非认知输出结果、共识达成的决定性要素。去中心化的网络环境下，共识的达成植根于媒介框架和受众框架的持续互动：媒体搭建的信息流动环境形成媒介框架的外部触发机制，依附于集体环境的受众框架延续着受众内部的反应轨道，二者相互作用，输出认知，提供了共识达成的可能性。在这样的背景下，网络共识的

---

① 郭小安，周子琪，李泽源. 重大风险事件中短视频的共情传播效应及反思——基于"重庆山火事件"1063 条抖音短视频的内容分析［J］. 传媒观察，2023，（08）：73-81.

达成存在标准上的落差或概念上的再赋予。既往研究多将共识视为维持社会稳定的重要基础和传播交流的理想形态。然而本研究显示，元传播时代，区别于以往维持社会稳定的共识的另一种"共识"形成了，它是以道德伦理、社会准则共识为基准，凝聚情感行动、表达的共识合力。换言之，在网络环境下形成了风险传播的"碎片化共识"。

　　基于此，"建设性新闻"理论的提出与完善或许为媒介引导网络共识的达成提供了一种可能：处理好客观性和建设性的关系，以理性的姿态和积极的态度去理解和解决问题。[①]"建设性"本身具有开放性和模糊性，这种开放性和模糊性适应了不同地区的多样性和差异性，在"共识"由破碎至凝聚的过程中，抛弃了固有的模板，提供了符合特定语境的报道话语和框架。客观性和真实性对于新闻传播的重要性无须多言，但在新的认知诉求和新的媒介形态下，传播客观信息的方式或许可以进行调整，即在媒介框架中适当增加情感因素的考量，借由情感动员实现从"碎片化共识"到"共识"的转换。

---

① 史安斌，王沛楠．建设性新闻：历史溯源、理念演进与全球实践［J］．新闻记者，2019，(09)：32-39+82.

第六章　超越风险：智能传播时代的
媒介化治理与审思

　　随着社会与信息传播智能化的迅猛发展，中国迈入环境风险治理的新时期。无论是全球变暖背景下高频出现的极端气候风险，还是新科技引发的邻避运动或病毒引发的健康风险，都日益表现出"触点"多变、不确定性增加、影响力显著等特点，甚至愈发显现网络舆论与现实场景"跨界""跨平台""跨时空""跨圈层"的外溢趋势。对此，我国政府已陆续出台《环境保护法》《关于加快推进生态文明建设的意见》等相关法规与政策文件。

　　学术研究方面，国内学者多从公共管理视域出发，探讨风险治理过程中个人或群体的共治关系或模式，如互动决策、利益相关者理论等，[①] 较少关注环境变量，尤其是较少关注新技术变革对数字时代社会结构的形塑以及风险治理的影响。事实上，随着我国经济社会的发展与移动终端触网率的不断提高，我国公民对环境风险的关注度和公众环境权益意识正显著增强，对环境诉求的表达意愿日益高涨。社交媒体平台的出现不仅让个体行动者、组织行动者以及其他技术主体前所未有地卷入环境风险事件演进的全过程，同时也为我国政府应对环境风险难题、提升数字治理的水平提供了良好契机。

　　基于此，媒介化与网络化成为本章探讨良性风险传播与理性风险对话

---

　　① 汤景泰，史金铭 . 政治逻辑、风险逻辑与媒介逻辑：风险的媒介化治理机制研究［J］. 新闻界，2023，（02）：23-31.

的独特维度。具体地，本章首先通过对全书环境风险事件的案例回顾，剖析提炼出新时期我国出现的风险传播的共性问题以及治理困境；以此为前提，在行动者网络理论的视域下，本章进一步探讨了媒介化治理的具体内涵，以及如何利用风险沟通的思路实现我国社会文化底色、智能传播技术与多元行动者网络的互通互融。本研究认为，媒介作为一种新型治理工具与治理主体，为构建环境风险的社会治理循环提供了一条宝贵的资源路径。对此，本研究也试图探索出一种以媒介化治理为核心、以智能技术为中介，整合媒介内容、平台技术可供性以及异质行动圈层的数字善治实践之路。

第一节 问题呈现：新环境风险下的风险 传播与治理困境

作为风险信息载体的媒介决定着风险的表征与风险传播的方式。与传统媒体时期相比，社交媒体的可供性主要体现在对传播技术、社会关系场域以及互动行动场域的在线整合。[①] 具体来说，社交媒体的高互动性、用户身份的去中心性以及内容分享的开放性不可避免使风险传播者打破过去线性层级传递的生产逻辑，转向多向扩散的情感行动与互动分发。随着科学技术革命的加速发展，技术自身的不完备性与社交网络场域的无边界性交相叠加，为新时期环境风险事件的媒介化及其风险治理带来了一系列的适应性难题。

一 媒介化：技术的风险属性与社会放大效应

风险是技术的固有属性，技术功能的双向性并不意味着技术的运转过程所实现的社会价值始终平衡，如近些年来已经初露端倪的大数据隐私泄露风险、基因编辑技术引发的伦理风险、核泄漏危机、人工智能责任判定风险等，可见技术力量的倒置、预期目标的背离与技术的风险属性密切相

---

① Bucher T, Helmond A. The affordances of social media platforms [J]. The SAGE handbook of social media, 2018, 1: 233-253.

关。具体来看，技术既可是环境风险刺激物，也是风险媒介化的放大器与最大变量。

从前者来看，技术自身的不确定性与技术损害的不可逆性已经成为新型环境风险的重要触发因素。一方面，技术的发展是一个漫长的演变过程，从"崭露头角"到进入发展"黄金期"，需要漫长时间的沉淀与打磨。作为"人工产物"，技术本身并非完美无缺，其对人产生的影响是一个从量变到质变的过程，所携带的安全隐患也随着时间的累积，一起产生并逐渐显现。这种风险生成的渐进性也使得其带来的后果与危害往往难以察觉或准确预测，① 导致用户的认知与评估从技术不确定性向环境健康风险不确定性转移。同时，本书的案例研究表明，"不确定性"风险感知时常与焦虑、恐惧、愤怒等个体情绪相伴而生。情感驱动模式下，平台个性化算法分发与"富者越富效应"进一步放大不同传播主体的框架建构效果与认知距离，并最终引起网络舆情。此外，遵循着成本—收益原则的技术往往追求短期的效益最大化与"肉眼可见"的成果。创新浪潮所带来的丰厚回报，往往会使得技术的效能被夸大，潜藏的风险却被一笔带过，这让人对技术的内生缺陷与风险置若罔闻。以引发网络舆论关注的"玻璃纤维"为例，作为合金筷子、雨伞骨架、烘焙垫等家居日用品的常见工业材料，它一旦被人体吸入，可能对人的健康产生较大威胁。然而，由于其危险尚未被科学界明确证实，也未受到媒体的普遍关注，该问题也演变成阶段性的网络舆情隐忧。

另一方面，伴随着技术迭代升级，技术创新更加复杂，并且呈现融合交叉的发展趋势。纳米机器人、区块链技术、智能物联网、神经网络技术等，这些创新技术越是复杂，越是需要更高的知识门槛与技术素养，越是会不断拉大普通公众与高精尖技术之间的"行业壁垒"，这也使得技术"黑箱"不断升级，迭代为复杂程度更高的"超级黑箱"。以本书选取的"垃圾反烧"案例为例，对普通公众与利害相关方来说，垃圾处理技术及其风险后果的不确定性往往不易理解。这在引发邻避效应的同时，也阻碍

---

① 乌尔里希·贝克，约翰内斯·威尔姆斯. 自由与资本主义——与著名社会学家乌尔里希·贝克对话［M］. 路国林，译. 杭州：浙江人民出版社，2001：127.

了风险的沟通。此外，技术越是重要、越是新颖，越是难以干预与控制，其生成的结果越是具备不可逆性，对其发展越是难以纠偏。以核技术为例，苏联切尔诺贝利核电站泄漏事件、日本福岛核电事故以及引发关注的核污染水排海事件无一不显示出核辐射、核泄漏风险损害的不可逆性和不可规避性。尽管核技术不断取得突破，但一旦发生意外，人受损害的程度不仅不能直接被感官感知，同时达到何种程度会致病也会超过人们的经验所能理解的范围，[①] 从而极易引发群体性恐慌与大规模的非理性行为，进而干扰社会秩序的正常运转。

从后者来看，社交媒体时代的风险沟通呈现出更显著的社会放大效应与情绪传染效果。1988 年，卡斯帕森（Kasperson）与雷恩（Renn）等人率先提出风险的社会放大框架（The Social Amplification of Risk Framework）。[②] 该框架认为，风险放大效应通常发生在风险信息传递和社会反应两大阶段。在大众媒体时期，通过新闻媒介、专家、政府等行动者的信息传递，放大的风险被作为"受众"的个体所感知，他们作出相应的行为反应，从而导致风险的二次影响或"涟漪"。在智能媒体时代，平台与用户则构成风险放大效应的最大变因。在信息传递阶段，作为技术集合体的社交媒体平台通过 UGC、PGC、PUGC 模式，既在生产端提供了多模态内容上载的可供性，又通过智能算法将"流量为王"的商业逻辑内嵌于信息分发与可见性排序中。在此背景下，新环境风险中社会放大即可理解为借助社交媒体平台来增加风险信息或内容的影响力、可见性的过程。在本书的案例中，我们发现参与式文化中，普通网民多利用流行文化或戏谑性话语来达成用户框架的病毒式传播。此外，平台去中心化的链接规则与共时空性进一步扩大了社会反应阶段的涟漪。在逐利的资本逻辑影响下，平台媒体的算法机制鼓励了情感公众的形成与高唤醒度情感文本的传播。通过对疫苗、雾霾、转基因、地震等风险事件的研究，本书发现愤怒、焦虑、恐惧等情绪在环境风险传播中有显著的中介作用，一方面形塑了个体的风险

---

① 王书明，徐文涛. 重大环境事件与当代国际社会的重塑——福岛核泄漏事件的环境社会学反思 [J]. 南京工业大学学报（社会科学版），2012，11（02）：12-17.

② Kasperson R E，Renn O，Slovic P，et al. The social amplification of risk：a conceptual framework [J]. risk analysis，1988，8（2）：177-187.

感知，另一方面也间接引发了"跟帖场域"的情感传播。同时，国外研究也表明：在对新加坡雾霾环境风险的研究中，作为平台媒体的 Facebook 对风险传播中的情绪有明显放大作用，而在线论坛 HardwareZone 与《海峡时报》的效果欠佳。① 不仅如此，在万物互联的背景下，跨平台的风险行动进一步消解了社会子系统间的固有区隔，导致舆情风险的全平台扩散。

二 网络化：环境风险中的行动者与风险外溢

在技术变革的背景下，风险媒介化的意涵不应局限于多元行动者对特定媒介技术的器物性使用，还应重点关注媒介自身的组织结构与运行模式对风险生成以及其他社会领域的形塑与改造。② 具体而言，社交媒体时代，平台的运行逻辑愈发呈现出一种泛媒介逻辑的升级与网络化逻辑的延伸的特征。从前者来看，泛媒介逻辑的升级根本落脚点在于理解媒介与技术如何广泛且深度嵌入日常生活或风险情境的不同领域以及各个环节；从后者来看，网络化逻辑不仅强调了智能传播技术的大量显现，更强调了风险行动中多元行动者或行业组织为适应新技术环境而采取的行为变革与模式转型。③ 如无限扩张或收缩的网络结构催生了用户基于情感或意义的在线认同或自组织集群，去中心化的传播环境既打破了以传统媒体为中心的内容关系网络、传播关系网络、权力关系网络，同时也鼓励了多元行动者的内容生产与互动，由此引发了环境风险中新一轮的注意力争夺，并最终构成风险舆论的圈层化传播。

从风险行动者的类型来看，以往研究多在社会角色方面对风险传播中的行动主体予以区分，如用户行动者、政府行动者、媒体行动者等，提前预设了不同类型行动者的角色立场与行动范围。而本书第二章的研究则表明，社交媒体平台的可供性极大地扩大了多元行动者的角色范畴，延长了

① Chong M, Choy M. The social amplification of haze-related risks on the internet [J]. Health communication, 2018, 33 (1): 14-21.

② Livingstone S, Lunt P. Mediatization: an emerging paradigm for media and communication studies [J]. 2014. 703-724.

③ Boyles J L. The isolation of innovation: restructuring the digital newsroom through intrapreneurship [J]. Digital journalism, 2016, 4 (2): 229-246.

互动半径。特别在环境风险事件日益复杂化的背景下，有必要对多元行动者的角色定位与互动规律进行重新审视与分析。

从风险行动者的互动模式来看，虽然短期性的"热点事件"触发了部分行动者的偶发性社交互动或网络集群，但同质化程度较高的网络圈层仍是多元行动者接触风险信息、参与风险互动的核心场域。普通用户多形成以地理空间为核心的地缘圈层、以文化消费为核心的趣缘圈层，媒介组织、专家机构、自媒体易结成以特定行业为核心的职业圈层。因此，环境风险事件的舆情"外溢"不仅指事件本身的热点激增，而且指伴随着相关议题在不同社会圈层之间扩散或互动，产生了特定风险事件"出圈"的社会关注与争鸣。因而，对环境风险的综合性治理还应厘清在线舆论"出圈"的演化逻辑。

从风险行动者的互动效果来看，多元行动者之间的风险建构圈层存在明显的时空失衡困境。时间方面，得益于社交媒体平台的实时分享机制，处于事件现场的普通用户或事件亲历者往往掌握风险事件进展初期的"第一手信源"。此时，自媒体行动者或网络意见领袖往往针对平台上相对破碎的"真实影像"进行首次扩散，但由于自身职业素养不足、媒介素养不足或科学文化素养不足，其传播信息的质量有待提高，其行为甚至导致社会谣言的频发。而专业媒体机构由于其地缘限制以及内容发布审核制度，在环境风险的建构方面往往存在一定的延迟性。

空间方面，环境风险事件中的信息传播与情绪传播往往叠加发生，且互相促进，极大提高了风险媒介化治理的难度。平台去中心化的分布特点以及以节点网络为核心的聚合特性进一步鼓励了风险传播中不同行动者基于情感的跨圈层集合。一方面，以集群为中心的传播模式扩大了圈层舆论的影响力，另一方面，多元行动者之间的框架差距及其引发的话语争夺也是诱发敏感风险舆情的重要动因。由此，如何发挥社交媒体平台网状联结的治理效能，有效调动并整合异质行动者的积极性也是提升媒介化治理水平的关键问题。

三　厘清逻辑：从媒介化治理到良性风险沟通的理论路径

20 世纪 80 年代中期，以社会学家布鲁诺·拉图尔为代表的巴黎学派学者在科学知识产生问题的探讨中提出了行动者网络理论，认为社会由异质化的多元行动者组成，多元行动者之间的复杂联系构成了社会网络。这一理论为把握人与技术关系提供了重要的理论框架，因此也被广泛运用于数字媒体的相关研究中。在新媒体时代，原本的受众被贴上了"用户"的标签，称呼改变的背后是原本被放置于媒体接收者位置的受众变为了互联网传播中基本构成单元，节点成了互联网中每个主体的生存方式，联结则成了互联网的基本生存法则。当互联网成为环境风险发生与沟通的核心场域时，多元行动者与其之间的联系就成了考察环境风险良性沟通的重要视角。本章以行动者网络为核心理论，考察如何在环境风险中形成良性风险沟通以实现媒介化治理。

1. 媒介化治理：风险治理下的新视角

风险社会的来临需要一套更为完备的社会风险防范体系，推进国家治理体系与治理能力现代化也是风险社会背景下重要的时代命题。习近平总书记指出："我们要打赢防范化解重大风险攻坚战，必须坚持和完善中国特色社会主义制度、推进国家治理体系和治理能力现代化，运用制度威力应对风险挑战的冲击。"① 而媒介化治理则是提升治理能力的新范式和重要组成部分。

媒介化治理概念的出现与媒介的发展相伴而行，新媒体技术的高速发展使得新媒介与日常生活的相互嵌入越来越深，媒介不再仅作为工具或者中介物，又或者是平台而存在，它还是一种社会动态变化的力量，能够作为一种逻辑深刻地介入社会建构过程中，影响社会政治、经济、文化景观。基于"媒介逻辑"，媒介化治理概念也随之出现，媒介化治理可以被理解为在多元主体构成的治理网络中发挥媒体重要性的长期过程。② 在数字时代背景下，环境风险呈现出了全域影响、长期、难以测算等特征，以新冠疫情为例，疫情在现实区域蔓延，弥散在线上线下的疫情信息次生风险更是让人们难以在真假混杂的大量信息中找到关于疫情应对、疫情发展

---

① 习近平谈治国理政：第 3 卷 [M]．北京：外文出版社，2020：113.
② 罗昕．媒介化治理：在媒介逻辑与治理逻辑之间 [J]．湖南师范大学社会科学学报，2022，51（05）：1-11.

的可靠信息。面对这些新特征，媒介化治理更能满足数字时代风险治理的需求。

媒介化治理不同于治理媒介。媒介不仅仅是治理过程的对象或是平台，还是国家治理体系的参与主体，治理媒介是媒介化治理的重要组成部分，媒介化治理还需要探讨媒介如何联结公众与政府、如何促进公众参与风险协商与探讨、如何运用机制创新实现技术向善与治理等议题。媒介化治理作为风险治理的关键环节和新范式，可以在治理过程、方式、趋势等多层面，风险评估、风险化解等多环节发挥独特的作用。数字时代的环境风险不再仅限于单一社会系统中，而是跨越各子系统边界，风险的复杂性意味着单一行动不能承担风险，更不能解决风险；多元主体参与到媒介空间中也意味着媒介化治理同样需要多方力量的协同参与。因此，在本书前文用大量篇幅剖析环境风险背后的媒介建构作用与机制的基础上，本部分将会结合行动者网络理论，探讨如何实现环境风险的媒介化治理。

2. 走向对话：行动者网络理论与风险沟通

自 20 世纪 50 年代以来，西方思想家们对于资本主义社会及其文化出现了差异化认知，越来越多的思想家对社会进步、技术发展的信念产生了动摇，他们开始对工业社会、人的异化、消费文化等问题进行反思与批判。在文学、建筑、哲学等诸多文化领域都出现了以往从未出现过，并且用现有理论和观念难以解释的新现象，他们被统称为"后现代"。利奥塔将后现代话语总结为，通过对现代主义和现代性的解构来凸显后现代主义。反传统哲学、反理性主义、反主体性也时常被认为是后现代思潮的重要标签。作为后现代思潮的代表人物，布鲁诺·拉图尔将目光放到科学知识社会学中，其借助批判与结构反思科学知识的产生，并再建构社会与自然、人与非人、主体与客体的关联。

拉图尔认为在社会学研究中存在两种范式的对立，即社会的社会学与联结的社会学。社会的社会学将社会视为一种区别于政治、物理、化学等领域的特殊领域与问题，其他领域嵌入社会之中，当其他领域难以用自身的知识体系去解释时，就借助社会因素和社会学知识进行解释。在这样的视角下，社会是解释的起点，但同时由于多领域嵌入社会中，这种解释最后就会陷入以社会解释社会的困局中，这样社会学知识体系就缺乏了解释力。因此，拉图尔倡导联结的社会学范式。在此范式下，社会由多个行动者组成，行动者并非被动的嵌入者，而是具有能动性和判断力的主体，异质性的行动者相互联结便构成了社会。另外，借用"铅笔"的比喻，拉图尔进一步区分出该范式研究视角与传统社会学的差异：传统社会学当中的网络理论是铅笔绘制的网络，而在联结的社会学当中，社会学变成了铅笔本身，成了阐释工具和研究视角，这也就是行动者网络理论。

行动者网络理论以联结为核心，由行动者、转义者、网络等核心概念组成。不同于以往的概念范围，行动者这一概念在行动者网络理论中被无限扩大，其不仅包括人，还包括非人的技术、观念等，任何产生了实质行动并改变了事物状态的主体都可以被称为行动者。"我使用 actor、agent 或 actant，并不对他们可能是谁和他们有什么特征做任何假定，他们可以是任何东西，个人的或集体的、比喻的或非比喻的。"① 拉图尔认为，多元行动者的找寻需要回到行动中，其背后则是隐含着该理论视野下的研究范式，行动者包含非人行动者，这也意味着研究者不应提前预设行动的合理与否，而是参与到行动本身中，尊重行动者的多样性。研究者是中介，进行记录与描述。

转义者概念则是对于行动者特征的再阐释。"转译"指行动者将其他行动者的问题以自己的方式进行转换的过程。行动者把其他行动者的问题和兴趣（利益）通过自己的语言翻译和转换出来。拉图尔反对功能主义将行动者放置在特定位置来完成特定功能的角色定位，他认为行动者是主动的、具有能动性的，即使是处于同样位置、拥有同样条件的行动者也可能会采取截然不同的行动；如果行动者的行动之间没有差异，那便不能将其称为行动者，因此研究者应打开行动者的"黑箱"。具有能动性的行动者并非中介，而是转译者。

网络是行动者网络理论中的另一重要概念，网络既是每个行动者节点的相互联结，也是一系列的行动，其强调的是每个行动者的工作、流动及行动者之间的互动，还有其对社会变化的影响。拉图尔以电话线的比喻说

---

① Latour B, Sheridan A, Law J. The pasteurization of France [M]. Harvard University Press, 1988：252.

明网络的存在：虽然电话线纤细，作为物品其不具有什么存在感，但它可以实现全世界的联通。"网络这个词暗示了资源集中于某些地方——节点，它们彼此联结——链条和网眼，这些联结使分散的资源结成网络，并拓展到所有角落。"① 网络概念背后还暗含一种平等性，人类行动者与非人类行动者平等地被纳入网络之中，以此打破传统社会学中人类与非人、主观与客观、自然和社会的二元对立。

行动者网络理论的出现为考察知识、技术等问题提供了新的研究视角：科学技术实践是由多种异质成分彼此联系、相互建构而形成的网络动态过程，知识的产生同样也是科学与社会相互建构和演进的结果。② 由此，传统自然一社会的二分法被打破，知识生产背后的异质成分也说明了知识生产命题的复杂性，知识是权力的产物，科学与社会之间的关系被重构。行动者网络理论在方法论上坚持在异质行动者中进行挑选，通过追随多元行动者的方式还原整个行动网络的建构过程。这种研究取向与以节点化生存与网络化联结为核心特征的网络世界相契合，行动者网络理论也在数字新闻学的研究中被广泛运用，也给予了新闻传播学理论的"生态转向"以重要支持。③ 在网络时代背景下，传统的行动者将会产生怎样的新变化成为新媒体研究的重要领域，算法、人工智能等多元行动者的加入及其广泛运用，更是让人机关系等非人行动者与人类行动者之间的讨论变得愈发重要。

随着技术的不断发展，网络技术被嵌入日常生活的方方面面，数字技术的种种特征也被嵌入社会经济政治中，对原本发生于现实生活中的环境风险的讨论的场域也被放置于数字环境中，因此，需要在环境风险的媒介化治理中关注数字环境中的复杂行动者及其网络。其中，畅通理性的风险沟通不仅促进风险信息的流动，同时也加强了对话双方的合作与信任，有助于提高未来应对突发环境风险事件的水平与能力。

在众多有关媒介化治理的理论中，风险沟通强调多元主体的对话参

---

①　Latour B. Pandora's hope [M]. Cambridge, MA: Harvard University Press, 1999: 174-215.

②　郭俊立. 巴黎学派的行动者网络理论及其哲学意蕴评析 [J]. 自然辩证法研究, 2007, (02): 104-108.

③　常江, 何仁亿. 新闻生态理论：缘起、演变与前景 [J]. 江西师范大学学报（哲学社会科学版), 2022, 55 (02): 101-110.

与。从以往研究来看，风险沟通的实践过程一般涉及政府的风险协调、专家的风险论述、公众的理解与参与、非政府组织的信息传递以及媒体的风险传播等多元行动，① 主要包括保护性沟通、共识性沟通以及危机沟通等具体类型。② 与信息扩散视角下的风险传播相比，风险沟通强调不同社会利益群体的平等对话，这也与当下媒介化的发展进程相匹配。具体地，新兴的传播媒介技术在迅速传播风险信息、了解社会反馈、监测舆情谣言以及促进公众参与等方面具有良好的效果。③ 在平台供给方面，界面性技术的发展使得风险沟通的渠道走向多元化：沟通的场域从实体空间扩展到"虚拟社群"；沟通的主体从群体传播走向"人+机器人"。在此背景下，理性、规范的环境风险沟通有助于扩大风险沟通的参与范围，提高参与水平。④ 尤其是线上与线下相结合的沟通渠道的搭建，极大地提升了公众表达观点、交换风险信息的能力，有助于统一异质行动者或集群对环境风险事件中重大问题的风险认知。在信息供给方面，智能传播时代的到来为高效传播信息提供场景支持，增强公众在物质层面上的技术可获得性，连接信息断点，推动着风险信息快速流转、高效传输，从而实现高质量的信息共享。一方面，以往"被动"接收信息的人类行动者通过微博、微信等社交类平台，抖音等短视频平台，App 应用等成为风险信息的积极传播者和创造者。⑤ 另一方面，技术平台实现了多样化的信息整合与聚焦。其中，风险数据、事实信息的实时更新以及情感信息的共享共创，进一步降低用户对风险未知性的感知。不仅如此，作为沟通中介，社交媒体平台在推行风险预防、灾难应对与处置的全民教育，培养民众主动获取风险信息能

---

① 高盼. 透视"挺转"与"反转"之争——以风险沟通为思考点 [J]. 社会科学论坛，2016，(10)：196-204.

② Lundgren R E, McMakin A H. Risk communication: a handbook for communicating environmental, safety, and health risks [M]. John wiley & sons, 2018.

③ 董向慧. 舆情视角下的突发公共卫生事件风险沟通框架建构 [J]. 理论与改革，2020，(04)：14-23.

④ 原新利. 自媒体"技术赋权"背景下公民参与权的特点及法律保障 [J]. 吉首大学学报（社会科学版），2019，40 (04)：153-160.

⑤ 黄培林. "四全媒体"框架下社会公共危机事件的风险沟通研究——以《人民日报》的重大突发性危机事件信息发布为例 [J]. 科技传播，2021，13 (14)：87-89.

力，搭建新型风险治理网络等层面均蕴藏着巨大的潜力。[①]

3. 关联网络：环境风险中的多元行动者及其互动特征

新媒体的平台特性为更多的行动者提供了参与和建构风险的便利渠道。过往占据传播中心位置的传统媒体对信息的控制能力逐渐减弱，微博、论坛等交互平台的兴起给讨论各种观点和事实提供了广阔的舞台，人人都可以成为风险信息的传播者，媒介为不同主体的跨圈层交流搭建了桥梁，各方在媒介所建构的网络中互动、竞争与交融。"众声喧哗"的传播生态潜藏着公众难辨真假信息、虚假消息弥漫引起二次恐慌等风险，但另一方面，其同样是一种机遇，互联网的多元开放特点充分发挥作用，提供风险信息、征求意见等多种功能，改变了以往仅通过政府或专家权威向公众单向灌输、试图消除民众对风险的担忧的模式，[②] 从而也取代了公众仅按照专家传达的方式理解风险问题或接受风险事实的传统风险沟通模式。非人行动者的加入是新媒体时代多元行动者的另一特征，计算机或者泛化的技术已经成为重要的社会行动者，人工智能技术在信息生产中的广泛运用左右着内容生产的框架；算法"黑箱"很大程度上掌握了信息渠道，决定了公众能够接受什么样的风险信息；社交机器人的出现正在改变着社交媒体平台上的信息生态格局，影响公众的风险感知。机器与机器的互动、人与机器的互动正在深刻地作用于媒介化治理。

新技术的出现还影响了环境风险网络中的互动特征与联结方式。随着人类社会媒介化程度的加深，媒介全面渗透到社会各个场域，风险、媒介与社会系统互动耦合，加剧了风险的连锁效应和叠加效应。环境风险传播背景下的媒介化治理能力建设，本质上是为了因应"媒介—风险—社会"的共生关系。社会的深度媒介化正在加速信息传播体系与国家治理体系的一体同构，社会形态日益转向以"节点"联通的关系网络型结构。尽管互联网意见表达日趋显露出去中心化的态势，但是意见的呈现依然围绕着部分特殊节点进行，从这一方面来看，互联网意见表达实际上呈现出一种内

---

① 陈虹，潘玉．城市灾难风险要"多元共治"[N]．解放日报，2018-9-25（17）.

② 强月新，余建清．风险沟通：研究谱系与模型重构[J]．武汉大学学报（人文科学版），2008，6（4）：501-505.

容或感情中心化而非用户中心化的趋势。在前文大量对于风险话语的实证研究中可以发现，因极化情绪而形成的情感共同体和破碎的共识在风险传播中广泛存在，真实落于情感之后，情感弥散在网络空间中，共同空间的理性探讨难以进行。

另一方面，由 4G 开启的移动互联网技术支撑了高速率、低时延、高速移动的个人媒介的移动使用，促成了之前初步的人—人互联向深度的人—人互联和快速发展的人—物互联转变，促进了社会联结的强化和超强化。移动互联阶段开启的深度联结不仅意味着智能终端在物理空间上的可移动、由技术推动的关系网络在形态上的可伸缩，还表现为关系网络和资源类型可随时穿越、转化，比如，在 2021 年 7 月的河南暴雨事件中，粉丝借助日常用于"打榜"的微博超话社区实现救援信息的有序和高效集散、广泛传播，实现援助行动在线上与线下的联动，最终救援行动由民间自组织为主过渡到官方力量全面接管。

这些变化启示着我们，数字时代的环境风险治理需要围绕数字时代的行动者及其联结特征展开，关注作为节点的每个社会行动者，从他们之间的信息流动着手，多层面考察环境风险中的媒介化治理体系与能力建设。具体来看，内容是风险中多元行动者的互动单元与纽带；技术既为多元行动者赋权，又是互联网环境下的特殊行动者；关系则是多元行动者实现互联网沟通的内在法则。内容、技术与关系也为本部分分析风险沟通与治理提供了层次与框架。

第二节　内容治理：厘清思路，将媒介化逻辑嵌入风险传播

环境风险中的多元行动者通过内容联结在一起，内容是他们的传播基本单元，也是他们的信息接收单元。在环境风险的行动网络中，媒介既是风险的预警者，向受众传递风险信息；它又是风险的建构者，通过话语放大或弱化风险；它还充当了风险沟通的场域，为不同风险主体提供了协商对话的舆论空间。将媒介手段嵌入风险传播的全过程，考虑环境风险中不同行动者的话语模式及其传播效果，对做好环境风险的媒介化治理有至关

重要的意义。

一　明确媒介定位，以媒介为中心勾连信息网络

风险传播的起点是来源复杂、类型多样的风险信息，由于风险具有不确定性、随机性的特点，对其进行描述的风险信息在一开始往往也是不够精准和明确的。然而，风险的建构离不开全面翔实的风险信息，如果信息质量不能得到保障，社会对风险的认知将会产生偏差并由此带来一系列负面影响。在媒介化治理的体系网络中，媒介处于中心位置，其需要承担起联结不同行动者、引导信息内容向正常健康方向发展的职责，为谁发声决定其发什么声、怎样发声，因此审慎选择信息、明确媒介定位就成了内容治理的第一步。准确定位风险信息的措施可以从信息来源、信息内容组织两个角度来考虑。

在信息来源层面，任何与风险相关的主体都有可能成为信息来源，包括政府、企业、专家、民间组织及普通民众等。这些主体在权威性、专业性等特质以及与特定环境风险的关系密切程度上有所差异，在风险传播中扮演着不同的角色。信息来源首先应权威和专业，风险到来的初期需要通过专业权威及时的声音来应对弥漫在公众间的恐慌、愤怒等消极情绪。政府、专业机构和专家学者往往是此类信息的提供者，政府和相关部门掌握大量消息渠道和媒介资源，具备获取、甄别最新消息的能力；专业机构和专家学者则拥有丰富的与特定风险相关的知识，对风险事件也有更深刻的专业化理解。专业和权威的声音帮助建立风险信息的基本结构，在风险信息组织的过程中也持续发挥着核实信息的作用。其次，选择信息还需要平衡多方声音，多元行动者往往具有不同的立场、观点和利益，作为中介的媒体还需要注意从不同渠道、不同主体处吸纳异质信息，保证多元声音的平衡。降低信息偏见，全面获得风险信息，必须避免过度引用单一来源，要综合多元主体对风险的描述，在不同声音中找到恰当的平衡点。最后，信源选择需要有透明度和可追溯性，信源透明度是指信源的信息披露程度，包括调查方法、收集和处理过程等。信源所持有的信息很有可能经过了资料和数据方面的处理，在这种情况下，为了保证信息质量，信源需要有一定透明度以便对其甄别。可追溯性则是指他人可以对信源所提供的信

息进行追溯，并能够持续性地对风险信息进行查证和验证，可分为数据源可追溯性、专业意见可追溯性。信源提供的信息极有可能并不是第一手资料，而是经过了层层转述，可追溯性能最大降低这种情况造成的信息误差。

在信息内容组织方面，要考虑以下几个方面来最大程度确保风险信息的质量。第一，确保信息的时效性，在获取风险信息时要格外注意信息的时效性，避免使用已失去时效性的"过期"信息，以免影响风险的正确建构。第二，保证信息的准确性。环境风险往往涉及一些专业领域，大部分公众对此并没有足够的专业认知背景和知识储备，掌握大量资源的媒体须承担起解惑和引导的责任，在报道中根植科学领域，通过深入调查获得对风险的专业化认识，确保信息的科学性。第三，确保信息的全面性，环境风险的含义往往比较复杂，媒体应努力收集全面和多角度的信息，促使公众对环境风险进行更为深入的理解和思考。

二 审慎选择框架，以优化内容生产、建构风险认知

新媒体网络的主体多样性和复杂性意味着媒体不再是信息生产的唯一单位，也并非公众的唯一信息来源，但不可否认的是，主流媒体在风险这一特殊议题下仍有绝对的信息优势，不仅体现在信源上，更体现于公众信任度方面。前面章节已经说明媒体会通过话语与媒介框架加工信息内容，媒介框架会赋予风险社会、政治等维度上的意义，并进一步影响公众对风险的感知，故需要在分析特定环境风险特征的基础上审慎选用媒介框架，形成恰当的媒介话语。

在梳理国内外学者对框架的分类方式的基础上，我们把风险框架分成风险事实框架、风险科普框架、风险冲突框架、民众质疑框架、风险探因框架、风险治理框架、民意民权框架等多种。媒介框架的选择需要考虑事件特征、受众需求、传播目标三个层面。从事件特征方面考量，就是根据环境风险的类型、性质、规模以及紧急程度等特征，选择合适的报道框架。例如，自然灾害类型的环境风险事件通常单纯地由自然因素引起，客观阐述风险情况的事实框架最为适用，而人为灾害类型的环境风险事件往往牵涉到多个利益主体，可使用冲突框架对不同立场的利益相关方的冲突

场面进行描述。对于紧急程度高的突发性风险事件，简明准确的事实框架能够将风险信息高效地组织成媒介话语，保证报道发布的时效性；对于紧急程度低的长期性风险事件，设计报道的时间更为充裕，能够采用的媒介框架也更为多元。在受众需求方面，媒体应明确受众类型，了解、掌握受众对环境风险事件的关注点后，依据其需求选择合适的媒介框架。不同人群所关心的问题、存在的疑虑有所不同，如上班群体相较老年群体而言，在雾霾风险话题中除了关注雾霾对人体造成的有害影响外，还会关注能见度的下降对工作通勤的影响；家长群体还会关注雾霾是否对孩子造成什么伤害，是否需要专门化对策。对于每一种特定的环境风险，受众的需求都不一样，媒体要洞察人们的信息需求，用针对性的媒介框架整理组织风险信息，以更好地完成风险信息供给。从传播目标方面考量，就是担负起社会责任，审视媒介话语的传播目标，并选用与之相符的报道框架。环境风险发展的不同阶段、舆论发酵的不同阶段都有差异化的传播目标。如风险事件发生时，应多选用事实框架和科普框架为公众解惑，消解舆论空间对风险认识的不确定性；发展过程中则使用治理框架和民意民权框架，促进风险治理主体和公众的高效沟通，建立信任。

三　协调多元行动，以弱化框架沟，引导公共情绪

媒介话语被传输到公共空间后，并不像子弹直线飞行一般直接建立公众的风险感知，框架沟和情绪的中介作用在其间发挥着重要影响。作为治理手段的媒介，更应兼顾不同群体的话语模式差异，协调多元行动者，以弱化框架沟效应，调节公共情绪。

框架沟即媒体框架与受众框架的偏离程度。本书第五章已经证明框架沟能够显著影响受众的风险感知，并可能产生负面影响，如何缩小框架沟成为风险传播中亟待解决的问题。缩小框架沟首先应调控放大和弱化的媒介效应。用不同框架组织形成的媒介话语对风险进行建构，风险的社会放大理论（SARF）指出，这样的建构既存在放大风险的可能，也存在弱化风险的可能。放大风险是指个体接触媒介话语后对风险的感知加强，譬如对转基因食品的报道集中关注其潜在危害，引发了恐慌情绪，引起了人们对转基因食品的抵制行为。弱化风险是指个体接触媒介话语后对风险的感

知减弱，譬如主流媒体在垃圾焚烧等城市建设项目的相关报道中会说明无害化技术的成效以减少民众的焦虑。若放大和弱化的效应调控不当，便会造成框架沟，造成受众对风险的感知偏差。因此，媒体在组织媒介话语时，要注意将放大和弱化效应控制在一个合理的程度，避免因过分关注传播目的而造成风险建构的扭曲。

调控媒介效应可以通过减少偏向性报道、增强与公众的沟通等路径实现。在报道环境风险事件时，媒体应避免误导性的报道，避免使用过度渲染、引人恐慌的措辞。部分媒体在时间发酵初期为了抢占报道发布先机、吸引受众注意，会在未经认真思考的情况下，运用"春秋笔法"或其他手段模糊、歪曲风险事件的一些细节，刻意引导受众展开讨论，这会使负面舆论瞬时爆发。新闻报道应注重事实真相的客观和准确呈现，减少情绪失控的可能。另外，政府、媒体等官方主体应持续关注公众的情绪发展趋势，通过互动渠道的建立适时出面发布权威信息，利用多样化的媒介工具和方式，与公众进行及时沟通，对其问题和疑虑提供快速准确的信息反馈，通过信息的释放帮助受众建立完整准确的风险认知，化解舆论空间中的负面情绪。

缩小框架沟还应使用清晰的数据呈现和语言表述。在某些情况下，新闻报道会面临使用模糊语言还是使用清晰和严谨语言的选择难题，环境风险具有不确定性，媒体为了规避陈述出错的风险，更倾向于使用模糊笼统的语言去大致描述，或是使用不够精确的数据，这会使公众无法清晰地认识相应环境风险。通过联动多方资源、充分调查核实，媒体可以获得更准确、具体的风险画像，在报道中使用更清晰的数据呈现和语言表述，为公众构建更立体的风险认知，避免信息的缺乏导致公众转向其他民间的信息渠道或自我揣测，避免受众框架与媒体框架的偏离。

第三节　技术治理：智能破圈，适时防止 环境风险舆情外溢

技术及其风险是人类活动发展到一定阶段的产物，与人的实践活动是一种伴生关系。技术价值中立视角表明，风险及其可怕后果产生的根本原

因不在技术本身，而在于利用技术、参与改造自然活动的人及其单向性的活动。① 伴随着科学技术在社会风险治理的广泛应用与普及，技治社会已然全面来临。② 从"治理"到"智理"，从"技术治理"到"善治治理"，技术的主动使用、合理利用、善于运用、有效作用构成了技术"善治"的基本内涵。③ 然而，技术本身不具备解决一切风险的能力，其在推动泛在社会信息化技术治理发展的同时，其内在的局限性亦带来社会风险。④ 因此，有必要谨慎地开展对技术治理的研究与实践。

一　智能技术嵌入，辅助提升风险治理效能

媒介在为环境的风险传播提供平台化治理时至少包含两个范畴："治理体系的平台化"，它是一种国家权力主导下的技术主义路线；"平台规制"，它指的是针对超级互联网平台的规制理念和规制方式的融合创新。

在媒介化治理的预警阶段，应该通过大数据对历史谣言事件、重要事件、异常关注事件和模糊事件进行数据整合，建立可能性谣言传播数据库，提前做好舆情研判和舆论疏导工作，提高算法的监测和预警能力，为谣言的集中性爆发做好准备，最大程度将谣言"扼杀在摇篮里"。例如在大数据时代，政府可以把脱敏数据向社会公开，多元社会主体可以凭借其算法、人才的优势和对网络社交媒体的熟悉度和深入度，更好地参与网络谣言的治理。

在媒介化治理的传播阶段，智能化技术的引入打破了谣言传播不可控的困境。通过算法对谣言的精准识别以及大数据与可视化技术对谣言传播路径、关键节点和生存场域的清晰呈现，我们得以在避免对所有信息"一刀切"的前提下封锁谣言的传播路径，限制谣言传播范围，将谣言对社会造成的消极影响降到最低。

---

① 王建锋. 技术风险治理的双重伦理机制及其协同［J］. 中州学刊，2021，（12）：91-97.
② 刘永谋. 技术的反叛［M］. 北京：北京大学出版社，2021：105.
③ 王小芳，王磊. "技术利维坦"：人工智能嵌入社会治理的潜在风险与政府应对［J］. 电子政务，2019，（05）：86-93.
④ 刘永谋，兰立山. 泛在社会信息化技术治理的若干问题［J］. 哲学分析，2017，8（05）：4-17+196.

在媒介化治理的辟谣阶段，相比于传统的辟谣声明，通过数据共享平台和数据可视化产品帮助大众提升谣言的鉴别能力和免疫能力显得更为重要。在智能化传播的时代，辟谣平台的构建成为可能，它不仅可以向民众传播科学文化知识，提高某媒介素养，还可以通过数据收集等技术手段最大限度地获取和披露民众所关注的、具有新闻价值的真实信息，从根源上限制谣言的滋长空间，这也是一种形式的辟谣，在其帮助下建立的长效机制比单纯的辟谣活动更有意义。

二　破除算法茧房，强化人工辅助正向影响

作为互联网科技产业与新闻信息传播产业融合的产物，算法机制是平台媒体运行的底层逻辑，它包括代码技术、工程师团队及企业的价值观、社会规范、用户反馈等整套使之运转起来的规则制度，呈现出"技术与人工"混合的逻辑，以及系统性与结构性整合的结果。数字平台使用算法机制进行自动过滤、匹配、排名和推荐，从而将用户与用户，用户与内容、服务、广告联结在一起。作为典型的技术性组件（actunt），算法亦是智能传播运作机制的底层架构，与网络空间的管理、策划和组织流程紧密联结。作为具有资源聚合特质的技术系统，算法重构了传播的地域关系、人际关系、圈群关系和时空关系，同时也带来一系列亟须解决的风险问题。

从宏观层面来看，算法文化通过构建拟态环境和塑造信息秩序，影响着公众对环境风险的感知和社会文化的形塑。算法内嵌的标准系统决定着信息的纳入与排除，并在信息的搜索、过滤和排序中引入潜在的价值观。如环境风险传播中，算法潜藏的市场逻辑助推了具备煽情、矛盾、冲突等特性的图片或短视频的扩散，而部分由专业媒体发布的深度报道等内容则因流量缺失而传播力不足。从中观层面来看，算法文化加强了不同圈群之间的区隔。事实上，当前平台算法的应用层面还很难实现其初期的宣传设想，即通过个性化推荐和分众传播，实现千人千面的媒介内容推送。实际上，各个平台只是根据相应用户的浏览习惯等数字足迹，进行基于"兴趣标签"的垂直分类，进而构筑一种圈群式的平台集体（platform collectives）。从微观层面来看，用户个体的认知捷径与偏好导致了风险传播中对

情感内容、"截面真实"内容的选择性接触。不同圈群的用户则在圈层内部的社交互动中进一步加深了对风险的刻板认知，极大增加了不同利益群体、兴趣群体之间风险沟通的成本与难度。

对此，一方面，有必要加强人工审核以及技术人员的培训，以应对算法技术的"自动化偏见"，比如，人为增加重要公共新闻内容的推荐页面占比，提升重要公共信息的可见性，与此同时，根据用户兴趣标签积极进行新闻内容的定制以及自动化内容的分发。另一方面，强化关系传播网络的建设。利用社交平台自组织的特性与社会性的评议机制对"算法"乱象问题进行有效规范与监督。以在地生态为集群中心，鼓励政务号与在地专家、在地意见领袖以及在地媒体进行社交互动与合作，提高重要风险信息跨圈层流动的影响力。

三　警惕数据幻象，审慎辨别风险舆情属性

进入信息时代，数据已超越其作为工具的技术意义，成为重要的社会公共资源。麦肯锡咨询公司曾在《大数据：创新、竞争和生产力的下一个新领域》研究报告中明确指出：分析大数据将成为未来竞争的基础，支撑新的生产力增长。[①] 从"数据"到"大数据"，变化的不仅仅是表面数据规模与种类的激增，更是实践范式及数据背后主体关系的本质改变。数据开始塑造个体、塑造社会，世界可能变成一个由数据构成并为人类所认知和掌控的透明世界。[②]

然而，数据的人造属性也意味着真实数据本身也可能"撒谎"。数据生成、采集的过程在不同群体及地区之间并非均等。一些少数群体以及边缘群体所产生的数据在数量以及种类上，远不及一些数据密集供给区，在分析层面往往会处于被忽视地位，也往往被计算模型当作杂音或者偏离值

---

① Manyika J，Chui M，Brown B，et al. Big data：The next frontier for innovation，competition and productivity [R]. Technical report，McKinsey Global Institute，2011. https://www. mckinsey. com/~/media/mckinsey/business%20functions/mckinsey%20digital/our%20insights/big%20data %20the%20next%20frontier%20for%20innovation/mgi_big_data_exec_summary. pdf.

② 黄欣荣. 大数据的本体假设及其客观本质 [J]. 科学技术哲学研究，2016，33（02）：90-94.

而被忽略。① 数据是"大"数据，但并非"全"数据，这就导致最原始阶段的数据本身在代表性与全面性上存在"失真"的可能性。与此同时，当前数据本身良莠不齐，虚假的数据、无价值的数据也占相当大的比例。在此背景下，个体、媒体或其他专业组织对海量数据的处理也存在错位、偏差甚至"撒谎"的现象，因此，风险治理过程中，数据处理量的增加不代表其可靠性的提升。② 有时错误的数据提取不仅不能反映出真正的现实问题，还会直接影响大数据技术的真实性和可信度。不仅如此，在数据的最终处理过程中，数据分析的标准并非严格规定，而是受到个体选择倾向与价值观建构的限制。因此，数据分析的结果看似公正客观，实则主观的价值选择贯穿了构建到解读的全过程。③

最后，真实的数据并不一定代表真实的舆论。当大数据技术的"操盘手"以一种背离公共利益的价值观"赋值"数据，企图通过操控数据牟取特殊利益时，大数据可能潜藏着更大的风险传播隐患。如风险传播中部分营销号通过把控数据的内容、数据发布的时机及角度，改变数据背后各主体的"相关关系"，导致部分数据所指的风险民意实际是技术"仿真"的结果，导致真相扑朔迷离，情绪情感被数据调动，进一步放大极端情绪，影响公众理智判断。尤其社交机器人等技术被广泛应用于媒介内容自动化生产与扩散环节，进一步加大了个体、组织对重要风险舆情的识别难度。研究表明，在新冠疫情期间，海外社交平台推特上社交机器人有关疫苗接种推文的发布频率要远高于人类用户。④ 不仅如此，通过对假新闻的自动共享以及对网络意见领袖的在线提及（@）或互动，社交机器人已经成为虚假新闻的超级传播者。⑤

---

① 刘丽，郭苏建. 大数据技术带来的社会公平困境及变革 [J]. 探索与争鸣，2020，374（12）：114-122+199.

② 迈尔-舍恩伯格、库克耶. 大数据时代 [M]. 盛杨燕，周涛，译. 杭州：浙江人民出版社，2013：46.

③ 徐端. 大数据战略 [M]. 北京：新世界出版社，2014：59.

④ Broniatowski D A, Jamison A M, Qi S H, et al. Weaponized health communication: twitter bots and Russian trolls amplify the vaccine debate [J]. American journal of public health, 2018, 108（10）：1378-1384.

⑤ Shao C, Ciampaglia G L, Varol O, et al. The spread of low-credibility content by social bots [J]. Nature communications, 2018, 9（1）：1-9.

第四节 关系治理：培育共识，重塑环境
风险沟通良性循环

良性风险沟通强调多向互动、平等对话的信息传递过程。在社交网络时代，借助链接、评论、搜索等交互方式，异质行动者能够迅速实现网络化积聚。在此背景下，关系治理实际上是在坚持党管媒体的前提下，尽可能发挥多元行动者在风险传播中的独特优势，探索实现风险沟通良性循环的可能性路径。具体而言，可将关系治理理解成为探索如何搭建风险对话的理想场域，如何培育理性、友好的对话氛围，如何实现风险共识内容与共意空间的多元互动与合作性生产。

一 平衡对话主体，搭建多元交流网络

风险沟通是多元主体共同参与的复杂过程。风险建构的权力分散在各类主体的手中，政府、专家、主流媒体、民间专家、意见领袖、普通公众等纷纷登台，共同建构官方力量与民间力量相互交织的风险沟通场。在风险沟通过程中，话语的竞争不可避免。风险具有不确定性，对风险的认知依赖于不同主体赋予的解释。各主体的社会文化背景、知识结构、所处情境不同，对风险的定义与解释也不同，对风险议题存在争议在所难免。对话正是在话语竞争的情境下实现的，不同的"声音"参与竞争，在相互比较、相互补充、相互对立的过程中实现对话。以对话磋商形式面对风险议题中的冲突，有利于克服观点的片面性和局限性，促进多元主体形成关于风险的"知识合产"，使其进一步达成风险共识。

可以发现，共识的达成并不是在"自说自话"中完成的，风险传播行动者需要积极搭建多元风险主体对话的桥梁，创造自由共享的舆论空间，吸纳异质性的声音。为了促进对话，可以通过组织专门的风险沟通论坛，为公众提供参与和发声的机会，也可以利用各类媒介渠道，如社交媒体和其他网络平台等，进行在线讨论和交流。政府等权威主体则应在风险沟通中弱化"官"与"民"的地位结构，充分考虑民众意见并在聆听和反馈中逐步推动形成风险共识。

必须指出的是，针对特定环境风险事件，在短时间内形成的统一的观念与认知属于表层共识，其极易在新的信息刺激下发生变化。这是由于公众对环境风险的认知往往受限于个人经验知识和当时媒介对风险的建构。这种表层共识相较于深层共识更为脆弱。深层共识则是一种信任内化的秩序，它不单只针对某一特定事件，是在持久的时间跨度内建立起来的信任体系，需要风险传播行动者坚持长期互利互信地互动，通过理性对话与良性协作来凝聚。

二　维护对话氛围，设置公共情绪议程

伴随着风险沟通从单向、封闭的模式转向多元主体的公共参与，沟通的目的不应止于知识的传播，或者事实层面的叙述，更应该体现在对情绪的安抚与缓释上。尤其是在当今的高度媒介化社会，信息传播与情绪传播同时发生，且互相推动。在此过程中，公众情绪不断演变，形成不同类型和强度的情绪交织在一起的情绪气候，这些情绪最终会趋于稳定，如河流入海般汇聚到同一处。公共情绪的趋同是风险沟通中共识达成的基础，媒体作为"社会雷达"与"减压阀"，在情绪的识别与介入上占有优势地位，更应该是公共情绪的引导者。

抓住介入时机。在风险事件复杂的舆论场景中，信息生产的去中心化和自发性使围绕风险事件的各类声音很容易形成"瀑布流"，情绪被激起和放大，在某些情况下还会形成群体性不满情绪。为了最大限度减少负向情绪扩散的可能性，风险治理主体需要具备观测公共情绪变化的敏锐度，抓住关键时机介入，在第一时间内满足公众的信息需求，并通过冷静的话语调节公共情绪。例如，在环境风险事件刚开始发生时，准确地传达相关信息，及时公布应对措施，可以帮助稳定公众情绪，避免不必要的恐慌和焦虑。此外，抓住介入时机还需要在舆论情绪高涨时，积极引导公众情绪进行转化，以避免负向情绪进一步升级，通过控制舆论焦点，促进公共情绪的平息。

把控情绪节奏也是设置公共情绪议程的重要策略。风险治理主体要关注公共情绪扩散的内在机理与特征，把握情绪传播的节点，进行"情绪设置"。一方面，对情绪进行精准捕捉，洞察其随事件发展而产生的起伏，

分析每一节点的情感倾向和情感强度来统观全局，及时捕捉潜在的情绪气候危机，并采取针对性的预防措施。另一方面，在各关键节点调控公共情绪并寻求共鸣，情绪是联结每个个体最高效的方式，风险沟通不仅要在新闻报道和信息发布上贴民心，也要在价值取向的层面深入民众。除了疏通负向情绪之外，媒体也应为情绪"供能"，将负向情绪转化为动力，从契合公众心理的角度，通过措辞、叙事策略来采取最有感染力和说服力的表达方式，正确解读与剖析风险事件，让主流价值观得以最大限度地彰显。应扩大更多主流媒体的转发、扩散效应，协助修复信任，走出对话盲区，谋求意义共通。

技术助推良性意见氛围的形成。网民的反馈行为往往受情境内意见氛围和话语方式的影响，什么样的评论能成为热门跟帖，与情境的塑造密切相关。新浪微博阐释了热门跟帖筛选的方法：当某条微博的评论次数超过特定阈值时，系统会对这些评论进行评分，涵盖内容质量等因素，然后将评论分数从高到低排列，形成热门跟帖列表。然而，新浪微博对内容质量评判的具体量化标准并未详细解释。《人民日报》在 2016 年的文章中曾指出，算法主导的信息分发机制虽顺应受众口味，却削弱了多样声音。在算法主导的时代，媒体更需要有担当、有态度、有理想的"看门人"来主持、引导、监督，以防止媒体在选择和推荐信息时缺乏主流价值观的基准。[1] 因此，需要强调社交媒体平台的社会责任，要加强对评论排序和热门跟帖算法的管理。社交媒体平台应关注社会进步与发展，充分运用技术为社会提供更好服务。

三　优化对话内容，鼓励风险知识合产

相较于传统媒介，社交网络平台已经成为当前风险传播和对话的关键渠道。"每一种带来根本性变革的技术都有其哲学，互联网的哲学是对

---

① 祝华新，潘宇峰，陈晓冉.2016 年中国互联网舆情分析报告［M］//李培林，陈光金，张翼，2017 年中国社会形势分析与预测［M］.北京：社会科学文献出版社，2017：229-247.

话。"① 网络社交媒介的多样性特征有助于创造对话式的风险传播方式。其中，媒介的丰富性主要从以下几个方面来衡量：即刻反馈的能力、自然语言的使用、对个体的关注、传递多重线索的能力。② 在即刻反馈方面，社交媒介迅速传递信息，实现实时交流，有助于让人更好地了解事态发展和进行有效的沟通。在传递多重线索和使用自然语言方面，网络社交媒介的多媒体形式和开放性，有助于将多层次的信息主体和表达方式融入风险认知中。在个体关注方面，社交媒介缩小了与沟通对象的距离，为对话的扩展创造了基础。在新媒体语境下，新闻媒体需要结合风险事件的特点，在选择传播渠道时，充分发挥网络社交媒介的多样性特点，以挖掘风险对话的媒介潜力。

新媒介渠道是促进风险对话的一个路径，但除此之外，风险对话更多地利用话语资源来促进对话。具体而言，新旧媒介都应注重对话的科学理性和社会理性。一方面，要通过话语增强社会理性。在健康风险中，社会理性和科学理性不能沟通的原因是在判断和认知上缺乏"共通的意义空间"。共通的意义空间是指"传受双方对符号意义拥有的共同理解，它是传播过程中传受双方对话、沟通得以实现的重要前提"。③ 这就要求媒体的风险传播改变以前刻板的宣传教育话语（体现为"专家型解释"和"政府型解释"），充分利用互文性策略勾连民间话语体系。用互文性策略实现包括话语范畴创新、理性创新和语体创新等在内的话语创新，从而建构与公众共通的意义空间和话语体系，使得新闻话语的建构贴近社会主流，符合公众基本需求。要避免对话演变为自说自话，出现"话不投机半句多"的传播困境。另一方面，要提高科学素养以重建科学理性。科学素养的提高、科学理性的彰显需要形成媒体与科学之间稳定的知识生产体系。新闻记者在报道风险科学时面临两种能力的挑战，一是比处理一般社会或灾难新闻还要强的传播能力，二是对科学术语、方法与哲学的理解能力。这就需要媒体在与科学的相互接触和理解的互动中，在公共利益的共识的基础

---

① 胡百精. 风险社会、对话主义与重建现代性："非典"以来中国公共关系发展的语境与路径 [J]. 国际新闻界，2013，(5)：6-15.

② 唐乐. 新对话：数字时代的组织对外传播 [M]. 上海：上海人民出版社，2014：106.

③ 郭庆光. 传播学概论 [M]. 北京：中国人民大学出版社，2008：6.

上，形成稳定的知识生产体系。①

　　综上所述，在多元主体持续不断的对话协作中，公共性得以超越差异性和普遍性，成为多元主体共同参与形塑的一种价值和规范。研究的最终要义便是要诉诸公众、诉诸理性，要始终发挥舆论在反映民意、促进民主方面的作用；同时应当注重发扬感性舆论中的理性因素，减少主观偏见，促进理性共识的形成。更值得注意的是，公众的媒介素养教育应当受到重视，以引导公众养成反复验证信息来源、分析报道的习惯，并让公众知道刻板印象的存在，了解"后真相"和"信息茧房"在我们生活中的体现和所造成的影响。这对于提高个人素质和公民意识、营造一个良好的舆论氛围并最终助力社会治理体制的完善都具有较大的战略价值。

---

① 陈刚．转基因争议与大众媒介知识生产的焦虑——科学家与新闻记者关系［J］．国际新闻界，2015，37（1）：101-113.

参考文献

一　专著

[1] 安东尼·吉登斯. 失控的世界 [M]. 周红云，译. 南昌：江西人民出版社，2001.

[2] 安东尼·吉登斯. 现代性的后果 [M]. 田禾，译. 南京：译林出版社，2000.

[3] 费尔克拉夫. 话语与社会变迁 [M]. 殷晓蓉，译. 北京：华夏出版社，2003.

[4] 郭庆光. 传播学概论 [M]. 北京：中国人民大学出版社，2008.

[5] 哈贝马斯. 在事实与规范之间 [M]. 童世骏，译. 北京：三联书店，2003.

[6] 姜晓萍，陈昌岑. 环境社会学 [M]. 成都：四川人民出版社，2000.

[7] 莱温. 拓扑心理学 [M]. 杭州：浙江教育出版社，1997.

[8] 廖炳惠. 关键词200：文学与批评研究的通用词汇编 [M]. 南京：江苏教育出版社，2006.

[9] 刘永谋. 技术的反版 [M]. 北京：北京大学出版社，2021.

[10] 迈尔·舍恩伯格，库可耶. 大数据时代 [M]. 盛杨燕，周涛，译. 杭州：浙江人民出版社，2013.

[11] 迈克尔·J. 桑德尔. 自由主义与正义的局限 [M]. 万俊人，等，译. 南京：译林出版社，2001.

[12] 米歇尔·福柯. 知识考古学 [M]. 谢强，马月，译. 北京：生活·

读书・新知三联书店，2007.

[13] 欧文・戈夫曼．日常生活中的自我呈现［M］.冯刚，译．北京：北京大学出版社，2008.

[14] 斯图尔特・艾伦．媒介、风险与科学［M］.陈开和，译．北京：北京大学出版社，2014.

[15] 唐乐．新对话：数字时代的组织对外传播［M］.上海：上海人民出版社，2014.

[16] 王志红．差异性社会共识理论研究［M］.北京：社会科学文献出版社，2016.

[17] 乌尔里希・贝克，等．自反性现代化［M］.赵文书，译．北京：商务印书馆，2001.

[18] 乌尔里希・贝克，等．自由与资本主义——与著名社会学家乌尔里希・贝克对话［M］.路国林，译．杭州：浙江人民出版社，2001.

[19] 乌尔里希・贝克．风险社会［M］.何博闻，译．南京：译林出版社，2003.

[20] 乌尔里希・贝克，约翰内斯・威尔姆斯．自由与资本主义——与著名社会学家乌尔里希・贝克对话［M］.杭州：浙江人民出版社，2001.

[21] 谢尔顿・克里姆斯基，多米尼克・戈尔丁．风险的社会理论学说［M］.北京：北京出版社，2005.

[22] 徐端．大数据战略［M］.新世界出版社，2014.

[23] 杨雪冬．风险社会与秩序重建［M］.北京：社会科学文献出版社，2006.

[24] 约翰・罗尔斯．政治自由主义［M］.万俊人，译．南京：译林出版社，2000.

[25] 约书亚・梅罗维茨．消失的地域［M］.肖志军，译．北京：清华大学出版社，2002.

[26] 祝华新，潘宇峰，陈晓冉.2016年中国互联网舆情分析报告［M］//李培林，陈光金，张翼，2017年中国社会形势分析与预测［M］.北京：社会科学文献出版社，2017.

[27] Alabarracín D, Johnson B T. The handbook of attitudes [M]. Mahwah, NJ: Erlbaum: Psychology Press, 2005.

[28] Clore G L, Schwarz N, Conway M. Affective causes and consequences of social information processing [M]//Wyer R S, Srull T K, eds. Handbook of social cognition. 2nd ed. New York: Psychology Press, 2014.

[29] Douglas, Mary and Aaron Wildavsky. Risk and culture: an essay on the selection of technological and environmental dangers [M]. University of California Press. 1983.

[30] Gitlin T. The whole world is watching: mass media in the making and unmaking of the new left [M]. Berkeley: University of California Press, 2003.

[31] Howard L, Elaine A. Representations, procedures, and affect in illness self-regulation: a perceptual-cognitive approach [M]. Handbook of health psychology, New Jersey: Lawrence Erlbaum Associates, 2001: 19-47.

[32] Jose van Dijck, Thomas Poell, Martijn de Waal. The platform society: public values in a connected world [M]. Oxford: Oxford University, 2018.

[33] Latour B. Pandora's Hope [M]. Cambridge, MA: Harvard University Press, 1999.

[34] Latour B, Sheridan A, Law J. The pasteurization of France [M]. MA: Harvard University Press, 1988.

[35] Lundgren R E, McMakin A H. Risk communication: A handbook for communicating environmental, safety, and health risks [M]. John wiley & sons, 2018.

[36] Martin B, Ringham F. Dictionary of semiotics [M]. Bloomsbury Publishing, 2000.

[37] Maxwell McCombs, Salma I Ghanem. The Convergence of agenda setting and framing, in Stephen D. Reese, Oscar H. Gandy, Jr., August E. Grant. Framing Public Life [M]. New York: Routledge, 2001.

[38] Piet Strydom. Risk, environment and society [M]. Buckingham: Open University Press, 2002.

［39］Slovic. The perception of risk ［M］. London：Earth-scan Publications Ltd. ，2000.

［40］Witte K. Fear as motivator，fear as inhibitor：using the extended parallel process model to explain fear appeal successes and failures ［M］. Handb-ook of communication and emotion. Academic Press，1996.

［41］Wynne B. Risk and social learning：reification to engagement ［A］. in S. Krimsky and D. Golding，eds. Social theories of risk ［M］. Westport CT：Praeger，1992.

二 论文

［1］卞清. 民间话语与政府话语的互动与博弈 ［D］. 复旦大学，2013.

［2］常江，何仁亿. 新闻生态理论：缘起、演变与前景 ［J］. 江西师范大学学报（哲学社会科学版），2022，55（02）：101-110.

［3］陈刚. 转基因争议与大众媒介知识生产的焦虑——科学家与新闻记者关系 ［J］. 国际新闻界，2015，37（1）：101-113.

［4］陈明惠. 多元话语建构下的"PX"议题 ［D］. 安徽大学，2014.

［5］崔林. 媒介进化：沉默的双螺旋 ［J］. 新闻与传播研究，2009，16（03）：42-49+107-108.

［6］董向慧. 舆情视角下的突发公共卫生事件风险沟通框架建构 ［J］. 理论与改革，2020，（04）：14-23.

［7］董颖红. 微博客社会情绪的测量及其与社会风险感知和风险决策的关系 ［D］. 南开大学，2015.

［8］段红霞. 跨文化社会价值观和环境风险认知的研究 ［J］. 社会科学，2009，（6）：78-85.

［9］范如国. "全球风险社会"治理：复杂性范式与中国参与 ［J］. 中国社会科学，2017，（02）：65-83+206.

［10］范松楠. 环境灾难议题的媒介呈现——以"11·22 青岛输油管道爆炸事件"为例 ［J］. 当代传播，2014，（02）：39-41.

［11］付辉建. 基于脑电信号分析的风险感知研究 ［D］. 浙江大学，2016.

［12］高盼. 透视"挺转"与"反转"之争——以风险沟通为思考点 ［J］.

社会科学论坛，2016，（10）：196-204.

[13] 郭俊立. 巴黎学派的行动者网络理论及其哲学意蕴评析 [J]. 自然辩证法研究，2007，（02）：104-108.

[14] 郭小安，周子琪，李泽源. 重大风险事件中短视频的共情传播效应及反思——基于"重庆山火事件"1063 条抖音短视频的内容分析 [J]. 传媒观察，2023，（08）：73-81.

[15] 郭小平. 西方媒体对中国的环境形象建构——以《纽约时报》"气候变化"风险报道（2000-2009）为例 [J]. 新闻与传播研究，2010，18（04）：18-30+109.

[16] 胡百精. 风险社会、对话主义与重建现代性："非典"以来中国公共关系发展的语境与路径 [J]. 国际新闻界，2013，（5）：6-15.

[17] 胡翼青，李璟. "第四堵墙"：媒介化视角下的传统媒体媒介融合进程 [J]. 新闻界，2020，（04）：57-64.

[18] 黄浩荣. 风险社会下的大众媒体：公共新闻学作为重构策略 [J]. 国家发展研究，2003，3（1）：99-147.

[19] 黄敏学，王琦缘，肖邦明，等. 消费咨询网络中意见领袖的演化机制研究——预期线索与网络结构 [J]. 管理世界，2015，（7）：109-121.

[20] 黄培林. "四全媒体"框架下社会公共危机事件的风险沟通研究——以《人民日报》的重大突发性危机事件信息发布为例 [J]. 科技传播，2021，13（14）：87-89.

[21] 黄顺铭. 一个诠释典范：霍尔模式 [J]. 新闻大学，2002，（04）：15-19+9.

[22] 黄欣荣. 大数据的本体假设及其客观本质 [J]. 科学技术哲学研究，2016，33（02）：90-94.

[23] 金光亮，郭霞珍，苏晶，等. 从抑郁症看情志活动的季节性 [J]. 中医杂志，1997，（07）：440-442.

[24] 李姝. 网易新闻跟帖的实证研究 [D]. 暨南大学，2014.

[25] 梁萍. 大众传媒对"现代风险"的建构——以《南方周末》"绿版"为例 [D]. 暨南大学，2012.

[26] 梁贤英，王丹，许远理. 情绪测量研究综述 [J]. 黑龙江教育学院学

报，2010，29（12）：74-76.

[27] 刘金平，黄宏强，周广亚. 城市居民风险感知结构研究［J］. 心理科学，2006，29（6）：1439-1441.

[28] 刘丽，郭苏建. 大数据技术带来的社会公平困境及变革［J］. 探索与争鸣，2020，374（12）：114-122+199.

[29] 刘雯，高峰，洪凌子. 基于情感分析的灾害网络舆情研究——以雅安地震为例［J］. 图书情报工作，2013，57（20）：104-110.

[30] 刘永谋，兰立山. 泛在社会信息化技术治理的若干问题［J］. 哲学分析，2017，8（05）：4-17+196.

[31] 罗昕. 媒介化治理：在媒介逻辑与治理逻辑之间［J］. 湖南师范大学社会科学学报，2022，51（05）：1-11.

[32] 麦克斯韦尔·麦考姆斯，郭镇之，邓理峰. 议程设置理论概览：过去，现在与未来［J］. 新闻大学，2007，（3）：55-67.

[33] 孟博，刘茂，李清水，等. 风险感知理论模型及影响因子分析［J］. 中国安全科学学报，2010，20（10）：59-66.

[34] 潘霁. 略论"媒体框架"的概念化［J］. 国际新闻界，2010，32（09）：13-17.

[35] 潘忠党. 架构分析：一个亟需理论澄清的领域［J］. 传播与社会学刊，2006，（1）：17-46.

[36] 彭兰. WEB2.0在中国的发展及其社会意义［J］. 国际新闻界，2007，（10）：44-48.

[37] 钱佳湧. "行动的场域"："媒介"意义的非现代阐释［J］. 新闻与传播研究，2018，25（03）：26-40+126.

[38] 钱洁凡，孟耀斌，史培军. 北京城市居民风险认知状况调查［J］. 中国减灾，2009，（12）：26-27.

[39] 强月新，余建清. 风险沟通：研究谱系与模型重构［J］. 武汉大学学报（人文科学版），2008，6（4）：501-505.

[40] 屈晓妍. 互联网使用与公众的社会风险感知［J］. 新闻与传播评论，2011，（00）：208-220+223+236-237.

[41] 沈湘平. 价值共识是否及如何可能［J］. 哲学研究，2007，（02）：

107–111+128.

[42] 石永军，龚晶莹. 论公共传播消解"共识困境"的结构性作用 [J]. 现代传播（中国传媒大学学报），2020，42（01）：58–61+77.

[43] 史安斌，王沛楠. 建设性新闻：历史溯源、理念演进与全球实践 [J]. 新闻记者，2019，（09）：32–39+82. DOI：10.16057/j.cnki.31–1171/g2. 2019.09.004.

[44] 史明萍. 风险社会背景下的环境风险——以气候变化为侧重 [C]// 中国法学会环境资源法学研究会（China Law Society Association of Environment and Resources Law），桂林电子科技大学. 生态安全与环境风险防范法治建设——2011 年全国环境资源法学研讨会（年会）论文集（第一册）. 华中科技大学法学院，2011：6.

[45] 斯科特·拉什. 风险社会与风险文化 [J]. 王武龙编译. 马克思主义与现实，2002，（04）：52–63.

[46] 孙林钰. 基于文本大数据分析生育情绪对社会生育率的影响 [D]. 西南财经大学，2023.

[47] 孙玮. 风险社会中新闻媒介的社会角色——以福建南平校园暴力犯罪案的媒介表现为例 [J]. 当代传播，2011，（01）：44–47.

[48] 汤景泰，史金铭. 政治逻辑、风险逻辑与媒介逻辑：风险的媒介化治理机制研究 [J]. 新闻界，2023，（02）：23–31.

[49] 王琛元. 欧洲传播研究的"媒介化"转向：概念、路径与启示 [J]. 新闻与传播研究，2018，25（05）：5–26+126.

[50] 王锋，胡象明，刘鹏. 焦虑情绪、风险认知与邻避冲突的实证研究——以北京垃圾填埋场为例 [J]. 北京理工大学学报（社会科学版），2014，16（06）：61–67.

[51] 王甫勤. 风险社会与当前中国民众的风险认知研究 [J]. 上海行政学院学报，2010，11（02）：83–91.

[52] 王建锋. 技术风险治理的双重伦理机制及其协同 [J]. 中州学刊，2021，（12）：91–97.

[53] 王敏，扶小兰. 目击者视频：融合路径与伦理挑战 [J]. 新闻与传播评论，2019，（6）：10.

［54］ 王书明，徐文涛．重大环境事件与当代国际社会的重塑——福岛核泄漏事件的环境社会学反思［J］．南京工业大学学报（社会科学版），2012，11（02）：12-17.

［55］ 王伟勤．社会风险类型及其治理方式分析［J］．云南行政学院学报，2013，（3）：58-61.

［56］ 王小芳，王磊．"技术利维坦"：人工智能嵌入社会治理的潜在风险与政府应对［J］．电子政务，2019，（05）：86-93.

［57］ 魏科技，宋永会，彭剑峰，等．环境风险源及其分类方法研究［J］．安全与环境学报，2010，10（01）：85-89.

［58］ 乌尔里希·贝克，王武龙．"9·11"事件后的全球风险社会［J］．马克思主义与现实，2004，（02）：70-83.

［59］ 夏倩芳，黄月琴．社会冲突性议题的媒介建构与话语政权——以国内系列反PX事件为例［J］．媒体发展研究报告，2010，（00）：162-181.

［60］ 相鹏．不安全感：空气污染的心理体验［D］．南京大学，2021.

［61］ 谢晓非，李洁，于清源．怎样会让我们感觉更危险——风险沟通渠道分析［J］．心理学报，2008，（04）：456-465.

［62］ 谢晓非，谢冬梅．SARS危机由公众理性特征初探［J］．管理评论，2003，15（4）：6-12+63.

［63］ 谢晓非，徐联仓．风险认知研究概况及理论框架［J］．心理科学进展，1995，（2）：17-22.

［64］ 谢晓非，徐联仓．公众在风险感知中的偏差［J］．心理学动态，1996，（2）：23-26.

［65］ 谢晓非，于清源．怎样会让我们感觉更危险——风险沟通渠道分析［J］．心理学报，2008，40（4）：456-465.

［66］ 杨雪冬．全球化、风险社会与复合治理［J］．马克思主义与现实，2004，（04）：61-77.

［67］ 尹瑛．风险的呈现及其隐匿——从"太湖水污染"报道看环境风险的媒体建构［J］．国际新闻界，2010，32（11）：50-55.

［68］ 于清源，谢晓非．环境中的风险认知特征［J］．心理科学，2006，29（2）：362-365.

[69] 余红，王庆．社会怨恨与媒介建构 [J]．华中科技大学学报（社会科学版），2015，29（03）：125-130.

[70] 余红，余梦珑．算法嵌入传播：平台媒体的权力转移与风险规避 [J]．中州学刊，2022，（09）：162-168.

[71] 喻国明，张超，李珊，等．"个人被激活"的时代：互联网逻辑下传播生态的重构——关于"互联网是一种高维媒介"观点的延伸探讨 [J]．现代传播（中国传媒大学学报），2015，37（05）：1-4.

[72] 原新利．自媒体"技术赋权"背景下公民参与权的特点及法律保障 [J]．吉首大学学报（社会科学版），2019，40（04）：153-160.

[73] 曾繁旭．环保 NGO 的议题建构与公共表达——以自然之友建构"保护藏羚羊"议题为个案 [J]．国际新闻界，2007，（10）：14-18.

[74] 曾宪才．风险、个体化与亚政治：贝克风险社会理论视域下的社会状态与风险应对 [J]．社会政策研究，2021，（03）：108-121.

[75] 张晨，何华玲．"双重风险社会"中公共治理的困境与重塑 [J]．长白学刊，2010，（02）：78-81.

[76] 张广利，王伯承．西方风险社会理论十个基本命题解析及启示 [J]．华东理工大学学报（社会科学版），2016，31（03）：48-59.

[77] 张海燕，葛怡，李凤英，等．环境风险感知的心理测量范式研究述评 [J]．自然灾害学报，2010，（1）：78-83.

[78] 张巨岩，巩昕顺，宋婧．公共外交与修辞中的隐喻：美国"9·11"后公共外交修辞中的系列隐喻 [J]．国际新闻界，2010，32（08）：42-49.

[79] 张卫东，栾碧雅，李松涛．基于信息风险感知的网络虚假信息传播行为影响因素研究 [J]．情报理论与实践，2019，42（09）：93-98+110.

[80] 张永青，李允华．浅析工具理性和价值理性的分野与整合 [J]．东南大学学报（哲学社会科学版），2008，10（S2）：39-41.

[81] 张玉佩，从媒介影像观照自己——观展/表演典范之初探 [J]．新闻学研究，2004，82：41-85.

[82] 周翔，李镓．网络社会中的"媒介化"问题：理论、实践与展望 [J]．国际新闻界，2017，39（04）：137-154.

[83] Abercormbie N, Longhurst B. Audiences: a sociological theory of performance and imagination [J]. London thousand oaks & new, 1998, 48 (4): 172-175.

[84] Acoubrie J. Public perceptions about nanotechnology: risks, benefits and trust [J]. Journal of nanoparticle research, 2004, 6 (4): 395-405.

[85] Almgren S, Olsson T. "Let's get them involved" …to some extent: analyzing online news participation [J]. Social media and society, 2015, 1 (2): 1-11.

[86] Axelrod L J, Mcdaniels T, Slovic P. Perceptions of ecological risk from natural hazards [J]. Journal of risk research, 1999, 2 (1): 31-53.

[87] Babrow A S. Uncertainty, value, communication, and problematic integration [J]. Journal of communication, 2001, 51 (3): 553-573.

[88] Bakhtin M. The dialogic imagination [C]. eds. and trans. Caryl Emerson & Michael Holquist. Texas: University of Texas Press, 1981.

[89] Baron R M, Kenny D A. The moderator-mediator variable distinction in social psychological research: conceptual, strategic and statistical considerations [J]. Journal of personality and social psychology, 1986, (51): 1173-1182.

[90] Baum A, Fleming R, Davidson L M. Natural disaster and technological catastrophe [J]. Environment and behavior, 1983, 15 (3): 333-354.

[91] Benford Robert, Snow David A. Framing process and social movements: an overview and assessment [J]. Annual review of sociology, 2000 (26): 611-639.

[92] Bennett W L, Segerberg A. The logic of connective action: digital media and the personalization of contentious politics [J]. Information, communication & society, 2012, 15 (5): 739-768.

[93] Böhm G, Pfister H R. Action tendencies and characteristics of environmental risks [J]. Acta psychologica, 2000, 104 (3): 317-337.

[94] Boyles J L. The isolation of innovation: restructuring the digital newsroom through intrapreneurship [J]. Digital journalism, 2016, 4 (2): 229-246.

[95] Bronfman, Louisa Cifuentes. Risk perception in a developing country: the Case of Chile [J]. Risk analysis, 2003, 23 (6): 1271 -1285.

[96] Bronfman N C, Vázquez E L, Gutiérrez V V, et al. Trust, acceptance and knowledge of technological and environmental hazards in chile [J]. Journal of risk research, 2008, 11 (6): 755-773.

[97] Broniatowski D A, Jamison A M, Qi S H, et al. Weaponized health communication: twitter bots and Russian trolls amplify the vaccine debate [J]. American journal of public health, 2018, 108 (10): 1378-1384.

[98] Bucher, Taina. Want to be on the top? algorithmic power and the threat of invisibility on facebook [J]. New media & society, 2012, 14 (7): 1164-1180.

[99] Bucher T, Helmond A. The affordances of social media platforms [J]. The SAGE handbook of social media, 2018 (1): 233-253.

[100] Calman K C, Bennett P G, Corns D G. Risks to health: some key issues in management, regulation and communication [J]. Health, risk & society, 1999, 1 (01): 107-116.

[101] Cappella J N, Jamieson K H. News frames, political system, and media system [J]. The annals of the american academy of political and social science, 1996, 546: 71-84.

[102] Carmel D, Roitman H, Yom-Tov E. On the relationship between novelty and popularity of user-generated content [J]. Acm Transactions on intelligent systems & technology, 2012 (4): 1509-1512.

[103] Chadwick A E. Toward a theory of persuasive hope: effects of cognitive appeals, hope appeals, and hope in the context of climate change [J]. Health communication, 2015, (30): 598-611.

[104] Cho H, Boster F J. Effects of gain versus loss frame antidrug ads on adolescents [J]. Journal of communication, 2008, 58 (3): 428-446.

[105] Chong M, Choy M. The social amplification of haze-related risks on the internet [J]. Health communication, 2018, 33 (1): 14-21.

[106] Chuk-ling Lai, Tao J. Perception of environmental hazards in Hong Kong

Chinese [J]. Risk analysis: an International journal, 2003, 23 (4):
669-684.

[107] Cobb M D. Framing effects on public opinion about nanotechnology [J].
Science communication, 2005, 27 (2): 221-239.

[108] Coleman R, Banning S. Network TV news' affective framing of the presidential candidates: evidence for a second-level agenda-setting effect through visual framing [J]. Journalism & mass communication quarterly, 2006, 83 (2): 313-328.

[109] Damasio A R. The somatic marker hypothesis and the possible functions of the prefrontal cortex [J]. 1996, 351 (1346): 1413-1420.

[110] De Vreese C H. News framing: theory and typology [J]. Information design journal+document design, 2005, 13 (1): 51-62.

[111] De Vreese H, Jochen Peter, Holli A, Semetko C. Framing politics at the launch of the Euro: a cross-national comparative study of frames in the news [J]. Political communication, 2001, (18): 107-122.

[112] Entman R. M. Framing: Toward a clarification of a fractured paradigm [J]. Journal of communication, 1993 (4): 51-58.

[113] Erikson K. Toxic reckoning: business faces a new kind of fear [J]. Harvard business review, 1990, 68 (1): 118-126.

[114] Eveland W P. News information processing as mediator of the relationship between motivations and political knowledge [J]. Journalism & mass communication quarterly, 2002, 79 (1): 26-40.

[115] Eveland W P, Shah D V, Kwak N. Assessing causality in the cognitive mediation model: a panel study of motivations, information processing, and learning during campaign 2000 [J]. Communication research, 2003, 30 (4): 359-386.

[116] Eveland W P. The cognitive mediation model of learning from the news evidence from nonelection, off-year election, and presidential election contexts [J]. Communication research, 2001, 28 (5): 571-601.

[117] Finnemann, Olen. Mediatization theory and digtial media [J]. Commu-

nications, 2011 (1): 67-89.

[118] Finucane M, Alhakami A, Slovic P, Johnson S M. The affect heuristic in judgments of risks and benefits [J]. Journal of behavioral decision making, 2000, 13: 1-17.

[119] Fischhoff B, Scheufele D A. The science of science communication [J]. Proceedings of the national academy of sciences of the United States of America, 2013, 110 (3): 14033-14039.

[120] Fischhoff B, Slovic P, Lichtenstein S, et al. How safe is safe enough? a psychometric study of attitudes towards technological risks and benefits [J]. Policy sciences, 1978, 9 (2): 127-152.

[121] Flynn J, Slovic P, Mertz C K. Gender, race, and perception of environmental health risks [J]. Risk analysis, 1994, 14 (6): 1101-1108.

[122] Goffman, Erving. Frame analysis: an essay on the organization of experience [J]. Contemporary sociology, 1981, 4 (6): 1093-1094.

[123] Han S H, Brazeal L A M. Playing nice: modeling civility in online political discussions [J]. Communication research reports, 2015, 32 (1): 20-28.

[124] Hepp A, Hjarvard S, Lundby K. Mediatization: theorizing the interplay between media, culture and society [J]. Media, culture & society, 2015, 37 (2): 314-324.

[125] Hepp A. The communicative figurations of mediatized worlds: mediatization research in times of the "mediation of everything" [J]. European journal of communication, 2013, 28 (6): 615-629.

[126] Hjarvard S. From bricks to bytes: The mediatization of a global toy industry [J]. European culture and the media, 2004, 1: 43-63.

[127] Ho S S, Scheufele D A, Corley E A. Factors influencing public risk-benefit considerations of nanotechnology: assessing the effects of mass media, interpersonal communication, and elaborative processing [J]. Public understanding of science, 2013, 22 (5): 606-623.

[128] Houts P S, Bachrach R, Witmer J T, et al. Using pictographs to en-

hance recall of spoken medical instructions [J]. Patient education and counseling, 1998, 35 (2): 83–88.

[129] Houts P S, Witmer J T, Egeth H E, et al. Using pictographs to enhance recall of spoken medical instructions II [J]. Patient education and counseling, 2001, 43 (3): 231–242.

[130] Huffaker D. Dimensions of leadership and social influence in online communities [J]. Human communication research, 2010, 36 (4): 593–617.

[131] Huijts N M A, Midden C J H, Meijnders A L. Social acceptance of carbon dioxide storage [J]. Energy policy, 2007, 35 (5): 2780–2789.

[132] Jang Y J, Kim H W, Jung Y. A mixed methods approach to the posting of benevolent comments online [J]. International journal of information management, 2016, 36 (3): 414–424.

[133] Kanan J W, Pruitt M V. Modeling fear of crime and perceived victimization risk: the (in) significance of neighborhood integration [J]. Sociological inquiry, 2002, 72 (4): 527–548.

[134] Kasperson R E, Renn O, Slovic P, et al. The social amplification of risk: a conceptual framework [J]. Risk analysis, 1988, 8 (2): 177–187.

[135] Keller C, Bostrom A, Kuttschreuter M, et al. Bringing appraisal theory to environmental risk perception: a review of conceptual approaches of the past 40 years and suggestions for future research [J]. Journal of risk research, 2012, 15 (3): 237–256.

[136] Kim H J, Cameron G T. Emotions matter in crisis: the role of anger and sadness in the publics' response to crisis news framing and corporate crisis response [J]. Communication research, 2011, 38 (6): 826–855.

[137] Leppin A, Aro A R. Risk perceptions relational to scars and avian influenza: theoretical foundations of current empirical research [J]. International society of behavioral medicine, 2009, 16: 7–29.

[138] Lindquist J H, Duke J M. The elderly victim at risk: explaining the fear-

victimization paradox [J]. Criminology, 1982, 20 (1): 115-126.

[139] Livingstone S, Lunt P. Mediatization: an emerging paradigm for media and communication studies [J]. 2014: 703-724.

[140] Loewenstein G F, Weber E U, Hsee C K, et al. Risk as feelings [J]. psychological bulletin, 2001, 127 (2): 267-286.

[141] McCombs M E, Shaw D L. The agenda-setting function of mass media [J]. Public opinion quarterly, 1972, 36 (2): 176-187.

[142] Mccright A M, Dunlap R E. Challenging global warming as a social problem: an analysis of the conservative movement's counter-claims [J]. Social problems, 2000, 47 (4): 409-522.

[143] McDaniels T, Axelrod L J, Slovic P. Characterizing perception of ecological risk [J]. Risk analysis, 1995, 15 (5): 575-588.

[144] Murphy J G. Hume and Kant on the social contract [J]. Philosophical studies, 1978, 33 (1): 65-79.

[145] Nabi R L. A cognitive-functional model for the effects of discrete negative emotions on information processing, attitude change, and recall [J]. Communication theory, 1999, (9): 292-320.

[146] Nerb Josef, Spada Hasa. Evaluation of environmental problems: a coherence model of cognition and emotion [J]. Cognition and emotion, 2011, 15 (4): 521-551.

[147] Peters E M, Burraston B, Mertz C K. An emotionbased model of risk perception and stigma susceptibility: cognitive appraisals of emotion, affective reactivity, worldviews, and risk perceptions in the generation of technological stigma [J]. Risk analysis, 2004, 24 (5): 1349-1367.

[148] Preacher K I, Hayes A F. Asymptotic and resampling strategies for assessing and comparing indirect effects in multiple mediator models [J]. Behavior research methods, 2008, (40): 879-891.

[149] Ramírez-i-Ollé, Meritxell. Rhetorical strategies for scientific authority: a boundary-work analysis of "climategate" [J]. Science as culture, 2015, 24 (4): 384-411.

[150] Rodríguez-Garzón I, Martínez-Fiestas M, Delgado-Padial A, et al. Perception of occupational risk of firefighters in Quito (Ecuador) [J]. Fire technology, 2016, 52 (3): 753-773.

[151] Rountree P W, Land K C. Perceived risk versus fear of crime: empirical evidence of conceptually distinct reactions in survey data [J]. Social forces, 1996, 74 (4): 1353-1376.

[152] Ruiz C, Domingo D, Micó J L, Díaz-Noci J, Meso K & Masip P. Public sphere 2. 0? The democratic qualities of citizen debates in online newspapers [J]. The international journal of press/politics, 2011 (16): 463-487.

[153] Scheufele D A. Framing as a theory of media effects [J]. Journal of communication, 1999, (49): 103-122.

[154] Semetko, H A. Valkenburg P M. Framing european politics: a content analysis of press and television news [J]. Journal of communication, 2000, 50 (2): 93-109.

[155] Shao C, Ciampaglia G L, Varol O, et al. The spread of low-credibility content by social bots [J]. Nature communications, 2018, 9 (1): 1-9.

[156] Siegrist M, Cvetkovich G. Perception of hazards: the role of social trust and knowledge [J]. Risk analysis, 2000, 20 (5): 713-720.

[157] Siegrist M, Gutscher H, Earle T C. Perception of risk: the influence of general trust, and general confidence [J]. Journal of risk research, 2005, 8 (2): 145-156.

[158] Slovic, P. Perception of risk [J]. Science, 1987 (236): 280-285.

[159] Slovic P, Peters E. Risk perception and affect [J]. Current directions in psychological science, 2006, (15): 322-325.

[160] Starr C. Social benefit versus technological risk [J]. Science, 1969, 165: 1232-1238.

[161] Stephenson M T, Witte K. Fear, threat, and perceptions of efficacy from frightening skin cancer messages [J]. Public health reviews, 1998, 26: 147-174.

［162］Terpstra T. Emotions, trust, and perceived risk: affective and cognitive routes to flood preparedness behavior ［J］. Risk analysis, 2011, 31 (10): 1658-1675.

［163］Tianjun Feng, Keller L R, Wu P, et al. An empirical study of the toxic capsule crisis in China: risk perceptions and behavioral responses ［J］. Risk analysis, 2014, 34 (4): 698-710.

［164］Toepfl F, Piwoni E. Public spheres in interaction: comment sections of news websites as counterpublic spaces ［J］. Journal of communication, 2015, 65 (3): 465-488.

［165］Tsagkias M, Weerkamp W, Rijke M D. Predicting the volume of comments on online news stories ［C］//ACM Conference on information and knowledge management. ACM, 2009: 1765-1768.

［166］Tversky A, Kahneman D. The framing of decisions and the psychology of choice ［J］. Science, 1981, 211: 453-458.

［167］Valkenburg P M, Semetko H A, De Vreese C H. The effects of news frames on readers' thoughts and recall ［J］. Communication research, 1999, 26 (5): 550-569.

［168］Vosoughi S, Roy D, Aral S. The spread of true and false news online ［J］. Science, 2018, 359 (6380): 1146-1151.

［169］Walther J B, D'Addario K. The impacts of emotions on message interpretation in computer-mediated communication ［J］. Social science computer review, 2001, 19 (3): 324-347.

［170］White M P, Eiser J R. Marginal trust in risk managers: building and losing trust following decisions under uncertainty ［J］. Risk analysis, 2006, 26 (5): 1187-1203.

［171］Wiegman O, Gutteling J M. Risk appraisal and risk communication: Some empirical data from the netherlands reviewed ［J］. Basic and applied psychology, 1995, 16 (1, 2): 227-249.

［172］Witte K. Fear control and danger control: a test of the extended parallel process model (EPPM) ［J］. Communications monographs, 1994, 61

(2): 113-134.

[173] Witte K. Message and conceptual confounds in fear appeals: the role of threat, fear, and efficacy [J]. Southern journal of communication, 1993, 58 (2): 147-155.

[174] Witte K. Putting the fear back into fear appeals: the extended parallel process model [J]. Communications monographs, 1992, 59 (4): 329-349.

[175] Zajonc R B. Feeling and thinking: preferences need no inferences [J]. American psychologist, 1980, 35 (2): 151-175.

[176] Zimmerman. Online aggression: the influences of anonymity and social modeling [D]. Florida: University of North Florida, College of Arts and Sciences, 2012.

图书在版编目（CIP）数据

智能传播时代环境风险的媒介作用机制 / 余红，朱烨，邓琴玲玉著 . --北京：社会科学文献出版社，2024.11. --（喻园新闻传播学者论丛）. --ISBN 978 -7-5228-4289-9

Ⅰ. G206.2

中国国家版本馆 CIP 数据核字第 20241JU090 号

喻园新闻传播学者论丛

智能传播时代环境风险的媒介作用机制

著　　者 / 余　红　朱　烨　邓琴玲玉

出 版 人 / 冀祥德
组稿编辑 / 周　琼
责任编辑 / 刘同辉
责任印制 / 王京美

出　　版 / 社会科学文献出版社（010）59367126
　　　　　　地址：北京市北三环中路甲 29 号院华龙大厦　邮编：100029
　　　　　　网址：www.ssap.com.cn
发　　行 / 社会科学文献出版社（010）59367028
印　　装 / 三河市东方印刷有限公司

规　　格 / 开　本：787mm×1092mm　1/16
　　　　　　印　张：14.25　字　数：225 千字
版　　次 / 2024 年 11 月第 1 版　2024 年 11 月第 1 次印刷
书　　号 / ISBN 978-7-5228-4289-9
定　　价 / 85.00 元

读者服务电话：4008918866